本书是国家社会科学基金特别委托项目"几个流行的民主化理论命题的证伪"(14@ZH020)的子课题"参与式民主与地方治理研究"的阶段性成果

我国农村建设用地流转机制研究

王贝 著

中国社会科学出版社

图书在版编目（CIP）数据

我国农村建设用地流转机制研究/王贝著．—北京：中国社会科学出版社，2016.8
ISBN 978-7-5161-8529-2

Ⅰ.①我… Ⅱ.①王… Ⅲ.①农业用地—土地流转—流转机制—研究—中国 Ⅳ.①F321.1

中国版本图书馆 CIP 数据核字（2016）第 154132 号

出 版 人	赵剑英
责任编辑	卢小生
责任校对	周晓东
责任印制	王 超
出 版	中国社会科学出版社
社 址	北京鼓楼西大街甲 158 号
邮 编	100720
网 址	http://www.csspw.cn
发 行 部	010-84083685
门 市 部	010-84029450
经 销	新华书店及其他书店
印刷装订	三河市君旺印务有限公司
版 次	2016 年 8 月第 1 版
印 次	2016 年 8 月第 1 次印刷
开 本	710×1000 1/16
印 张	18
插 页	2
字 数	276 千字
定 价	68.00 元

凡购买中国社会科学出版社图书，如有质量问题请与本社发行部联系调换
电话：010-84083683
版权所有　侵权必究

前　言

随着我国经济社会发展，农村建设用地资产价值逐渐显现。通过农村建设用地直接入市流转，不仅能减轻工业化、城市化发展对耕地保护的压力，而且能增加集体和农民的财产收入。但是，农村建设用地流转在法律上并未得到认同，农村建设用地流转机制并未真正形成。在各地创新试点经验的基础上，国家相继制定相关政策规范和引导农村建设用地流转。2008年，党的十七届三中全会提出："逐步建立城乡统一的建设用地市场，对依法取得的农村集体经营性建设用地，必须通过统一有形的土地市场、以公开规范的方式转让土地使用权，在符合规划的前提下与国有土地享有平等权益。"为了进一步探索消除有关法律法规对农村建设用地流转掣肘因素的影响，2015年2月27日，十二届全国人大常委会第十三次会议通过了《全国人民代表大会常务委员会关于授权国务院在北京市大兴区等三十三个试点县（市、区）行政区域暂时调整实施有关法律规定的决定》（以下简称《决定》），授权国务院在特定地区暂时调整实施《土地管理法》第四十三条和第六十三条、《城市房地产管理法》第九条有关"集体建设用地使用权不得出让等的规定"。《决定》要求："在符合规划、用途管制和依法取得的前提下，允许存量农村集体经营性建设用地使用权出让、租赁、入股，实行与国有建设用地使用权同等入市、同权同价。"然而，如何完善农村建设用地产权制度，如何真正发挥农村建设用地市场的供求机制、竞争机制和价格机制，如何规范农村建设用地流转收益分配，如何进一步规范国家对农村建设用地市场的宏观调控等，都是需要解决的重要问题。

本书基于成都市周边地区，尤其是都江堰市部分农村地区实施农村建设用地流转的实地调研，在农村建设用地流转动力机制分析的基础上，对农村建设用地产权制度创新、市场均衡及效率、收益分配、宏观调控等问题进行系统研究。本书的主要内容包括：

第一，我国农村建设用地流转的动因。农村建设用地流转系统由外部环境和流转系统组成。外部环境包括政治、经济、文化、社会、生态等要素。流转系统由市场子系统和政府管理子系统组成。其中，市场子系统由农村建设用地产权、市场交易主体、中介机构、有形市场组成。从农村建设用地流转动因来看，我国经济社会发展是其外部根源，建设用地不足正制约着我国经济社会可持续发展，而农村建设用地浪费现象十分普遍。我国法律及管理体制为农村建设用地流转提供了可能性。首先，原则上禁止农村建设用地流转的法律规定和允许农村建设用地流转的法律规定并存，为农村建设用地流转提供了法律空间；其次，农村土地管理的组织构架、管理体制机制等为农村建设用地流转提供了操作空间。农村集体（农民）在宅基地流转和中小工业用地流转等方面的创新行为是农村建设用地流转的直接推动力。各级地方政府对这一创新行为的态度和行为存在差异，层级越低的地方政府，其支持态度越鲜明。农村建设用地流转中地方政府支持行为的归宿点是利益最大化。

第二，我国农村建设用地产权制度创新。农村建设用地产权是一组权利束，应具备完整性和完全性特征。农村建设用地所有权和使用权是两种最主要的独立的土地权利，农村建设用地处分权和收益权则是非独立的权利。我国农村建设用地产权制度存在的缺陷表现为：首先，就所有权制度来看，表现为权利性质模糊、主体不明、权能残缺等。其次，除乡镇企业用地使用权制度比较完善外，宅基地等农村建设用地使用权制度存在的缺陷表现为产权性质不明、产权权能残缺等。我国农村建设用地产权制度创新表现在所有权制度和使用权制度两方面。农村建设用地所有权制度创新主要从合理界定所有权主体层级和相互关系、明确所有权主体实体、完善农村建设用地所有权权能几个方面入手。农村建设用地使用权制度创新主要从明确使用权物权性质、创新使用权产权确权登记、完善使用权产权类型和权能几个方面入手。

第三，我国农村建设用地的供求及市场均衡。中小企业和城镇居民对农村建设用地的直接需求，受农村建设用地总量、资源环境和法律政策三种约束力量共同制约。从农村建设用地供给来看，我国对其直接供给流转经历了一个先松后紧再放松的过程，其最终目标是在坚持土地集体所有制前提下，建立城乡统一建设用地市场。农村建设用地的市场供求平衡是相对的、暂时的。从较长时间来看，农村建设用地市场交易量会逐步增加，土地价格会不断上升。从农村建设用地市场效应来看，其正效应表现在缓解土地供求紧张局面、改进社会福利分配格局。其潜在风险表现在土地供求失衡、土地收益分配失衡等。

第四，我国农村建设用地流转收益分配。本书主要基于级差地租和绝对地租构建了农村建设用地流转价格的地租模型。农村建设用地绝对地租，不能通过产品市场价格高于生产价格的余额实现，只能是利润平均化前的扣除。农村建设用地级差地租基本类型包括级差地租Ⅰ、级差地租Ⅱ和级差地租Ⅲ。从农村建设用地流转收益分配来看，绝对地租产生的基础是土地所有权垄断，应归属农村集体（村民）。级差地租Ⅰ应主要归属农村集体，同时兼顾地方政府。级差地租Ⅱ有两种情形：Ⅱb是企业在微观层面追加投资、由建筑容积率不同等原因而形成，在租约期间应为企业直接占有，Ⅱa是农村集体或地方政府在整体层面投资所形成，应分摊在相邻土地和几次流转交易中逐步收回。级差地租Ⅲ的归属应归属农村集体。农村建设用地流转收益在集体内部的分配问题是一个农村自治问题，应由村民通过民主决策机制制订具体方案。地方政府应通过地租、税额、费用等途径参与农村建设用地流转收益分配。

第五，我国农村建设用地流转宏观调控。为防止农地过度非农化和农村建设用地市场供求失衡风险，遏制土地收益分配失衡，消除对经济宏观调控的负面影响，应加强农村建设用地流转宏观调控：首先，加强土地利用规划、加强农村建设用地规划管理。其次，加强耕地保护制度、完善农村建设用地用途管制制度。最后，加强农村建设用地价格及收益分配调控。

本书立足作为全国统筹城乡综合配套改革试验区的成都实践，以马克思主义历史唯物主义和辩证唯物主义为指导，以系统观为统领，以制度经济学理论、市场供求理论为基础，借鉴马克思地租理论并创立了农村建设用地地租理论模型，力求做到兼顾规范研究、实证分析和案例剖析。相信本书成果，能为理论上探索农村建设用地流转机制、为实践上完善农村建设用地流转过程提供有益启发和帮助。当然，由于笔者理论功底尚浅，分析能力不足，书中难免存在不足和瑕疵，恳请专家、同行批评指正。

　　本书是国家社会科学基金特别委托项目"几个流行的民主化理论命题的证伪"的子课题"参与式民主与地方治理研究"的重要成果。课题组成员多次实地调研，积累了大量数据和案例，对于本书的写作给予了极大的支持和帮助，在此一并表示感谢。本书还受西华大学马克思主义学院专项课题"我国农村建设用地流转机制研究"的资助。

目 录

第一章 绪论 1

 第一节 研究背景与意义 1
  一 选题背景 1
  二 研究意义 3
 第二节 相关概念界定 5
  一 农村建设用地 5
  二 农村建设用地流转 6
  三 农村建设用地流转机制 8
 第三节 相关研究综述 9
  一 国外研究综述 9
  二 国内研究综述 12
  三 研究现状评述 18
 第四节 可能的创新点 18
  一 研究视角创新 18
  二 分析工具创新 19
  三 对农村建设用地流转的需求结构分析 19
  四 提出实施农村建设用地储备制度构想 19

第二章 我国农村建设用地流转的动因研究 21

 第一节 农村建设用地流转的系统性研究 21
  一 系统论概述 21
  二 农村建设用地流转系统的要素及结构 23
 第二节 农村建设用地流转的经济社会环境 28

　　　　一　我国经济社会发展对建设用地需求旺盛 …………… 28
　　　　二　建设用地不足制约我国经济社会可持续发展 ……… 36
　　　　三　农村建设用地浪费现象普遍 …………………………… 40
　　第三节　农村建设用地流转的法律及管理体制空间 ………… 45
　　　　一　社会治理转型拓展了农村主体发展空间 …………… 45
　　　　二　农村建设用地流转的法律政策空间 ………………… 48
　　　　三　农村建设用地流转的管理体制空间 ………………… 51
　　第四节　农村建设用地流转的主体行动逻辑 ………………… 53
　　　　一　相关主体对农村建设用地流转的利益诉求 ………… 53
　　　　二　农村建设用地流转相关主体的行动逻辑 …………… 63

第三章　我国农村建设用地产权制度创新研究 ………………… 75
　　第一节　我国农村建设用地产权概述 ………………………… 75
　　　　一　农村建设用地产权的概念及特征 …………………… 75
　　　　二　农村建设用地产权结构 ……………………………… 77
　　　　三　我国农村建设用地产权特征 ………………………… 82
　　第二节　我国农村建设用地产权制度的缺陷 ………………… 87
　　　　一　我国农村建设用地所有权制度的缺陷 ……………… 87
　　　　二　农村建设用地使用权制度的缺陷 …………………… 97
　　第三节　我国农村建设用地产权制度创新的
　　　　　　理论及实践探索 ……………………………………… 102
　　　　一　我国农村建设用地产权制度创新的理论探讨 …… 102
　　　　二　我国农村建设用地产权制度创新的实践探索 …… 106
　　第四节　我国农村建设用地产权制度创新的思考 ………… 109
　　　　一　我国农村建设用地产权制度创新的
　　　　　　制度经济学分析 ……………………………………… 109
　　　　二　我国农村建设用地所有权制度创新的思考 ……… 115
　　　　三　我国农村建设用地使用权制度创新的思考 ……… 124

第四章　我国农村建设用地的供求及市场均衡研究 ………… 133
　　第一节　"征—供"制度下我国建设用地市场研究 ………… 133

一　城市建设用地"征—供"入市制度变迁 …………… 133
　　二　"征—供"制度下我国国有土地市场分析 ………… 139
　第二节　对农村建设用地的直接需求研究 ………………… 144
　　一　中小企业发展对农村建设用地的直接需求 ………… 144
　　二　城镇居民对农村建设用地的直接需求 ……………… 148
　　三　就地城镇化对农村建设用地的直接需求 …………… 153
　　四　农村建设用地直接需求的结构分析 ………………… 156
　第三节　农村建设用地市场均衡及效率研究 ……………… 160
　　一　农村建设用地直接供给研究 ………………………… 160
　　二　农村建设用地市场均衡及效应分析 ………………… 171

第五章　我国农村建设用地流转收益分配研究 ……………… 179
　第一节　我国农村建设用地流转收益分配现状 …………… 179
　　一　农村建设用地流转收益及分配概述 ………………… 179
　　二　各地农村建设用地流转收益分配现状 ……………… 182
　　三　我国农村建设用地流转收益分配存在的问题 ……… 184
　第二节　农村建设用地流转价格的地租模型 ……………… 186
　　一　农村建设用地地租的基本形式 ……………………… 186
　　二　农村建设用地绝对地租 ……………………………… 188
　　三　农村建设用地级差地租 ……………………………… 198
　　四　农村建设用地流转价格构成 ………………………… 208
　第三节　基于地租模型的农村建设用地流转收益
　　　　　分配研究 ………………………………………… 212
　　一　农村建设用地流转收益分配的总体框架 …………… 213
　　二　农村建设用地流转收益在集体内部的分配 ………… 215
　　三　地方政府参与农村建设用地流转收益研究 ………… 218

第六章　农村建设用地流转实证研究：以都江堰市金陵村
　　　　二组实践为例 ……………………………………… 224
　第一节　相关背景及样本选择 ……………………………… 224
　第二节　金陵村二组实践的主要做法 ……………………… 227

　　　　一　做好区域主导产业规划 …………………………… 227
　　　　二　有效整合各类资源 ………………………………… 228
　　　　三　土地整理和土地确权并举 ………………………… 231
　　　　四　大力推进土地流转 ………………………………… 232
　　　　五　合理分配土地收益 ………………………………… 234
　　第三节　金陵村二组实践的成效及经验 …………………… 236
　　　　一　本实践的主要成效 ………………………………… 236
　　　　二　本实践的主要经验 ………………………………… 238
　　　　三　本实践存在的问题 ………………………………… 242

第七章　我国农村建设用地流转宏观调控研究 ……………… 244
　　第一节　农村建设用地流转宏观调控的必要性 …………… 244
　　　　一　防止农地过度非农化风险 ………………………… 244
　　　　二　防止农村建设用地市场供求失衡 ………………… 245
　　　　三　遏制土地收益分配失衡 …………………………… 246
　　　　四　消除对经济宏观调控的负面影响 ………………… 247
　　第二节　加强土地利用规划 ………………………………… 248
　　　　一　加强土地利用规划体系建设 ……………………… 248
　　　　二　加强农村建设用地规划管理 ……………………… 250
　　第三节　完善土地用途管制制度 …………………………… 254
　　　　一　加强耕地保护制度 ………………………………… 254
　　　　二　完善农村建设用地用途管制制度 ………………… 257
　　第四节　加强农村建设用地价格及收益分配调控 ………… 259
　　　　一　加强农村建设用地流转价格调控 ………………… 259
　　　　二　加强农村建设用地收益分配调控 ………………… 260
　　　　三　对农村建设用地流转合理征税 …………………… 261

参考文献 ………………………………………………………… 263

后　记 …………………………………………………………… 277

第一章 绪论

第一节 研究背景与意义

一 选题背景

改革开放以来，我国经济保持了快速度的增长，GDP 年平均增长率超过了 9%，我国工业化和城市化也将继续维持在较高发展水平。但长期以来，我国经济发展和城市化、工业化主要不是依靠集约利用土地，而是依靠粗放式用地，尤其是依靠占用大量耕地而实现的。目前，我国人均占有耕地面积仅为 1.4 亩，只相当于世界人均占有耕地面积的 37% 左右，如果不遏制耕地快速减少的趋势，我国粮食安全的基础将会严重削弱。与此同时，我国农村建设用地利用则处于粗放状态，用地数量约相当于城市建设用地的 2.57 倍，目前我国农村建设用地大致有 1800 万公顷（城市用地为 700 万公顷）。允许农村建设用地入市流转，通过盘活存量建设用地，将大大减轻工业化、城市化发展中对耕地保护的压力。在各地创新试点经验的基础上，国家相继制定相关政策法规对农村建设用地流转进行规范和引导。2004 年 10 月，国务院下发《关于深化改革严格土地管理的决定》提出："在符合规划的前提下，村庄、集镇、建制镇中的农民集体所有建设用地使用权可以依法流转"，这无疑为集体建设用地流转的规范管理提供了有力依据。2006 年，国土资源部下发《关于坚持依法依规管理，节约集约用地，支持社会主义新农村建设的通知》，批准稳步推进城镇建设用地增加和农村建设用地减少相挂钩的改革试点。2008 年，党的十七届三中全会提出："逐步建立城乡统一的建设用地市场，对依法取得的农村集体经营性建设用地，必须通过统一有形的土地市场、以公开规范的方式转让土地使用权，在符合规划的前提下与国有土地享有平等权益。"2009年3月国土资源部出台的《关于促进农业稳定发展农民持续增收推动城乡统筹发展的若干意见》要求："各地要按照公开、公平、公正的市场原则，健全完善市场配置集体建设用地的价格形成机制。""要按照'初次分配基于产权，二次分配政府参与'的原则，总结集体建设用地流转试点经验，出台和试行集体建设用地有偿使用收益的分配办法。"2015年1月，中共中央办公厅和国务院办公厅联合印发了《关于农村土地征收、集体经营性建设用地入市、宅基地制度改革试点工作的意见》，明确提出了"建立农村集体经营性建设用地入市制度"的任务。2015年2月27日，第十二届全国人大常委会第十三次会议通过了《全国人民代表大会常务委员会关于授权国务院在北京市大兴区等三十三个试点县（市、区）行政区域暂时调整实施有关法律规定的决定》，授权国务院在特定的地区暂时调整实施《土地管理法》第四十三条和第六十三条、《城市房地产管理法》第九条有关"集体建设用地使用权不得出让等的规定"。"在符合规划、用途管制和依法取得的前提下，允许存量农村集体经营性建设用地使用权出让、租赁、入股，实行与国有建设用地使用权同等入市、同权同价。"但是，农村建设用地市场大多处于自发、隐性状态，缺乏明确的法律依据和规则，存在如下一些问题。

（1）农村建设用地产权制度存在缺陷。农村建设用地产权制度缺陷正成为阻碍农村建设用地市场化配置的关键因素。

（2）农村建设用地市场建设有待加强。农村建设用地的供求机制、竞争机制和价格机制还未真正发挥作用，市场规章制度建设还需不断完善。

（3）农村建设用地流转收益分配不规范。参与收益分配的主体差异较大，主体间分配比例差异较大，存在非法获取土地收益的侵权行为。

（4）国家对农村建设用地市场的宏观调控有待完善。农村建设用地流转存在过度非农化风险、用地供求失衡的风险、土地收益分配失衡的风险等。

二 研究意义

农村建设用地在我国经济社会发展中作用显著,如何结合我国农村实际情况合理地利用和推进农村建设用地流转,既关系到土地资源的有效配置,也关系到相关主体的利益分配。本书对农村建设用地流转机制进行研究,具有理论和实践两方面的积极意义。

(一) 理论意义

本书对我国农村建设用地流转机制进行研究,对于理解地方政府和农村集体的行为逻辑、丰富土地产权理论和为农村建设用地流转收益分配提供分析依据等,具有显著的理论意义。

第一,有助于理解地方政府和农村集体对于农村建设用地流转的不同行为方式。有学者已经指出,利益分析是理解农村建设用地流转的重要视角,但对于利益机制是如何影响各自行为等方面的深入研究还很不足。本书认为,基于利益衡量,地方政府主导的"城乡建设用地增减挂钩"行为,是我国征地制度的延续,并非真正意义上的农村建设用地流转。而农村集体和农民推动了宅基地流转和中小企业用地流转等,这是真正意义上的农村建设用地流转。当然,这离不开各级政府,尤其是地方政府的大力支持。但事实上,地方政府支持农村建设用地流转的支持行为有一个重要的利益归宿点:禁止农村集体土地进入房地产市场后的土地流转并不会显著影响土地出让收益,而农村建设用地市场为中小企业解决了其发展中遭遇的土地"瓶颈",促进了地方经济的发展。

第二,丰富了土地产权理论。本书将我国农村建设用地产权结构概括为农村建设用地所有权、农村建设用地使用权、农村建设用地收益权和农村建设用地处分权四个部分。农村建设用地所有权是整个权利体系中的基础性权利,农村建设用地使用权则是农村建设用地所有权在现实中的实现和伸延,农村建设用地收益权和农村建设用地处分权是农村建设用地所有权和农村建设用地使用权这两种权利的派生权利。相应地,我国农村建设用地产权制度创新主要包括农村建设用地所有权制度创新和使用权制度创新。本书深入论证了整合农村建设用地使用权产权体系以使其合理流转。对于农村建设用地所有权,落脚点在于所有权主体明确化和所有权权能完善化;对于农村建设用地使用权，关键点在于明确使用权物权性质、创新使用权产权确权登记、完善使用权产权类型和权能。

第三，为农村建设用地流转收益分配提供理论基础和分析工具。本书提出了农村建设用地地租理论并以此作为分析工具研究土地收益分配。农村建设用地地租主要包括绝对地租、级差地租Ⅰ、级差地租Ⅱ和级差地租Ⅲ。农村建设用地流转价格＝土地基本价格＋地上附着物价格。其中，土地基本价格＝绝对地租的资本化＋级差地租Ⅰ的资本化＋级差地租Ⅱ的资本化＋级差地租Ⅲ的资本化。土地基本价格是土地流转价格的基础，绝对地租、级差地租Ⅰ、级差地租Ⅱ和级差地租Ⅲ四种地租共同成为农村建设用地流转价格的决定性因素。在农村建设用地地租收益分配中，应坚持依法合规、分配与积累并重、兼顾各方利益、贡献与收益对等原则，正确处理国家、集体和企业各方的合理利益。

(二) 实践意义

本书立足全国各地尤其是成都市部分地区农村建设用地流转实际，通过这些地区在农村建设用地产权制度创新、市场供求关系、流转收益分配等各方面具体分析，揭示农村建设用地市场运行的规律，发现存在的问题，提出对策思考，具有显著的实践意义。

第一，有助于消除人们对农村建设用地流转的疑虑。作为基层群体自发创新的产物，农村建设用地流转从早期隐性流转开始，人们就对其充满了疑虑：耕地被占用、利益分配不均衡、国家宏观调控受到冲击等。如果不对我国农村建设用地流转机制及其影响进行深入研究，则人们的上述疑虑将很难在短时期内被消除，这会导致这一流转行为在完善、推广过程中增加不必要的时间成本。本书有助于消除这些疑虑，提高农村建设用地流转的社会接受度。

第二，有助于完善农村建设用地流转机制。农村建设用地流转作为各地自发创新行为的一种尝试，其本身经历了从隐性交易到逐步规范交易的发展历程。各地农村建设用地流转运行机制存在巨大差异。因此，完善农村建设用地流转机制，一方面需要在实践中不断改进；另一方面也需要通过理论分析，进行深层次的结构解析和目标评价，按照系统思路对其改进和完善。本书在对农村建设用地流转动因分析的基础上，构建了"产权制度—市场运行—收益分配—宏观调控""四位一体"的农村建设用地流转机制。

第三，有助于深化我国土地制度改革和推进城乡统筹发展。为了打破城乡二元制度壁垒，促进城乡统筹发展，各地都将促进城乡要素市场一体化作为城乡统筹的重要环节。成都市作为"城乡统筹综合配套改革实验区"，在促进城乡统筹发展中，以土地制度改革为抓手推动城乡要素市场一体化发展，在农村建设用地产权制度、市场流转制度，以及户籍制度等配套制度改革方面均进行了有益的探索。本书立足成都市丰富的实践经验，揭示农村建设用地流转机制，对于进一步推动我国城乡要素一体化流动、促进城乡统筹发展、破解"三农"难题具有重要的现实意义。

第二节 相关概念界定

一 农村建设用地

从法律层面，我国尚未对"农村建设用地"进行明确定义。即使1986年制定的《土地管理法》，专设"乡（镇）村建设用地"，也未对"乡（镇）村建设用地"做出明确界定。《土地管理法》第三十七条规定："乡（镇）村建设应当按照合理布局、节约用地的原则制定规划，经县级人民政府批准执行。城市规划区内的乡（镇）村建设规划，经市人民政府批准执行。农村居民住宅建设，乡（镇）村企业建设，乡（镇）村公共设施、公益事业建设等乡（镇）村建设，应当按照乡（镇）村建设规划进行"。1998年和2004年修订的《土地管理法》将原《土地管理法》中的"乡（镇）村建设用地"和"国家建设用地"两章合并为第五章"建设用地"，"乡镇村建设用地"这一词汇也就消失了。《土地管理法》（2004，没有特别说明，下同）第四条第三款这样界定："建设用地是指建造建筑物、构筑物的土地，包括城乡住宅和公共设施用地、工矿用地、交通水利设施用地、旅游用地、军事设施用地等。"依据《土地管理法》第四十三条第一款的规定，农村建设用地有三种可情形：一是经依法批准使用本集体经济组织农民集体所有的土地兴办乡镇企业；二是农村居民住宅建设用地（农村宅基地）；三是乡（镇）村公共设施和公益事业建设经依法批准使用农民集体所有的土地。据此，结合农村经济建设发展的实际情况，我们可以这样界定农村建设用地：农民集体所有的、地处农村的、经依法批准使用的乡镇企业用地、村民建设住宅用地、乡镇村公共设施和公益事业建设用地。

按照《土地管理法》立法精神，农村建设用地客体应包含以上三种情况。但是，从实际来源看，农村建设用地的客体应包含更广：一是来源于历史传承下来的住宅、庙宇、宗祠、乡镇（村）企业等，并经过相关部门确权登记的存量建设用地；二是经相关部门批准由未利用地、农用地转化而来的新增建设用地；三是由历史传承下来长期存在或长期使用但未经确权颁证的建设用地，如多数农村道路和水利设施用地；四是集体组织或其成员未经法定程序擅自将转用的建设用地。前两者属于法律确认的农村建设用地，后两者属于未经法律确认的农村建设用地。①

二 农村建设用地流转

一般来说，农村土地流转包括功能流转和权利流转。土地功能流转主要指土地利用性质和用途的改变，包括农用地内部流转、建设用地内部流转和农用地与建设用地之间的流转。土地权利流转是指土地产权在不同主体之间的变更，包括有偿有期限、无偿无期限、无偿有期限等流转方式。

从理论上讲，农村建设用地流转也包括功能流转和权利流转。就功能流转而言，建设用地功能逆转性弱，对于硬化程度深的土地而言，很难将其复垦为耕地。也就是说，建设用地功能更多地体现为功能连续性，我们可以通过工程的手段，营造各种建筑物等工程实体，即使当这些实体年代久远而不能利用，人类也可以通过技术手段重复开发利用，也就是说，其承载功能是不变的。因此，农村建设用地流转主要涉及权利流转，其可以分为农村建设用地所有权流转和使用权

---

① 冯果、陈国进：《集体建设用地使用权流转之客体研究》，《武汉大学学报》（哲学社会科学版）2013年第6期。

流转。所谓农村建设用地所有权流转，按照《土地管理法》第二条第四款"国家为了公共利益的需要，可以依法对土地实行征收或者征用并给予补偿"的精神，就是国家行使征地权后农民集体所有建设用地转为国家所有土地的过程，这个过程是单一流向的过程，即只能通过征收（用）的方式将集体土地转为国有土地。

所谓农村建设用地使用权流转是指在不改变集体土地所有权性质基础上，在符合规划的前提下，实行使用权有偿、有限期流转。根据参与主体差异和交易顺序先后，农村建设用地使用权流转可以分为初次流转和再次流转。初次流转是一种直接供地模式，是农村集体作为土地所有权人向用地者转移土地使用权的行为。再次流转则指用地者之间的流转，是从集体土地使用权人在使用权的剩余期限内向外转移使用权的行为。李延荣（2006）认为，农村建设用地流转仅指再次流转，不应包括使用者与农村集体之间的初级流转。理由是土地流转的主体应为土地的使用者而非所有者；以初次流转获得建设用地使用权的做法，实质上是规避政府审批的非法占地行为；初次流转通常是增加建设用地的供给总量，而不是提高现有存量建设用地的利用率。①

本书认为，这种说法值得商榷，理由有三：第一，从流转过程来看，没有合规合法的农村建设用地初次流转，就失去了再次流转的基础。因此，各地在制定农村建设用地流转办法时，大都区分了初次流转和再次流转，甚至规定没有初次流转，就不能进行再次流转。第二，从流转客体来看，农村建设用地初次流转的客体是明确的，它具体指已经被土地所有者合法取得建设用地使用权的土地和已被土地利用总体规划和乡（镇）村建设规划确定为建设用地的土地。如《成都市集体建设用地使用权流转管理办法（试行）》第二条规定："在符合规划的前提下，集镇、建制镇中原依法取得的集体建设用地流转；以及远离城镇不实施土地整理的山区、深丘区农村村民将依法取得的宅基地通过房屋联建、出租等方式进行的集体建设用地流转，适用本办法。"第三，从流转主体来讲，没有农村集体所有者权益的保障，怎么谈土地使用者权益保障呢？并且，以农村集体所有者作为流

---

① 李延荣：《集体建设用地流转要分清主客体》，《中国土地》2006年第2期。

转主体符合我国社会主义公有制的立法精神,从各地实践上看,土地流转大都以农村集体这一交易主体来完成。

在本书看来,由于再次流转所涉及的主体是农村建设用地的使用者,其流转行为是一种纯粹的市场行为,供求竞争关系的深度和广度随着市场经济的发展不断完善,其所受相关法律法规的约束性更弱。本书研究重点为农村建设用地的初次流转,如没有特别说明,"农村建设用地流转"均指农村建设用地的初次流转。

关于农村建设用地流转的形式,相关法律法规并未明确规定,各地相关管理办法规定也不尽相同。本书阐述的"农村建设用地流转"的形式主要依据《成都市集体建设用地使用权流转管理暂行办法(试行)》的立法精神。即农村建设用地流转形式包括出让、出租［作价(出资)入股、联营视同出让］和抵押等形式。其中,农村建设用地使用权出让,"是指集体土地所有者将集体建设用地使用权在一定年限内让与土地使用者,并由土地使用者向土地所有者支付土地出让费的行为。"(第十三条)农村建设用地使用权出租,"是指土地所有者将集体建设用地使用权出租给使用者使用,由承租人与出租人签订一定年期的土地出租合同,并按合同约定支付土地租金的行为。"(第十五条)集体建设用地使用权作价(出资)入股,"是指集体土地所有者将一定年期的集体建设用地使用权收益金折合成股份,由土地所有者持股,参与分红的行为。"(第十六条)集体建设用地使用权抵押,"是指抵押人以其合法的土地使用权以不转移占有的方式向抵押权人提供债务履行担保的行为。"(第十七条)

三　农村建设用地流转机制

"机制"一词,本为物理学的概念,意为机械、机械结构及其运行原理,后被广泛运用于生物学、生理学、医学及社会科学之中。农村建设用地流转机制就是农村建设用地流转系统中市场子系统和管理子系统及其相互关系。具体包括外部环境、参与主体、产权制度、供求关系、收益分配和宏观调控等构成要素,这些要素之间互为因果、互相联系,并形成动因机制、产权制度创新机制、市场均衡机制、收益分配机制等。根据崔建华对市场机制特征的总结①，本书将农村建设用地流转机制特征作如下概括：一是连锁性，任何一种机制作用都会引起其他机制的连锁反应并要求其他机制的配合，如果某个机制发生呆滞，其他机制就难以正常起作用，从而整个农村建设用地流转机制的功能就无法发挥出来。二是利益约束性，农村建设用地流转机制通过对每个经济主体利益的影响来发挥作用，因而发挥本机制作用的关键，是使各经济主体具有其自身独立的经济利益。三是动态性，农村建设用地流转机制时刻都在运动和变化之中发挥作用。四是非完全自动性，不同于完善的市场机制，农村建设用地流转机制的实现，受国家法律政策的影响是深刻的，任何一个机制或系统机制需要国家政府的积极支持和干预，也就是给本机制的实现安装一个"外在的稳定器"。

第三节 相关研究综述

一 国外研究综述

由于土地制度的差异及社会制度背景的不同，在国外土地经济学和土地法学的研究中，很少使用"土地流转"这个词汇。同时由于国外很早就实行市场经济体制，只要产权清晰，就可以对土地进行自由买卖、租赁、抵押等。因此，本书所论证的土地流转近似于土地市场交易。本书对国外研究成果的综述主要从土地产权、土地市场交易、土地市场收益和土地市场宏观调控等方面展开。

（一）土地产权方面的研究

以亚当·斯密等为代表的古典经济学家对土地经济学展开了开创性研究，为土地经济学理论奠定了基础。在马克思、恩格斯看来，土地产权本质上是一种法权关系，土地所有权在经济上的实现形式就是收取地租。科斯于1960年发表的《社会成本》一文中，通过交易费用的引入，讨论了不同的制度安排与不同的资源配置效率之间的关系，特别是探究了不同的产权安排在资源配置中的作用，这就是著名

---

① 崔建华：《社会主义市场经济》，经济科学出版社2004年版，第127—128页。

的科斯定理。德姆塞茨（Demsetz）认为，实际产权越是接近完整产权，则人们生产成果归自己的预期就越稳定，人们越会寻找更有利的方式来使资源更有效地利用，资源配置的效率就越高。① 费德（Feder）等认为，产权清晰的土地资源对提高农业投资和农业生产力有重要作用。明确土地权会降低交易成本，通过把生产要素配置给最有效率的农户，形成规模经营，最终提高农业生产力。② 鲁登（Ruden）认为，土地产权的安全，不仅受到农业生产类型和农户家庭的影响，而且受到市场中土地、劳动力及资金等要素不同配置的影响。③ 宾斯万格（Binswanger）等指出，土地所有权和使用权的流转会使土地资源配置更有效，并刺激土地资源开发的深度投资，减少农户的风险规避行为。④ 对于发展中国家土地产权的研究，学者们也得出类似结论。霍尔登（Deininger）针对尼加拉瓜的研究发现，拥有土地所有权凭证的农户更愿意租出他们的土地，这为更有效率经营土地的农户提供规模经营的机会。⑤ 霍尔登（Holden）针对埃塞俄比亚的研究表明，土地确证权书有助于提高土地租赁市场水平，有助于让更多女户主参加土地经营活动。⑥

针对中国土地产权制度，学者们也进行了颇多研究。J. Lin 认为，中国农村土地产权制度存在集体概念模糊不清、主体不明确等问题，这种制度安排导致农民在大多数情况下更关注土地短期产出，不关注土地保护和长远收益。⑦ 相反，James 和 Kung 肯定农村土地产权的集

---

① 科斯等：《财产权与制度变迁》，上海人民出版社2004年版，第97页。
② Feder, G. D. and Feeney, "The Theory of Land Tenure and Property Rights". *World Bank Economic Review*, No. 7, 1993, pp. 135 – 153.
③ Ruden, "Agricultural Land Reforming Moldova". *Land Use Policy*, No. 9, 2001, pp. 269 – 279.
④ Binswanger, H. P. and Deininger, G. E., "Power, Distortions Revolt and Reforming Agheultural Land Relations". *Handbook of Development Economics*, No. 2, 1993, pp. 2661 – 2772.
⑤ Deininger, "Determinants and Impacts of Rural Land Market Activity: Evidence from Nicaragua". *World Development*, No. 8, 2003, pp. 1385 – 1404.
⑥ Holden Stein T., *Low - cost Land Certification and Land Rental Market Participation in Tigray, Ethiopia*, Norwegian University of Life Sciences, Aas, Norway, 2008.
⑦ Lin, J., "Endowments, Technology and Factor Market – A Natural Experiment of Induced Institutional Innovation from China Rural Reform". *American Journal of Agricultural Economics*, No. 2, 1995, pp. 231 – 242.

体所有制，而认为土地产权在集体和农民之间的分割存在混乱和不规范的问题，导致农村人口增长带来的土地产权重新分配的困难。① 就我国土地产权制度的改革路径，学者们给予高度关注。Lawrence Wai 对新中国成立以来农村土地制度变革进行实证研究，肯定了政府在推进产权制度改革方面的努力，认为现行土地产权制度改革的实质就是通过拍卖、招标等方式将土地产权的租赁收益在各主体间分配。② 查尔斯（Charles）依据1980—1990年的数据研究发现，由于地区条件存在差异，中央政策在地方的实施力度和实施效果存在差异，因而，应更重视地方政府在土地制度创新方面的主动性。③

（二）土地流转方面的研究

Fenshu Yi 研究发现，土地流转市场可以使农业大户扩大生产规模、进行专业化生产，使不同主体的土地边际生产率平均化和最大化，从而提高土地资源配置效率和农业生产率，还可以使流转出的农户在安心从事非农生产时获得稳定的土地租金收入。这一切都将提高全社会劳动生产率和实现不同主体福利最大化。④ 克劳迪欧（Claudio）研究指出，有效的土地市场不仅需要完善的土地产权，更需要相应的制度环境，如土地信息系统、土地估价系统、土地金融、市场纠纷处理等方面。⑤ 就我国土地产权流转及其影响因素来看，德怀英·本杰明（Dwayne Benjamin）认为，过度行政化而非市场化的土地产权制度导致农业生产效率不完善和不平衡。⑥ 詹姆斯（James）研究

---

① James Kai‑sing and Kung, "Common Property Rights and Land Reallocation Rural China: Evidence from a Village Survey". *World Development*, No. 4, 1998, pp. 701 – 719.

② Lawrence Wai, "Land Use Rights Reform in China – Some Theoretical Issues". *Land Use Policy*, No. 4, 1995, pp. 281 – 289.

③ Charles C. Krusekopf, "Diversity in Land – tenure Arrangements Under the Household Responsibility System in China". *China Economic Review*, No. 13, 2002, pp. 297 – 312.

④ Fenshu Yi, Land Rental Market and Off – farm Employment: Rural Households in Jiangxi Province, P. R. China, Ph. D. Dissertation, Wageningen University, 2006.

⑤ Claudio. J., "The New Devolopment Economics". *World Development*, No. 2, 2006, pp. 257 – 265.

⑥ Dwayne Benjamin, "Property Rights, Labour Markets, and Efficiency in a Transition Economy: The Case of Rural China". *Canadian Journal of Economics*, No. 4, 2002, pp. 689 – 716.

发现，土地流转和非农劳动力市场发展程度相关，农村劳动力向非农部门流动促进了农村土地市场发展，进而导致了农村土地收益的重新分配。Zhang 以浙江省农村土地市场为例，研究了非农就业和制度安排对土地市场影响问题，发现农村土地的供给来源在于外地从事非农活动的农户，而非本地从事非农活动的农户。[1]

另外，就土地收益及分配问题，古典经济学家萨伊、克拉克的土地收益分配理论，以及马克思、恩格斯的地租理论为后来土地收益分配奠定了重要的理论基础。巴洛（Barlowe，1978）在《土地资源经济学》中针对土地市场特征、土地租金形成原理进行概括，为后来研究奠定了初步的范式框架。

二　国内研究综述

（一）对农村建设用地流转动因的研究

张安录论证了农地向建设用地流转的机制，认为内在的自发流转机制包括城市的离心力机制、乡村的梯度克服与"向心力"机制和环境竞争机制及区位替代机制；认为加速流转机制有利益驱动机制、价格激化机制、制度诱导机制和投机分割机制。[2] 陈利根认为，农村建设用地流转是农村社会经济发展的客观要求。从诱致性制度变迁角度分析集体建设用地流转入市的原因：制度创新使潜在收入得以增加、制度环境变化使潜在收入分割成为可能、制度安排使成本降低。[3] 张建仁提出，农村建设用地流转的主要原因是经济发展与城市化的快速推进引起的建设用地需求引致，耕地保护的压力也需要集体建设用地流转进行缓解。[4] 方湖柳则从新农村建设对建设用地需求旺盛的现实出发，认为只有通过加快农村建设用地制度改革，实现集体建设用地

---

[1] Zhang Qian Forrest, "Development of Land Rental Market in Rural Zhejiang: Growth of Off-farm Jobs and Institution Building". *The China Quarterly*, No. 47, 2004, pp. 1031–1049.

[2] 张安录：《城乡生态交错区农地城市流转的机制与制度创新》，《中国农村经济》1999 年第 7 期。

[3] 陈利根：《集体建设用地流转制度的法经济学分析》，《经济体制改革》2006 年第 4 期。

[4] 张建仁：《农村集体建设用地使用权流转的再思考》，《理论月刊》2007 年第 8 期。

流转，才能解决建设用地需求与保护土地资源之间的矛盾。① 张志强认为，集体建设用地使用权流转有利于合理配置土地资源，完善城镇土地市场，促进社会公平、和谐和可持续发展。学者们还从制度变迁视角论证农村建设用地流转动因。② 朱木斌认为，由于农村土地制度环境不断发生变化，由此产生了土地增值收益、风险降低和转移、规模经济以及交易费用降低与转移等外部利润，并由此激励着各地基层政府和农民集体在制度环境不断变化的过程中，努力进行制度边际上的创新。③ 陈银蓉认为，农村建设用地制度变迁具有明显的诱致性和路径依赖性特征。④

（二）对农村建设用地产权的研究

廖洪乐认为，我国现行土地制度存在的缺陷有如何兼顾公平和效率没有一个很好办法；土地产权制度不规范，有效性差；以山地、荒地为主要对象的非耕地制度建设跟不上开发治理步伐；农用地转为非农用地缺乏有效的制度约束。⑤ 田中文指出目前我国集体土地产权存在的主要问题是产权不清和集体土地所有权不完整。⑥ 黄纯丽指出，我国国家土地所有权主体具有单一性，而集体土地所有权即农民集体却呈现多元化，表现为"乡镇农民集体所有"、"村农民集体所有"、"村内农民集体所有"。这三级农民集体之间存在包含关系。在利益发生冲突时，大集体侵犯小集体利益，从而使得三级所有权主体之间权属不清的问题日益严重。⑦ 张雪琴指出，现有农村土地产权制度对集体建设用地流转的制约主要体现在土地所有权主体没有明确规定，归

---

① 方湖柳：《新农村建设中要加快非农建设用地制度改革》，《兰州学刊》2006年第8期。
② 张志强：《关于农村集体建设用地直接入市问题的思考》，《中国发展》2008年第9期。
③ 朱木斌：《外部利润、制度环境与集体建设用地流转制度创新》，《农业经济》2008年第6期。
④ 陈银蓉：《集体建设用地流转的制度经济学解析》，《经济论坛》2008年第2期。
⑤ 廖洪乐：《农村改革试验区的土地制度建设试验》，《管理世界》1998年第2期。
⑥ 田中文：《完善集体土地产权规范集体建设用地流转》，《资源与人居环境》2007年第2期。
⑦ 黄纯丽：《农村集体土地所有权主体制度研究》，硕士学位论文，湘潭大学，2007年，第47页。

属不清；缺少法律支持，流转的产权缺少制度保障；流转缺乏制度约束，导致流转利益分配关系。①

就我国集体土地产权制度完善问题，学界主张不一。概括起来主要有：一是坚持集体土地所有制，如陈家泽主张维护现行集体土地所有权并进行改革完善。②二是主张根本改变集体土地所有权制度，其观点又可以分为：蔡昉主张实行国有化，即废除农村土地的集体所有制，一切土地归国家所有③；秦晖主张私有化，即打破农村土地集体所有制，将农村土地的所有权给予农民。④三是主张实行多层次的土地所有制，林毅夫主张我国农村应建立部分土地国家所有、部分土地集体所有以及部分土地个体所有的国家、集体和个人"多层次土地所有制"⑤；钱忠好主张建立土地社会（国家）占有基础上的农民（农户）个人所有制的"农地复合所有制"⑥；朱秋霞提出，在明确集体土地的所有者主体基础上，发放农民个人持有的集体所有权面积份额的土地所有权证书的"规范的农村集体土地所有制"。⑦

（三）对农村建设用地流转市场的研究

王佑辉分析了政府失灵在农村建设用地流转中的表现以及形成机理，并认为建立健康、有序的流转市场是当前首要任务，更是解决政府失灵的最有效方法。⑧李晓明从资源优化配置入手，认为农村建设用地流转是市场经济条件下资源优化配置的必然选择，是保障失地农民的

---

① 张雪琴：《初探农村集体建设用地使用权流动中的产权制约问题》，《资源与产业》2006年第2期。

② 陈家泽：《产权对价与资本形成：中国农村土地产权改革的理论逻辑与制度创新》，《清华大学学报》（哲学社会科学版）2011年第4期。

③ 蔡昉：《土地所有制：农村经济第二步改革的中心》，《中国农村经济》1987年第1期。

④ 秦晖：《关于地权的真问题：评无地则反说》，《经济观察报》2006年8月21日。

⑤ 林毅夫：《制度、技术与中国农业发展》，上海人民出版社1992年版，第75页。

⑥ 钱忠好：《中国农村土地制度变迁和创新研究》，中国农业出版社1999年版，第11—27页。

⑦ 朱秋霞：《中国土地财政制度改革研究》，立信会计出版社2007年版，第220—230页。

⑧ 王佑辉：《集体建设用地流转制度体系研究》，博士学位论文，华中农业大学，2009年，第101—104页。

生产生活和集约利用，提高土地利用率的必然选择。[1] 王小映认为，现行农村建设用地使用权流转，是以二元土地所有制为基础，与城乡企业、居民身份相挂钩，长期依赖城乡分割管理而形成的城乡建设用地双轨制，其最终改革发展的目标，就是要打破土地所有的"二元"制、"双轨"制，按照市场经济的内在要求使城乡两个土地市场接轨。[2] 钱忠好认为，与政府垄断土地市场相比，我国城乡建设用地市场分割制度是当事人基于特定环境的最优选择，但是，与城乡土地市场整合状态相比，城乡建设用地市场分割制度又潜伏着效率的损失。城乡建设用地市场制度由分割走向整合能提高社会总福利水平。[3]

就农村建设用地流转市场的法制建设问题，龙开胜结合十七届三中全会关于健全严格规范的农村土地制度的要求，探讨了流转方式、范围、市场与土地利用规划衔接的问题，认为农村建设用地如何流转，需要《土地管理法》的修改来解决。[4] 黄子耘认为，应加强对集体经济组织的性质、法律地位和职能范围等方面的完善，防止和杜绝集体土地被一些人不当控制。[5]

就农村建设用地流转模式问题，吕萍总结为：一是留地方式，就是集体土地全部或部分转为国有土地，农民全部或部分转为居民，农民集体利用部分留用的国有土地进行开发和建设；二是换地方式，就是部分集体土地转为国有土地，部分农民转为居民，集体通过农地和建设用地置换，进行企业发展；三是弃地方式，部分集体土地转为国有土地，相应地农民转为居民，居民就业转为以自谋为主。[6] 程世勇认为，体制内的"地票"交易模式能巧妙地实现城乡建设用地的"增减挂钩"，农民通过指标交易可直接获得货币形式的土地增值收

---

[1] 李晓明：《农村集体建设用地流转亟待规范》，《江淮论坛》2007年第6期。
[2] 王小映：《政府利益与集体建设用地入市流转制度构建》，《广西农学报》2008年第6期。
[3] 钱忠好：《我国城乡非农建设用地市场：垄断、分割与整合》，《管理世界》2007年第6期。
[4] 龙开胜：《农村集体建设用地流转的再思考》，《国土资源》2009年第1期。
[5] 黄子耘：《从法律视角看农村土地的流转》，《安徽农业科学》2011年第19期。
[6] 吕萍：《城乡经济一体化中集体土地流转问题研究》，《中国农业资源与区划》2003年第4期。

益,从长期来看,"地票"交易作为一种制度创新,不能完全取代农村建设用地流转。① 刘润秋结合重庆、成都实践,认为农村建设用地流转中存在严重的资金时差悖论,导致难以利用集体土地进行融资,土地整理融资难反过来又成为阻碍农村建设用地流转的"瓶颈"。现有模式难以协调各种利益,不能对流转各方产生足够激励,变相征地的方式削弱了农民集体的收益能力。应该根据利益协调原则创新制度设计,以地权激励引导社会资本投资,促进农村建设用地顺畅流转。②

(四) 对农村建设用地流转收益分配的研究

对于收益的形成,李延荣认为农村建设用地流转收益包括转让收益和土地增值收益。转让收益是集体建设用地使用者将土地使用权再让渡给他人而获得的那部分收益。土地增值收益的形成,主要是社会经济发展和周边环境改善的结果。③ 吴郁琳则进一步论证农村建设用地增值收益,是源于整体经济水平的提高、基础设施的改善、使用者对土地进行资金和劳动的投入以及土地用途的改变。陈志刚则认为,农村建设用地增值是普遍存在的,分别由对土地投资、土地用途的变更和土地供求的变化三个方面引起。④

对于农村建设用地流转收益的分配,在理论上,人们争议最大的焦点在于"涨价归公"还是"涨价归私"。王文认为,农村建设用地流转收益分配必须政府干预,政府部门作为土地管理者,为了实现相关权利人之间的利益均衡,应分别以税收和农业补贴的方式调节土地流转收益。⑤ 李延荣认为,农村建设用地流转收益应归属土地所有权人,并根据权利与义务相一致及投资与收益合一原则进行收益分配。地方政府不能参加土地流转收益的分配。⑥ 结合实践,卢吉勇对部分试点地区收益分配的实践进行分析,认为农村建设用地流转收益分配应该

---

① 程世勇:《城乡建设用地流转:体制内与体制外模式比较》,《社会科学》2010 年第 6 期。
② 刘润秋:《农村集体建设用地流转地权的激励模式》,《财经研究》2011 年第 2 期。
③ 李延荣:《集体建设用地流转要分清主客体》,《中国土地》2006 年第 2 期。
④ 陈志刚:《试论土地增值与土地用途管制》,《国土经济》2002 年第 4 期。
⑤ 王文:《集体建设用地使用权流转与收益分配相关法规及政策研究》,《首都经济与贸易大学学报》2009 年第 5 期。
⑥ 李延荣:《集体建设用地流转要分清主客体》,《中国土地》2006 年第 2 期。

首先对流转的主体进行界定，然后合理安排流转的收益分配比例，农民、农民集体和国家因其权益和义务均应参与收益分配，国家由市、县、乡三级政府代表为宜。① 王延强认为，国家和集体经济组织分别以税收和地租形式获得收益，但必须保证农民成为最大受益者。②

（五）对农村建设用地流转宏观调控的研究

陈利根认为，国家基于公共利益对农民集体建设用地流转采取合理管制措施是必要的，因为允许直接流转后，基于理性选择，用地者为了实现更高的收益会违反合同规定进行土地的利用，农民集体在收益最大化和有限理性作用下可能为了眼前利益而出现短视行为。③ 就政府如何定位的问题，谭术魁认为，要明确政府角色定位及管理内容，主要是要强调政府的服务和监督职能。④ 黎孔清、陈银蓉则针对目前政府职能偏差，认为地方政府应作为农村建设用地流转的监督者与服务者，一方面要服从中央的政策安排，另一方面要根据实际情况优化政府行为。⑤ 王小映则从土地用途管制角度出发，认为应该完善城乡土地统一管理制度，处理好土地利用总体规划、城市规划、村镇规划之间的关系，并积极吸收公众参与和监督。⑥ 有学者对政府管制和宏观调控持保留态度。刘守英认为，我国土地制度因不同用途沿着不同的路径演化，农地制度朝着强化土地物权和以农户为主体的市场交易方向发展，而非农建设用地制度却朝着强化地方政府垄断和土地利益最大化的方向发展，因此，对政府宏观调控应该慎重。⑦ 吴越指出，各级政府在土地流转中扮演政策制定者、探索者和服务者角色，却出现了与民争利的行为，应严格界定各级政府在土地流转中

---

① 卢吉勇：《集体非农建设用地流转的主体与收益分配》，《中国土地》2002年第5期。
② 王延强：《基于农民权益保护的宅基地权益分析》，《农村经济》2008年第3期。
③ 陈利根：《集体建设用地使用权制度：考察、评价及重构》，《国土资源》2008年第7期。
④ 谭术魁：《城市国有土地资产运营的若干问题》，《中国房地产》2002年第10期。
⑤ 黎孔清、陈银蓉：《农村集体建设用地流转中政府职能定位与路径选择》，"中国特色社会主义行政管理体制"研讨会暨中国行政管理学会第20届年会论文，2010年7月，第1473—1477页。
⑥ 王小映：《政府利益与集体建设用地入市流转制度构建》，《广西农学报》2008年第6期。
⑦ 刘守英：《政府垄断土地一级市场真的一本万利吗》，《中国改革》2005年第7期。

的财政收益比例和用途管制,并修改相关法律法规来规范政府职能。[①]

三 研究现状评述

由于国情不同,国外学者往往立足于既有的市场机制,认为只要产权清晰,就可以对土地(包括集体建设用地)进行自由转让。事实上,我国市场机制还不很完善,农村建设用地产权不完整,故不能照搬他们的研究成果和理论,但他们提供的分析视角和方法值得借鉴。

学者们对于农村建设用地流转的动因进行了分析,分别从经济发展、新农村建设和制度变迁等视角展开,但没有形成一个较为完整的解释框架,没有对农村建设用地流转的系统构成和外部环境进行分析,更缺乏基于主体利益关系和由此决定的行为特征研究。因此,这些研究对农村建设用地流转动因的解释性不够充分。

学者们对农村建设用地流转机制展开研究,但缺乏对农村建设用地供给和需求的发展变迁进行梳理,也没有对宅基地和中小企业用地需求结构进行研究,这成为本书的一个重要研究目标。

学者们对农村建设用地流转收益分配问题展开研究,在对存在问题进行论证的基础上,结合法律政策提出自己的解决思路。但要真正厘清农村建设用地流转收益分配主体和收益分配比例问题,能否以马克思主义地租理论为借鉴,构建一种农村建设用地流转收益分配的解释框架是值得探索的。

综述学术界已有的研究成果,本书研究具有一定的理论意义和实践意义。本书正是立足农村建设用地流转动力分析基础,从农村建设用地产权、农村建设用地供求变迁及其关系、流转收益分配和宏观调控等方面进行研究和探索。

第四节 可能的创新点

一 研究视角创新

本书基于主体利益视角研究了农村建设用地流转相关主体的行为

[①] 吴越:《地方政府在农村土地流转中的角色、问题及法律规制——成都、重庆统筹城乡综合配套改革试验区实证研究》,《甘肃社会科学》2009 年第 2 期。

特征。基于利益衡量，地方政府主导了"城乡建设用地增减挂钩"的制度创新，但由于指标落地仍然需要通过征地来实现，这意味着更多的农村土地资源（包括土地发展权）以很低的代价为我国城市化和工业化提供积累，它在本质上属于征地行为的延续。而农村集体则极力推动农村建设用地住房流转和中小企业用地流转，以持续分享我国经济社会发展所带来的成果，当然，这一创新行为离不开地方政府，尤其是基层政府的支持。但是，地方政府支持农村建设用地流转的行为有一个重要的利益归宿点：禁止农村集体土地进入房地产市场后的土地流转并不会显著影响土地出让收益，而农村建设用地市场为中小企业解决了其发展中遭遇的土地"瓶颈"，最大限度地利用土地资源，促进经济的增长。这样，既能发展地方经济，又不影响地方政府收入。

二 分析工具创新

本书提出了农村建设用地地租理论，并以此作为分析手段研究土地收益分配问题，这为农村建设用地流转收益及其分配提供一种新的分析工具。农村建设用地流转价格本质就是地租收益的资本化，农村建设用地地租主要包括绝对地租、级差地租Ⅰ、级差地租Ⅱ和级差地租Ⅲ。农村建设用地流转价格＝土地基本价格＋地上附着物价格。其中，土地基本价格＝绝对地租的资本化＋级差地租Ⅰ的资本化＋级差地租Ⅱ的资本化＋级差地租Ⅲ的资本化。土地基本价格是土地流转价格的基础，绝对地租、级差地租Ⅰ、级差地租Ⅱ和级差地租Ⅲ四种地租共同构成了农村建设用地流转价格的决定性因素。农村建设用地地租收益分配应坚持依法合规、分配与积累并重、兼顾各方利益、贡献与收益对等原则，正确处理国家、集体和企业各方的合理利益。

三 对农村建设用地流转的需求结构分析

本书认为，农村建设用地总量、资源环境和法律政策三者以交合作用影响着城镇居民对宅基地需求和中小企业对农村建设用地需求。在这三种约束力量的共同作用下，每种约束因素的变动，都会对农村建设用地整体需求产生"木桶效应"影响。

四 提出实施农村建设用地储备制度构想

在把农村建设用地纳入建设用地总体规划和年度计划的基础上，

各地土地储备中心可以考虑将农村宅基地等建设用地的交易活动纳入其业务范围，当然，这种土地储备不同于国有土地储备就在于集体土地所有权未发生改变。这样，一方面，可以利用储备的建设用地供应本地符合资格的村民用于建房等；另一方面，可以依托土地储备机构在信息发布、服务、管理等方面的优势，根据相关规划和计划确定农村建设用地出让计划，实现国有和集体所有建设用地在土地市场上实现有序流转。

第二章 我国农村建设用地流转的动因研究

第一节 农村建设用地流转的系统性研究

事物是普遍联系的。现实世界的事物都处于不同层次的相互联系和相互作用中,如果仅孤立考察整体中的某一部分,那就无法从整体上揭示事物的运动变化规律。系统科学理论和方法是联系观的升华和具体化,也为研究我国农村建设用地流转问题提供了有力的理论工具。

一 系统论概述

关于系统的概念,贝塔朗菲定义"处于一定的相互关系中并与环境发生关系的各组成部分(要素)的总体(集合)"。[①] 钱学森认为,系统是"由相互作用和相互依赖的若干组成部分结合的具有特定功能的有机整体"。[②] 常绍舜则认为,系统是"由一定要素组成的具有一定层次和结构并与环境发生关系的整体"。[③] 魏宏森等提出系统优化演化律,"演化标志着事物和系统的运动、发展和变化;优化是系统演化的进步方面,是在一定条件下系统的组织、结构和功能的改进,从而实现耗散最小而效率最高、效益最大的过程"。[④] 学者们对系统本质的理解各有侧重。贝塔朗菲强调要素的集合性,钱学森强调整体功能

[①] L.V.贝塔朗菲:《普通系统论的历史和现状》,《国外社会科学》1978年第2期。
[②] 钱学森:《论系统工程》,湖南科学技术出版社1982年版,第93页。
[③] 常绍舜:《系统科学方法概论》,中国政法大学出版社2004年版,第179页。
[④] 魏宏森、曾国屏:《系统论的基本规律》,《自然辩证法研究》1995年第4期。

性，常绍舜强调结构性和外部联系性，魏宏森则更多强调演化和发展性。综合上述观点，本书将系统内涵归纳为如下几个方面：系统是由多要素组成的、有若干层次结构的有机整体；系统和外部环境发生相互联系，且表现出自身的特性；系统处于不断运动、演化和优化之中。系统论的基本原理可概括为整体性原理、等级层次原理、系统环境互塑共生原理和演化原理。①

（一）整体性原理

整体性原理是指系统为诸要素的有机集合而不是各要素简单地机械加总，整体具有部分或部分总和没有的性质。W 代表总系统的整体功能，P_i 代表各子系统的功能，系统整体性原理可用公式表示为 $W \neq \sum P_i$。各子系统按不同方式相互作用，激发出来的系统效应有正效应、负效应和零效应。② 如果各子系统结构合理，便可以使系统表现出正效应，产生"$1+1>2$"的整体效果。但其必要条件是子系统必须是完整而相互独立的。

（二）等级层次原理

系统的整体功能是由元素相互作用产生的质的飞跃。元素质到系统质的根本飞跃是经过一系列部分质变实现的，由此形成一个个层次。所谓层次性，是指系统由一定的要素组成，这些要素是由更小层次的要素组成的子系统，另外，系统自身又是更大系统的组成要素。所以，任何系统的研究和设计都要明确该系统所处的层次，并考虑到上下层次之间的关系。

（三）系统环境互塑共生原理

系统已经具备内部有序的层次结构条件，能否保持系统的可持续运行，关键在于系统环境的互塑共生。一方面，环境对系统进行塑造：给系统提供生存发展的支持作用，称为资源；给系统施加约束，称为压力。另一方面，系统更对环境进行塑造：给系统积极的输出，称为功能；反之称为污染。总之，环境塑造着环境中的每个系统，环境又是组成它的所有系统共同塑造的。

---

① 王贝：《集体建设用地流转的系统性分析》，《商业时代》2010 年第 8 期。
② 苗东升：《系统科学精要》，中国人民大学出版社 1998 年版，第 47 页。

（四）演化原理

在系统内部经过能量的消耗和资源的重组，系统结构会发生或快或慢的变化，当这种变化超过一定的阈值时，系统的根本性质就要发生相应变化，这就是系统的演化过程。总的说来，系统是朝着增加复杂性方向演化的，复杂性的增加总是意味着层次的增多，层次的增多便意味着前进的和优化的演化。

二 农村建设用地流转系统的要素及结构

（一）外部环境

根据前述理论，农村建设用地流转离不开其所处的环境，要实现土地流转顺畅，农村建设用地流转系统必须和外部环境进行物质、能量与信息的交换。农村建设用地流转系统的外部环境是除流转系统内部要素以外，对土地流转系统有重要影响的其他要素的总称，主要包括政治、经济、文化、社会、生态等要素，尤其是随着经济社会发展，我国城镇化、工业化面临生态恶化、土地资源日益匮乏的严重制约。

（二）系统内部诸要素

农村建设用地流转系统要素包括农村建设用地产权、交易主体、中介机构、有形市场、政府管理制度及机构等。根据层次结构原理，可将农村建设用地流转系统内部诸要素分为农村建设用地流转市场子系统和农村建设用地流转政府管理子系统。其中，农村建设用地流转市场子系统遵循市场经济体制下个人权利自由交易的内在逻辑，并发挥市场调节、配置资源的功能，农村建设用地流转政府管理子系统是政府依据法律赋予它的权力为集体建设用地流转提供各种制度规则，以形成对市场主体行为的约束机制，保证土地流转行为规范化。[1]

1. 流转市场子系统

（1）农村建设用地产权。产权界定是否清楚决定了市场交易主体能否形成合理的预期，进而影响资源能否自由流动，形成合理的供求关系和土地市场价格，最终实现资源配置优化和社会福利分配的帕累

---

[1] 张梦琳：《集体建设用地流转与资源配置关系的系统分析》，《国土资源科技管理》2012年第1期。

托改进。农村建设用地流转的实质是，附着于地上的某一权利或权利束（即产权）由一个权利主体转移至另一权利主体的过程，包括转让、出租、入股、互换、抵押等多种形式。从原理上讲，土地权利专指在法律规定的范围内，可用作交换或转移的农村建设用地权利，包括所有权、使用权、处分权和收益权等。根据我国实际情况及相关法律规定，农村建设用地流转主要涉及使用权的流转，包括流转权、处分权和收益权等。

（2）市场交易主体。农村建设用地产权的转出者和转入者是构成土地流转系统的主体。根据我国相关法律的规定，农村建设用地转出者为集体（包括乡镇、村和村内经济组织）或者农户自身。转入者的范畴相对广泛，可以是任何经济组织或个人。随着流转市场规模的扩大和流转行为的日益规范，农村建设用地流转主体及形式将逐步拓展和丰富。在实践中，由于法律规范不够完善、相关市场主体过于分散等原因，农民及农村集体在农村建设用地流转中的主体地位有待加强，地方政府尤其是乡（镇）基层政府往往主导了土地流转的整个过程。这样，农村集体建设用地虽然流转出去了，但由于自身权利受限和博弈能力削弱，农村集体和农民所获收益极为有限。

（3）中介机构。有效的信息是市场制度下权利主体实现土地资源优化配置决策的必备条件。由于农村建设用地流转过程涉及众多的法律问题，且土地价格的测算专业性极强，这就要求在农村建设用地流转过程中，有相应的相关专业机构和专业人员提供必要的法律和其他专项服务。如果农村建设用地市场供求主体缺乏足够的信息，很容易造成供求双方长时间的讨价还价，由此增加市场交易成本，影响土地市场的资源配置效率。专业的土地评估中介机构可以依据科学的土地估价方法，为供求双方提供客观统一的计价标准，并以此作为一种信号显示机制，减少双方的交易成本。当前，我国为农村建设用地流转服务的专业中介机构还很缺乏，建立规范的此类机构是当前农村建设用地流转系统建设的重要任务。

（4）有形市场。有形市场能为交易双方提供信息发布的媒介，能够降低信息搜索成本和交易谈判成本，增强土地投资决策科学性。建立农村建设用地有形市场是以市场方式配置土地的基本要求，是确保土地交易合法性和安全性的需要，是引导土地交易双方依法交易的重要手段，是规范市场秩序和创造良好的市场环境的主要途径。根据《国土资源部关于建立土地有形市场促进土地使用权规范交易的通知》（国土资发〔2000〕11号）精神，建立土地有形市场，就是要通过设立固定场所，健全交易规则，提供相关服务，形成土地使用权公平、公开、公正交易的市场环境。其基本功能应包括：第一，提供交易场所。为土地交易洽谈、招商、展销等交易活动和招标、拍卖会提供场地，为交易代理、地价评估、法律咨询等中介机构提供营业场所。第二，办理交易事务。为政府有关部门派出的办事机构提供服务"窗口"，方便交易各方办理政府管理的有关手续。第三，提供交易信息。公布和提供土地供求信息，收集、储存、发布土地交易行情、交易结果，提供有关土地政策法规、土地市场管理规则、土地利用投资方向咨询等。第四，代理土地交易。接受委托，实施土地使用权招标、拍卖，或受托代理土地使用权交易活动。

2. 政府管理子系统

为保证农村建设用地流转市场的健康有序发展和权利流转过程之中和之后各个权利主体的权益不受侵犯，这要求国家指定专门管理机构负责建设用地流转过程的监督与管理。按《土地管理法》精神，国家各级土地行政主管部门负责管理各辖区内的农村建设用地，第六十六条规定："县级以上人民政府土地行政主管部门对违反土地管理法律、法规的行为进行监督检查。土地管理监督检查人员应当熟悉土地管理法律、法规，忠于职守、秉公执法。"第六十七条具体规定了县级以上人民政府土地行政主管部门的主要管理权限："（一）要求被检查的单位或者个人提供有关土地权利的文件和资料，进行查阅或者予以复制；（二）要求被检查的单位或者个人就有关土地权利的问题作出说明；（三）进入被检查单位或者个人非法占用的土地现场进行勘测；（四）责令非法占用土地的单位或者个人停止违反土地管理法律、法规的行为。"第八十四条规定："土地行政主管部门的工作人员玩忽职守、滥用职权、徇私舞弊构成犯罪的，依法追究刑事责任；尚不构成犯罪的，依法给予行政处分。"

农村建设用地流转需要处理好政府与市场的关系。从流转市场子系统和管理子系统的关系来看，前者是核心，后者是服务和调节器。两者应具有相对独立性和完整性，任何一方结构缺损或功能不全，都将影响另一方功能的发挥，从而制约整个系统的功能。

（三）系统结构框架

如图 2-1 所示，农村建设用地产权、交易、中介机构、交易市场和管理机构共同构成了农村建设用地流转系统，各要素之间相互影响、互相制约，同时又相互依存，任何要素的缺损或功能不全，都将影响其他要素功能的发挥，从而制约整个系统的功能形成，它们共同构成了一个不可分割的整体。

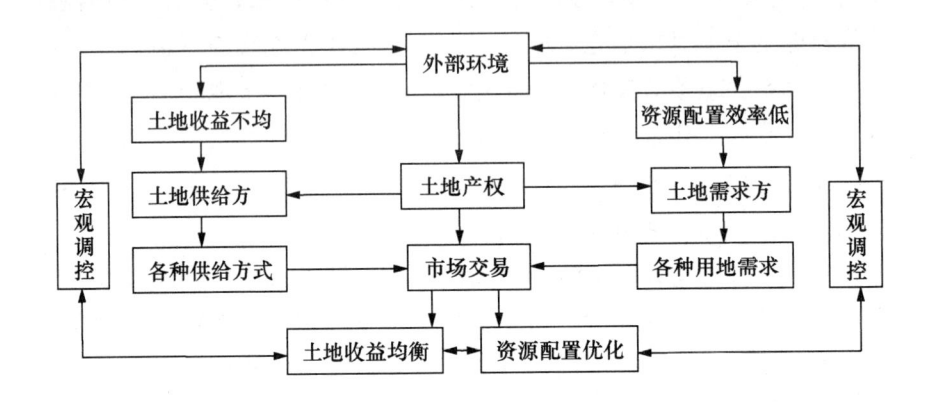

图 2-1 农村建设用地流转系统框架

1. 流转系统的开放性

按照系统论观点，一个封闭的与外界没有任何物质、能量和信息交流的系统，无论其初始状态如何，其终极状态均为无序。一个系统只有不断与系统外部环境进行物质、能量和信息交换，并获取负熵流，才有可能保证系统的有序状态。在图 2-1 中，农村建设用地流转系统的外部环境，具体包括社会经济发展、生态环境、土地资源利用等。

事实上，系统中各要素及各子系统本身都是构成外部环境的重要因素，并与外部环境中的相关要素有着不可分割的联系。比如，农村建设用地流转需求就有所涉及，社会经济发展对建设用地需求增加，而耕地保护对其产生硬约束；用于流转的农村建设用地须建立在土地资源集约利用的基础上，这需要经济社会发展有足够空间吸纳大量的农村剩余劳动力，形成通畅的农村剩余劳动力转移渠道；农村建设用地流转实践及其合法性需要相关法律法规予以确认和引导。也就是说，无论从农村建设用地子系统和外部环境的关系来看，还是从农村建设用地流转系统的组成要素本身和外部环境的关系来看，农村建设用地系统都是一个与外部的经济环境、社会环境、文化环境和自然环境等保持着不同程度的物质、能量和信息交换的开放系统。进一步看，经济社会发展的外部环境变化导致土地资源配置效率低下，在潜在收益的驱使下，农村集体或农户流转出土地的供给意愿日益强烈，而各种用地主体也愿意大量使用农村建设用地，于是，先是土地隐性市场逐步形成，并逐步形成较为成熟的城乡统一的建设用地市场，最终达到土地资源配置优化和土地收益均衡的效果。

进一步看，农村建设用地流转系统是不断演进和发展的。随着社会经济的发展和城乡一体化进程不断加快，形成于特定历史时期的集体建设用地使用制度已经面临巨大危机，正是在"农村建设用地隐性市场"屡禁不止的情况下，相关部委在部分地区展开试点，先后进行了芜湖模式、广东模式和成渝模式等有益的实践和理论探索，这正好体现了我国集体建设用地流转系统演进的路径。[①] 芜湖市围绕"三个集中"，制定了集体建设用地流转的程序和规则，对集体建设用地的首次和再次流转以及收益分配也进行了规定。广东省按照"同地、同价、同权"原则打破了政府对建设用地一级市场的垄断，并将各方利益分配用具体制度进行规范。作为国家设立的综合配套改革试验区，成、渝两地尝试了集体建设用地资本化的改革，盘活土地，促进产业集约化和规模化。

2. 流转系统的层次结构性

从系统层次结构来看，农村建设用地流转系统内部各要素相互之间的联系特点及其在建设用地流转系统中的作用分工具有一定的差异

[①] 戴德军：《城乡统筹语境下建立农村集体建设用地流转制度论纲》，《河南社会科学》2008年第9期。

性，一些要素相互联系、相互影响形成建设用地流转系统内部具有相对稳定的功能分工的整体，构成建设用地流转子系统内部更微观的若干子系统。

农村建设用地流转系统的层次结构性，不仅表现为市场子系统、微观子系统这一方面，更表现为某一区域建设用地流转系统自身又是更大系统的子系统。集体建设用地流转系统从区域结构体系来看是一个多等级序列的系统（包括乡镇级、县级、省级和国家级建设用地流转系统），要实现建设用地的最优配置，须从区域总量配置平衡、区域布局平衡和区域速度配置平衡三个方面入手。① 目前，农村建设用地流转机制的建设远远滞后于我国社会主义市场经济本身的发展步伐。流转系统建设还处于起步阶段，农村建设用地流转要实现乡镇级、县级和省级，甚至国家级的区域总量配置平衡、区域布局平衡和区域速度配置平衡，从而达到资源最佳配置，显然还有待时日。

第二节 农村建设用地流转的经济社会环境

一 我国经济社会发展对建设用地需求旺盛

经济增长总是以一定的要素投入为前提，从资源形态角度可把这些要素投入分为两类：土地要素、以资本信息及劳动技术等非土地投入。在一定的生产关系和技术水平下，这两类投入的一定组合就可以形成一定量的生产产出。为了满足社会需求，保持一定水平的生产产出水平是不可或缺的一环；如果其中一类资源投入减少时，那就需要增加另一类资源投入。② 我国经济社会迅速发展，尤其是经济保持了长期的高速发展，对土地（建设用地）需求表现为经济增长对土地需求、固定投资增长对土地需求和第二、第三产业发展对土地需求。

---

① 贺瑜：《建设用地区域配置的帕累托改进》，《国土资源科技管理》2008年第5期。
② 陈煜红：《重庆城市建设用地合理供应规模研究》，博士学位论文，重庆大学，2009年，第33页。

(一) 经济增长对建设用地需求的实证分析

1. 数据说明和数据分析

本书的实证分析主要使用了两个时间序列：利用变量 GDP（支出法）表示经济增长规模（这里用 GDP 平减指数换算成 1978 年的不变价计算的实际 GDP，单位是亿元人民币）；利用变量 JS 表示建设用地面积（主要包括居民点及工矿用地、交通运输用地和水利设施用地，单位是平方公里）。数据范围为 2000—2009 年。数据来源：历年《中国统计年鉴》、《国土资源公报》和《国土资源统计年鉴》。建设用地 JS 和 GDP 的时间序列曲线如图 2-2 所示。

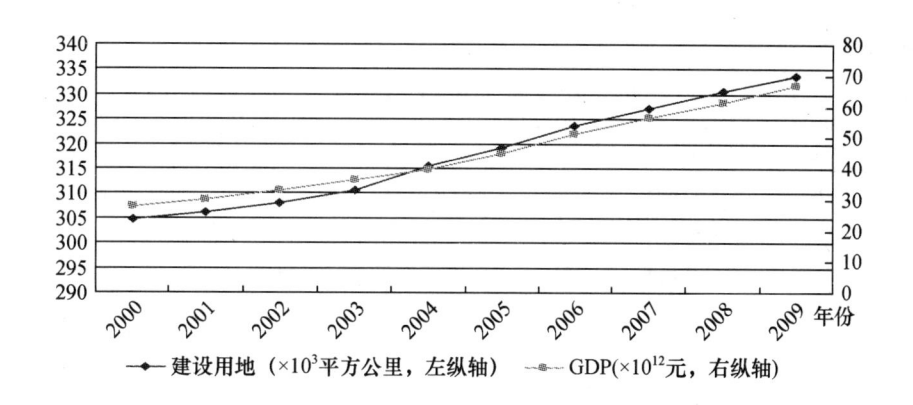

图 2-2 2000—2009 年国内生产总值和建设用地面积

由图 2-2 可知，2000—2009 年，在剔除价格因素后，我国经济总量从 27569.88 亿元增长至 66901.87 亿元，年均增幅超过 10%，而建设用地面积则从 304700 平方公里增加到 333770 平方公里，年均增幅达到 1.06%。不难看出 GDP 和 JS 具有类似的时间趋势，这意味着两者可能具有共同的趋势成分，这是它们之间存在协整关系的迹象。

2. 时间序列平稳性和协整关系检验

协整分析理论是由恩格尔和格兰杰（Engle and Granger）首先提出，为非平稳经济时间序列的建模提供了有力工具。该理论认为虽然一些经济变量本身是非平稳的，但它们的线性组合却可能是平稳序列，即存在协整关系，从经济理论来看，这些经济变量之间存在着长期均衡关系。为消除异方差和量纲因素的影响，本书对 GDP_t 和 JS_t 两个变量进行对数化处理，新变量为 $lnGDP_t$ 和 $lnJS_t$，这不会改变原有序列的协整关系。

（1）单位根检验。同阶单位根过程的平稳性检验是判断变量之间协整关系、建立误差修正模型和进行格兰杰因果检验的前提。本书运用 Eviews 6.0 软件对 $lnGDP_t$ 和 $lnJS_t$ 这两组数据分别进行 ADF 单位根检验，检验的最优滞后步长根据 AIC 和 SC 值最小原则确定。由表 2-1 可以看出，两组变量都是非平稳时间序列，而在 5% 的显著性水平下，$lnGDP_t$ 和 $lnJS_t$ 都是二阶单整的。在此基础上可以继续检验两组变量间的协整关系。

表 2-1　　　　　　　　变量的 ADF 检验结果

变量	ADF 检验值	检验形式	1%临界值	5%临界值	10%临界值	结论
$lnGDP_t$	-2.28694	(ct1)	-5.83518	-4.24650	-3.59049	非平稳
$lnJS_t$	-2.65270	(ct1)	-5.83518	-4.24650	-3.59049	非平稳
$lnGDP_t$ *	-1.94853	(c01)	-4.80349	-3.40331	-2.84181	非平稳
$lnJS_t$ *	-0.06165	(001)	-2.88610	-1.99586	-1.59908	非平稳
$lnGDP_t$ **	-2.20959	(001)	-2.93721	-2.00629	-1.59806	平稳
$lnJS_t$ **	-3.17618	(001)	-2.93721	-2.00629	-1.59806	平稳

注：* $lnGDP_t$、** $lnGDP_t$ 分别表示国内生产总值对数序列的一阶差分序列和二阶差分序列；* $lnJS_t$ 和 ** $lnJS_t$ 分别表示建设用地数量对数序列的一阶差分序列和二阶差分序列。

（2）协整关系检验。协整分析两种最常用的检验方法是恩格尔和格兰杰的 EG 两步法以及 Johansen 和 Juselius 的极大似然法。由于本书模型只涉及两个变量，我们采用 EG 两步法进行协整关系检验。前面已经验证序列 $lnGDP_t$ 和 $lnJS_t$ 都是二阶单整的，故可以根据两变量的 OLS 协整回归方程之残差是否平稳来判断两序列是否具有协整关系。如果残差检验是非平稳的，则两序列的任意一个线性组合都是非平稳的，即两者不是协整关系；如果残差检验结果是平稳的，则 $lnGDP_t$ 和 $lnJS_t$ 之间存在协整关系，两组变量之间的线性回归便具有现实意义。

第一步，$\ln GDP_t$ 和 $\ln JS_t$ 的 OLS 协整回归方程为：

$\ln JS_t = 11.53554 + 0.106297 \times \ln GDP_t$

$\quad = (374.7742)(36.84214)$

$R^2 = 0.994141$，D.W. $= 1.138762$，F $= 1357.343$。各解释变量的 t 统计量和模型的 F 统计量高度显著，拟合优度高，模型的残差不存在自相关，回归模型拟合效果好。

第二步，令 e_t 为上述回归模型残差，根据方程 $e_t = \ln JS_t - 11.53554 - 0.106297 \times \ln GDP_t$ 得出残差序列并对其进行单位根检验，如果检验结果拒绝存在单位根的原假设，则说明残差序列 e_t 是平稳的，经济增长与建设用地之间存在协整关系。结果见表 2-2。

表 2-2　　　　　　　回归残差的 ADF 检验结果

变量	ADF 检验值	检验形式	1% 临界值	5% 临界值	结论
e_t	-2.469268	(001)	-2.886101	-1.995865	平稳

表 2-2 的检验结果表明，在 5% 的显著性水平下，残差序列 e_t 是平稳序列，建设用地和经济增长之间具有长期稳定关系，长期协整方程为：$\ln JS_t = 11.53554 + 0.106297 \times \ln GDP_t$。这表明我国经济增长的用地扩张弹性是很高的，经济总量每增加 1%，建设用地占用量便增加 0.1063%。

（3）误差修正模型。根据格兰杰定理，一组具有协整关系的变量可建立误差修正模型（ECM），ECM 揭示了变量之间的长期关系和短期关系。根据以上协整回归方程，用 ECM_{t-1} 表示模型在 T-1 时的残差，$\Delta \ln JS_t$ 和 $\Delta \ln GDP_t$ 表示 $\ln JS_t$ 和 $\ln GDP_t$ 的一阶差分序列，用 OLS 法建立误差修正模型如下：

$\Delta \ln JS_t = 0.002218 + 0.078754 \times \Delta \ln GDP_t - 0.835039 \times ECM_{t-1}$

$(0.474728)(1.675677)(-2.713310)$

$R^2 = 0.692674$，D.W. $= 1.501034$。由于误差修正项系数（-0.835039）为负，调整方向符合误差修正机制，这进一步验证了建设用地和经济增长之间存在长期均衡关系：上一期建设用地占用水平高于（低于）均衡值时，本期建设用地涨幅便会下降（上升），上一年度的非均衡误差以83.5%的比率在一年之内得到调整，修正幅度很大。而差分项反映了变量短期波动的影响，如果GDP变化1%，将引起建设用地数量变化0.08%。

3. 格兰杰因果检验

格兰杰因果检验就是检验变量的滞后变量是否可以引入其他变量方程中，如果一个变量受到其他变量的滞后影响，则它们具有格兰杰因果关系。[1] $\ln GDP_t$ 和 $\ln JS_t$ 之间的格兰杰因果检验结果如表 2 – 3 所示。

表 2 – 3　　　　　　　格兰杰因果关系检验结果

原假设	滞后期数	F 统计量	显著性概率	结论
$\ln JS_t$ 不是 $\ln GDP_t$ 的格兰杰原因	2	0.43328	0.5348	接受原假设
$\ln GDP_t$ 不是 $\ln JS_t$ 的格兰杰原因	2	9.39573	0.0221	拒绝原假设

从表 2 – 3 中可以看出，GDP 是建设用地数量变化的格兰杰原因，其经济含义就是在滞后 2 期的情况下，经济增长会引致建设用地占用的增加，这和前文协整分析的结论是吻合的；相反，在滞后 2 期的情况下，建设用地扩张却不是经济增长的格兰杰原因，且概率高达 0.5348，其经济含义在于建设用地扩张带来的短期经济增长是不可持续的，由此导致投资不合理而阻碍了技术进步，低价供应土地而降低了资源配置效率，使我国的经济增长主要依赖外延式扩张而未实现集聚效应。[2]

4. 基于 VAR 模型的脉冲响应函数和方差分解

由于变量间的相互影响，我们还需要从系统的角度动态地分析变量间的内在效应，即分析经济增长和建设用地之间的冲击响应。图 2 – 3 和图 2 – 4 是基于 VAR 模型得到的经济增长与建设用地对来自对方的一个标准差冲击的脉冲响应函数曲线，横轴代表脉冲响应函数的滞后期数

---

[1] 高铁梅：《计量经济分析方法与建模》，清华大学出版社 2009 年版，第 146 页。
[2] 尹峰：《建设用地、资本产出比率与经济增长》，《世界经济文汇》2008 年第 2 期。

(10 年)，纵轴代表因变量对解释变量的响应程度，实曲线表示脉冲的响应函数。

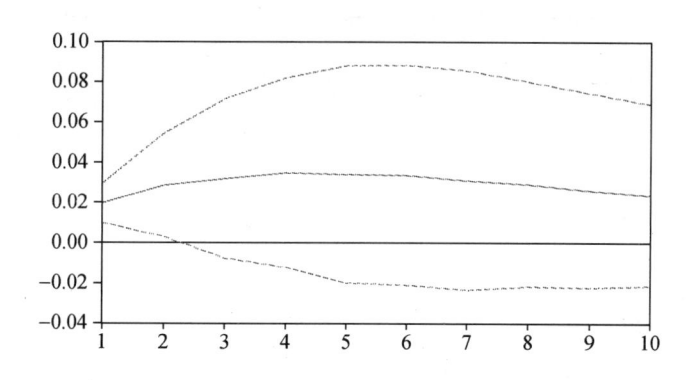

图 2-3 经济增长冲击引起建设用地的响应函数

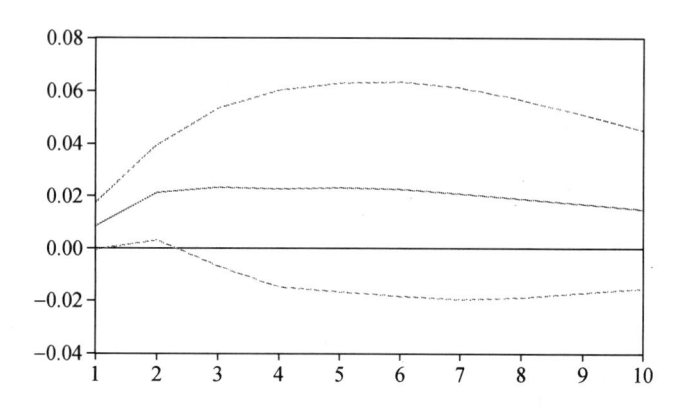

图 2-4 建设用地冲击引起经济增长的响应函数

由图 2-3 可知，当在本期给经济增长 1 个百分点的正冲击后，建设用地快速增长，并在第 4 年达到最高点，促使建设用地增长率提高 0.036 个百分点，随后缓慢衰减，于第 6 年后趋于稳定地以正向反应一直持续下去，表明经济增长对建设用地增长拉动的长期影响。从图 2-4 可以发现，建设用地对经济增长的冲击也表现出正向反应，在第 3 年建设用地冲击作用达到最大值，拉动经济增长率提高 0.02 个百分点，随后快速衰减，表明建设用地冲击对我国经济增长的拉动作用缺乏持续性。

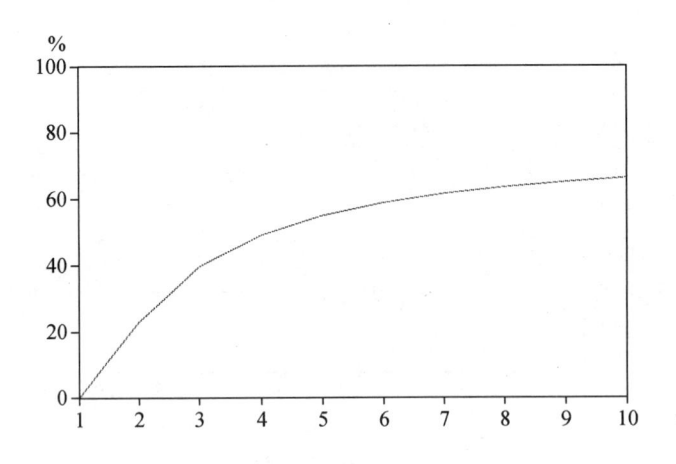

图 2-5 经济增长冲击对建设用地的贡献率

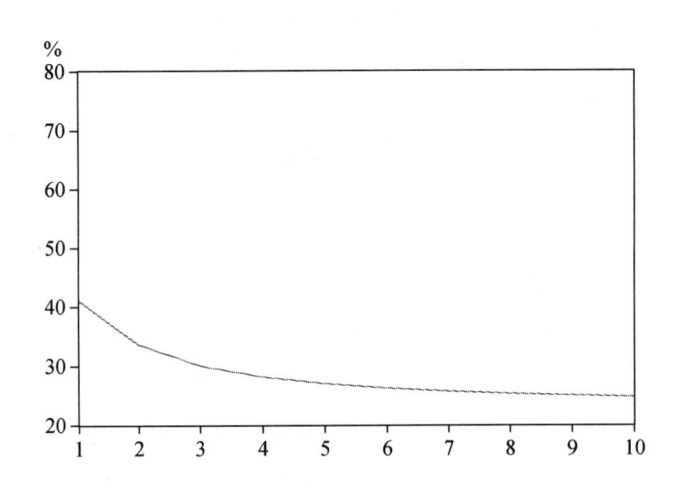

图 2-6 建设用地冲击对经济增长的贡献率

由前文可知，经济增长是建设用地数量变化的格兰杰原因，但还不知道这种因果关系的强度。我们可以采用方差分解方法研究模型的动态特征，把系统中每个内生变量的波动，按其成果分解为与各个方程信息相关联的若干组成部分，从而了解各信息对模型内生变量的相对重要性。由图 2-5 可知，经济增长对建设用地的贡献率呈快速上升趋势，在前5年平均增幅达到10%以上，在第6年就已经达到60%，其后一直缓慢上升并延续下去。由图2-6可知，建设用地对经济增长的贡献度相对小得多，在前3年，贡献率从40%迅速下降到25%左右，年均降幅达到5%，从第6年开始，基本稳定在25%左右。我们发现，方差分解分析与格兰杰因果关系检验结论一致，也和脉冲响应函数分析的结论一致。

由此可以得出以下结论：

第一，经济增长与建设用地之间存在长期协整关系。我国经济增长的建设用地扩张弹性高，GDP每增加1个百分点，建设用地面积趋势性便增加0.1个百分点，这是工业化和城市化进程中的必然现象。但我们需要清醒地认识的是新增建设用地主要来源于农地非农化，这必然导致我国耕地资源的进一步稀缺，这既会增加大量失地农民，又会危及我国粮食安全。这要求我们应该改变过去粗放式用地模式，挖掘现有建设用地（尤其是农村集体建设用地）利用潜力，促进产业结构调整，发展节地型产业。

第二，经济增长与建设用地之间具有短期动态关系。误差修正系数为负符合误差修正机制，建设用地长期对短期偏离均衡的调整力度为83.5%，因此，经济增长与建设用地之间的长期均衡机制对建设用地数量的变化具有强烈的制约作用。可以看出，误差修正模型比普通的单方程模型更全面地反映了建设用地数量模型中的短期和长期的关系。

第三，格兰杰因果关系检验结果表明，如果不考虑其他因素，经济增长是建设用地面积变化的格兰杰原因，但反向因果关系得不到实证支持。脉冲响应函数和方差分解的结果也显示同样的结论：对于经济增长的正向冲击，建设用地反应强烈，经济增长带来的冲击能够解释建设用地面积变化的60%左右；反之，对于建设用地的正向冲击，经济增长响应较弱，建设用地的增加对经济增长的解释程度维持在25%左右，也就是说，依靠廉价供应土地刺激经济增长的行为缺乏可持续性。[1]

---

[1] 王贝：《我国经济增长和建设用地关系的实证研究》，《学术探索》2011年第2期。

(二) 城镇化发展将进一步激发对建设用地的需求

当前，我国正处于城镇化快速发展阶段。1978 年我国城镇化水平为 17.9%，2007 年则达到了 44.9%，年均增速接近 1%。至 2011 年年底，我国城镇化水平已达到 51.27%，城镇人口达到 6.9 亿人，最近四年的年均增速更是接近 1.6%。我国城镇化已经进入了中期加速发展阶段，城镇化发展速度将进一步提高。到 2050 年达到中等发达国家水平时城镇化率将达到 70% 以上。在未来 34 年中，每年增速将达到 0.54%。按照当前人口总数计算，到 2030 年，我国城镇人口数量将会净增 2.0 亿—2.6 亿，平均每年增加 1000 万—1300 万。到 2050 年，我国城镇人口数量将达到 11.2 亿左右。城镇化的加速必然导致城镇规模的不断扩张，由此，城市基础设施建设、城市社会经济的发展以及城市人口的增加必然会增加建设用地的需求量。1990 年我国城市的建成区面积只有 1.22 万平方公里，到 2010 年，已经达到 4.05338 万平方公里。如果到 2050 年完成我国城镇化 70% 的目标，至少还需要大约 7 万平方公里的建设用地。① 7 万平方公里的建设用地从哪里来？靠农业用地转用而来？长期以来，我国经济社会的高速发展，主要不是依靠集约利用土地，而是依靠粗放式用地，尤其是依靠占用大量耕地而取得。经估算，近年我国非农建设用地审批面积大都超过 12 万公顷以上，其中就农用地（特别是地区条件较好的耕地）转用面积的比例大都超过 50%。② 过去的十几年间，我国城镇化水平每提高 1 个百分点，农地（特别是耕地）就减少 45 万公顷，这相当于全国农地总量的 0.4%。③ 按照《全国土地利用总体规划纲要（2006—2020 年）》，到 2020 年，全国新增建设用地应达到 585 万公顷才能满足我国经济社会发展的基本需要，如果按照既有粗放式发展模式，我国将有更多的农地转为建设用地。

二 建设用地不足制约我国经济社会可持续发展

与土地制度相关的主要资源是土地和人口，这两者的比例关

---

① 张占耕：《农村建设用地的产权特征和实现路径》，《中州学刊》2014 年第 1 期。
② 张伟伟：《农村集体建设用地流转的动因初探》，《中国农学通报》2007 年第 13 期。
③ 严金明：《基于城乡统筹发展的土地管理制度改革创新模式评析与政策选择》，《中国软科学》2011 年第 7 期。

系——人地关系代表一个地区的土地资源禀赋条件，是影响农村土地制度变迁的重要因素。[①]"任何国家农村土地经营制度的变革与运行无不与人地关系的特点相关联"[②]，我国经济社会发展越来越受制于土地数量及质量的刚性约束。

(一) 我国耕地形势严峻

我国土地总面积占世界陆地面积约1/15，仅次于俄罗斯、加拿大，居世界第三位，但人均占有土地量只达世界人均占有土地量的29%。我国耕地总面积约占国土总面积的13%，且后备不足。我国现有未利用土地总面积约为2.25亿公顷（不包括未利用水面），但其中难以利用的沙漠、戈壁和冰川等约占未利用地的73%，宜作耕地开垦的仅为0.13亿公顷，按照60%的垦殖率计算，可以开垦耕地大约0.078亿公顷，人均增加耕地不足0.1亩。[③]需要指出的是，我国优质耕地少，水资源充沛、热量充足的优质耕地仅占全国耕地的1/3，而且主要分布在东南部地区。而这些地区也是经济发展最快、建设占用最多的地方。而且，耕地工业化污染和退化严重，因污染导致地力下降的耕地面积多达9000万亩。[④]研究表明，在考虑农业科技进步、复种指数提高等前提下，按粮食自给率90%计算，2030年我国耕地保有量必须达到17.52亿亩，如果按照《中国的粮食问题》白皮书提出的粮食自给率95%计算，2030年耕地面积应达到18.5亿亩。[⑤]

尽管国家对土地管理尤其是耕地管理采取颁布法律、制定政策、加强监管、重点稽查，以稳定耕地面积，守住18亿亩的控制"红线"。但是，由于我国城市化、工业化和信息化的加快推进，经济社会发展对土地资源的需求加大，在土地供给硬约束、土地产权明晰度低、地方利益与农民根本利益矛盾冲突异常激烈的情况下，我国经济社会发展对土地过度需求一直高位运行，耕地面积减少呈现明显加剧

[①] 袁超:《中国农地制度创新》,《农业经济问题》2000年第11期。
[②] 袁峰:《制度变迁与稳定——中国经济转型中稳定问题的制度对策研究》,复旦大学出版社1999年版,第67页。
[③] 刘胜华:《土地管理概论》,武汉大学出版社2005年版,第134页。
[④] 李龙浩:《土地问题的制度分析》,地质出版社2007年版,第201页。
[⑤] 同上。

趋势。从表2-4可以发现,从1986年"七五"期间开始,20多年来,我国农村耕地面积减少量高达2379.22万公顷,平均每年95.17万公顷,其中"十五"期间耕地减少达到顶峰,直接减少量高达861.43万公顷,净减少量达656.83万公顷。根据《全国土地利用总体规划纲要(2006—2020年)》,我国耕地保有量到2020年不得少于1.2亿公顷。据此推算,2011—2020年的10年间,允许耕地净减少量仅仅为86.67万公顷,每年平均不足8.67万公顷。① 因此,我国保护耕地的任务是十分艰巨的。

表2-4　"七五"至"十一五"期间我国耕地增减情况　单位：万公顷

时期	"七五"期间	"八五"期间	"九五"期间	"十五"期间	"十一五"期间
减少耕地	355.54	328.91	441.63	861.43	391.71
增加耕地	235.53	258.67	210.65	204.6	209.68
净增(+)或减少(-)	-123.01	-70.21	-230.98	-656.83	-182.03

资料来源：基于历年《中国统计年鉴》和《国土资源年鉴》数据计算得到。

(二) 我国实行严格的耕地保护制度

为了保护耕地,我国采用了世界上最为严厉的耕地保护制度,包括耕地占用补偿制度、基本农田保护制度和农用地转用审批制度。

按照《土地管理法》第三十三条规定,"省、自治区、直辖市人民政府应当严格执行土地利用总体规划和土地利用年度计划,采取措施,确保本行政区域内耕地总量不减少",耕地占用补偿制度是经过国家有关部门批准用耕地进行非农建设单位,应按照"占多少、垦多少"的原则,负责开垦与所占用耕地的数量和质量相当的耕地,或者按照相关规定缴纳耕地开垦费,由相关部门组织开垦新的耕地。

基本农田保护制度是将优质耕地划为基本农田并加以特殊保护的制度安排,按照《土地管理法》第三十四条规定："各省、自治区、

---

① 徐汉明：《中国农民土地持有产权制度新论》,社会科学文献出版社2009年版,第179页。

直辖市划定的基本农田应当占本行政区域内耕地的百分之八十以上。"国家对基本农田保护区耕地的保护即为严格,《土地管理法》第四十五条就明确规定,"征用基本农田的,由国务院批准";限制开发区占用基本农田保护区内的耕地等。2004 年,国务院《关于深化改革严格土地管理的决定》中就明确规定:基本农田一经划定,任何单位和个人不得擅自占用或者擅自改变用途,这是不可逾越的"红线"。

为了贯彻土地用途管制,国家实行农地转用指令性计划管理和农用地转用审批制度。《土地管理法》第三章规定,编制土地利用总体规划,对农用地转用实行总量控制,把村庄和集镇的土地转用纳入规划管理。第四十四条就规定:"建设占用土地,涉及农用地转为建设用地的,应当办理农用地转用审批手续。"《关于深化改革严格土地管理的决定》对审批主体进一步明确:"农用地转用和土地征收的审批权在国务院和省、自治区、直辖市人民政府。"此外,《建设项目用地预审管理办法》规定,未经预审或者预审未通过的,不得批准农用地转用、土地征收,不得办理供地手续。

(三) 建设用地不足已成为我国经济社会发展的"瓶颈"

由前面分析可知,我国经济发展需要大量用地,加上经济发展用地本身存在粗放"摊大饼"的弊端,我国城镇化、工业化发展更加需要大量的建设用地。但是,我国土地(耕地)数量面临极强的刚性约束。为了保护耕地,我国农用地转用指标批准的空间已经很小。比如,在 1995—2002 年的 8 年里,全国共受理申请用地 152.7 万公顷,其中批准 123.6 万公顷,获准率为 80.9%。而 1998—2002 年,国务院和省级共受理用地申请 112.9 万公顷,其中仅批准 84 万公顷,获批率降到 74.5%。[①]"十一五"期间以来,我国每年建设用地需求都在 80 万公顷以上,而每年土地利用计划下达的新增建设用地指标仅有 40 万公顷,缺口就达 50% 以上。比如,在四川省眉山市新一轮土地利用总体规划修编确定到 2020 年建设用地总规模为 8.66 万公顷,基期年 2005 年的建设用地总规模为 7.86 万公顷,2006—2030 年可增加建设用地空间仅为 0.80 万公顷,而 2006—2009 年已用约 0.30 万

---

① 廖洪乐:《我国农村土地集体所有制的稳定与完善》,《管理世界》2007 年第 11 期。

公顷,留给未来10年的可用空间不足0.5万公顷。①

在每年批准的建设用地指标中,居住用地、道路广场和对外交通用地逐年上升,而工业仓储用地、小城镇建设用地都呈下降趋势。这说明,我国经过批准的建设用地只能保证大中城市的规模生产和基础设施建设,无暇顾及中小城市、地方城镇以及其他类型用地的需求。②比如,成都市确定了梯度推进的中小城市和小城镇发展战略,并在有限的国有建设用地规模内解决城镇建设用地,具体来说,就是市、县级政府优先保障本级行政中心所在城市(镇)用地,对辖区内非重点发展地区只是象征性给一点甚至不给建设用地指标。在新一轮土地利用总体规划中,除中心城区外,安排县级区域使用的规划建设用地约占全市总量的73%,其中安排小城镇规划建设用地指标0.79万公顷,约占全市规划建设用地指标的17%。在县级土地利用总体规划中,规划建设用地指标重点放在县城规划区域内使用,约占县级规划建设用地总指标的69%。③

由此可知,经济社会的快速发展、城市化的推进和建设用地不足的矛盾越来越大。如果我们不考虑农业用地保有量,非农建设用地需求可以通过农地非农化即可得到满足。而事实上,农业用地承载国家粮食安全和生态安全的作用,这对建设用地的扩张产生了硬性约束。在耕地保护日益严峻的背景下,我国可用作新增建设用地的土地资源十分有限,经济社会发展所需建设用地的供给压力空前巨大。与此同时,我国农村建设用地数量巨大,浪费严重。如何在不触及耕地18亿亩"红线"的条件下,通过挖掘我国既有建设用地,特别是农村建设用地的潜力,顺利实现我国经济社会发展对土地的需求,这将是我国面临的一个现实选择。

三 农村建设用地浪费现象普遍

目前,我国农村建设用地没有确切数量,不同研究者都给出自己

---

① 国家土地督察成都局调研组:《让"挂钩"发挥更好的效应》,《中国土地》2010年第9期。

② 陈煜红:《重庆城市建设用地合理供应规模研究》,博士学位论文,重庆大学,2009年,第43—45页。

③ 国家土地督察成都局调研组:《让"挂钩"发挥更好的效应》,《中国土地》2010年第9期。

的一个估算，但基本大致接近一个数目——1800万公顷（城市用地为700万公顷），但对于其中的构成存在较大分歧：李元估计，宅基地约有1667万公顷，农村独立工矿区用地和乡镇企业用地大概为133万公顷①。岳晓武估计，农民宅基地约有1000万公顷，乡（镇）村公共设施、公益事业用地大概600万公顷，单位和个人用于生产和经营的集体建设用地约200万公顷②；而就地方性调查来看，农村建设用地在建设用地总量中的比重很大。据调查，浙江湖州、福建晋江、广东顺德地区，城镇建设用地总面积中约有80%为农村建设用地，尤其是在中小城镇极为普遍。即便是在大城市，其城乡结合部的大部分建设用地也为农村集体所有，如浙江省杭州市城乡结合部约有70%的土地就被农民或集体以建房等方式占有。③

  改革开放以前，我国农村建设用地数量少、增长缓慢。在1952年土地改革基本完成时，农村建设用地除依法属于国家所有的以外，大都属于农民私人所有，这也是我国早期的农村建设用地存量部分。在国家工业化的战略主导下，农村建设用地产权制度开始发生根本性的转变，即由私有制迅速转为集体所有制。以1962年《农村人民公社工作条例修正草案》为起点，"三级所有，队为基础"的集体土地所有制形式逐步形成，并在全国范围内全面建立，农民对建设用地仅享有"不准出租和买卖"的使用权。经过手工业社会主义改造后，原来工商企业主私有的建设用地转变为集体所有，这一所有制安排在人民公社期间得到进一步强化。这种产权制度安排得到1975年《宪法》的确认，并一直延续到20世纪80年代后期。④ 这时农村建设用地主要包括农民的宅基地、办公用地、学校用地等少量的社会公益用地以及少量的社会企业用地。

---

  ① 李元：《保护农民的土地财产权》，《中国土地》2001年第3期。
  ② 岳晓武：《积极探索，规范集体建设用地流转》，第十三个全国"土地日"论坛，http://www.zgtdxh.org.cn/tdr/wslt/tdrlt_7744/201307/t20130711_1239642.htm，2013年7月11日。
  ③ 周建春：《关于农村集体非农建设用地流转的思考》，《国土资源科技管理》2002年第5期。
  ④ 王贝：《中国集体建设用地产权制度的现状及演进》，《中国农学通报》2011年第27期。

改革开放以后,农村建设用地数量迅速增加。这主要表现在农民建房占用宅基地数量和乡镇企业发展占用建设用地数量两个方面。

(一) 农民建房占用宅基地数量激增

党的十一届三中全会以后,我国农村开始普遍推行家庭联产承包责任制,由于系列改革措施和家庭承包制度的明显绩效,农业生产在1978—1984年出现了快速增长,农业年均增长率在这一时期达到7.7%。[1] 农业生产的高速增长直接带动了农村经济的增长,再加上家庭联产承包责任制的实行使农民获得了农业生产的自由决策权,而农民也掌握了部分农业剩余,这增加了农民的经济收入,农民已经有经济实力来解决农民房屋短缺的问题了。同时,在中国农村社会,农民认为"在建房方面的投资,完全没有风险,因为即使是在集体化时期,房屋也还是私有财产"。[2] 于是从20世纪80年代开始,"农村建房出现了新中国成立以来少有的兴旺景象",农村"建房热"成为当时农民"累积资产"的一种重要表现形式。

1985—1995年我国农村宅基地从813.33万公顷增加到1359.85万公顷,年均增加49.68万公顷,人均面积从97.7平方米增加到154平方米;1995—2004年,农村宅基地面积增加到1655.60万公顷,年均增加29.58万公顷。而10年间,农村户籍人口增加2.62%、常住人口减少11.87%,农村宅基地总面积增加了21.75%、人均面积增加了42.01%,达到218.7平方米。20年间,农村居民点总面积增加了103.56%,人均居住面积增加了123.85%。[3] 同期城镇用地增加29.79%,城镇人口增加45.58%。[4]

就成都地区来看,根据2004年成都市土地变更调查统计,在成都市20个区(市)县共有农村宅基地9.73万公顷(占全市建设用地

---

[1] 林毅夫:《制度、技术与中国农业发展》,上海人民出版社1992年版,第78页。
[2] 同上书,第113页。
[3] 吴远来:《农村宅基地产权制度研究》,湖南人民出版社2010年版,第86页。
[4] 目前,城市有5%是闲置土地,城市的容积率平均不到0.3。据调查,全国城镇规划范围内共有闲置、空闲和批而未供的土地近26.67万公顷。全国工业项目用地容积率为0.3—0.6,工业用地平均产出率远低于发达国家水平。参见严金明《基于城乡统筹发展的土地管理制度改革创新模式评析与政策选择》,《中国软科学》2011年第7期。

总量的52%），人均宅基地154平方米。① 2008年，都江堰大观镇茶坪村公布的土地确权公示结果显示，合法占用宅基地人均达到71.67平方米，加上其他集体建设用地人均69.71平方米，合计141.38平方米。与之形成对照的是，同年，成都市城镇居民可支配收入是茶坪村居民收入的3倍，而人均住宅面积约为32.86平方米，仅为后者的23%，而这已经高居全国第三位了。② 两相对比，农村宅基地浪费是严重的。

一般认为，城镇化大大增加了人口在空间上的集中和集聚，所以会更集约利用土地。但是，迄今为止我国的城镇化却似乎存在一个悖论——城镇化推进的同时，农地特别是耕地占用更多，这其中一个重要原因就是农村宅基地没有随着农民进城而缩小，反而有所扩大。于是，城乡建设用地两头挤压，我国耕地形势更加严峻。

（二）乡镇企业发展占用建设用地数量激增

在这个时期，我国逐渐走出了中国特色的工业化道路——城市工业化与乡镇企业化并行发展。按照《中华人民共和国乡镇企业法》，乡镇企业只能是以农村集体经济组织或农民投资为主，在乡镇（包括所辖村）举办的承担支援农业义务的各类企业。但随着社会发展，乡镇企业主要是从地域划分来理解，它涵盖农村地区的一切工业活动，既包括由农民投资和组建的企业，农民组办、联户办和个体办的企业，也包括其他投资主体兴办的工业企业。③

从对乡镇企业的官方态度来看，20世纪我国政府对其经历了从严格控制到逐渐放松并大力支持的历程：20世纪60年代规定，"公社和生产大队一般不办企业"；70年代末，为了响应农业机械化的号召，当时规定，"社队企业要有一个大发展"，乡镇企业总产值从

---

① 张磊、刘新、王娜：《农地发展权与农村土地资源保护》，《农村经济》2007年第8期。
② 北京大学国家发展研究院综合课题组：《还权赋能：奠定长期发展的可靠基础》，北京大学出版社2010年版，第126页。
③ 林木西：《工业化的"二元结构"与农村工业化的发展》，《当代经济研究》2003年第7期。

1970年的92.5亿元增加到1976年的272亿元，年均增长率高达25.7%[①]；80年代中期则强调，"乡镇企业和国营企业一样，一视同仁，给予必要的扶持"，乡镇企业获得迅速发展，并成为经济发展的主要部分，更成为农民的重要收入来源。1978年在乡镇企业从业的人数为2827万人，占农村劳动力的比重为9.23%，当年乡镇企业实现增加值为208.3亿元，占国民生产总值的5.75%；到2004年，在乡镇企业就业的人数为1.39亿人（2005年这一数字达到1.42亿），占乡村劳动力的27.8%，全国乡镇企业实现增加值41815亿元，占国内生产总值的31%左右，其中，乡镇工业增加值为25745亿元，占全国工业增加值的46.7%左右，完成出口交货值16932亿元，占全国出口交货值的40%左右。"十五"期间，全国农民人均纯收入净增部分的40%以上来自乡镇企业。[②]

这一时期，农村建设用地基本上由社队自行管理，我国乡镇企业的迅速发展，自然就导致非农用地量迅速增加。据统计，1978年全国有乡镇企业152.4万个，其用地面积估计约15.7万公顷，1985年乡镇企业增至1222.5万个，而用地面积估计约56.3万公顷，用地面积比1978年扩大了2.6倍[③]；1985—1995年，乡镇企业占地约为75.07万公顷。[④] 到2000年，乡镇企业用地竟达100万公顷。[⑤] 但是，乡镇企业用地集约利用率不高，浪费严重。以北京市为例，2004年，全市农村建设用地大约为229.89万亩，约占当年全市建设用地总量的47.94%。而其中以各类开发区（包括园区、工业大院）名义占地的有470个，规划面积8.76万公顷。分散的园区建设不仅加大了基础设施建设成本，而且难以形成合理的产业布局并实现集聚效益。郊区乡镇企业产业发展不足，经济总量小，没有形成产业集群和强有力的

---

① 姚洋：《制度与效率：与诺斯对话》，四川人民出版社2002年版，第65页。
② 李平：《我国西部地区农村工业发展研究》，博士学位论文，西北农林科技大学，2007年，第1页。
③ 邹玉川：《当代中国土地管理（上）》，当代中国出版社1998年版，第142页。
④ 黄小虎：《新时期中国土地管理研究（下）》，当代中国出版社2006年版，第190页。
⑤ 李元：《保护农民的土地财产权》，《中国土地》2001年第3期。

块状经济。相反，由于布点过多，相互竞争，造成各开发区、工业大院普遍存在企业入驻率低、投资不足、土地闲置、基础设施建设滞后、厂房建设容积率低、土地利用效率低等问题：郊区乡镇企业工业产值为279.7亿元，仅占全市工业产值的27.1%，土地的投入量和经济的产出量不成比例，集体建设用地的产出效率较低；从吸纳农村劳动力的情况看，1992年以来，乡镇企业用地增长了2倍多，但农村劳动力中从事第二、第三产业的比重仅从62%增长到65%，仅增加了3个百分点，而第二产业就业的劳动力从1992年的34.6万人减少到28.9万人。[1]

可见，我国农村建设用地使用存在巨大的配置潜力。比如，据中国科学院地理资源研究所区域农业与农村发展研究中心测算，到2020年，全国"空心村"综合整治潜力可达757.89万公顷，约合7.6万平方公里；农村土地中的非耕地占农用地总量22%—30%[2]，若拆并、搬迁集中修建住宅，可以腾出近2/3的农村集体土地中的非耕地，以缓解我国经济社会发展与建设用地不足之间的矛盾。

第三节　农村建设用地流转的法律及管理体制空间

一　社会治理转型拓展了农村主体发展空间

（一）农村主体利益日益显化

利益是主客体之间的一种关系，表现为随着社会发展作用于主体而产生的不同需要和需要得到满足的方式，反映了主体与周围环境的积极关系，构成主体行为的内在动力。利益在本质上属于社会关系范畴。由于人的需要是多方面的，因此有多种多样的利益，包括经济利益、政治利益和精神生活方面的利益等。改革开放以来，各类机构和

---

[1] 黄庆杰：《农村集体建设用地流转的现状、问题与对策》，《中国农村经济》2007年第1期。

[2] 张占耕：《农村建设用地的产权特征和实现路径》，《中州学刊》2014年第1期。

个人的本位利益逐步得到承认，这不仅使各类机构和个人具有了相对独立的利益追求，还使各类政府部门也表现出了追求本位利益的强烈倾向。① 特别是随着我国市场经济的逐步建立，这一"放权让利"的基本精神进一步导致社会利益格局的变化，出现了不同利益群体和利益需求，即出现利益多元化趋势。② 利益多元化分为两个层次：其一，利益主体的多元化，社会中的利益主体经过分化组合，形成不同的利益群体；其二，主体利益的多元化，不同主体对利益的需求呈现差异性。③ 这样，不同的利益群体甚至有组织的利益集团逐渐形成，如企业家协会、消费者协会、农村集体都要求能独立自主地行使自己的权力，以维护其所在社会群体的利益。

就农村集体（农民）土地权益来看，长期以来，农村建设用地基于集体成员身份无偿使用且不能自由流转，在征收征用后，土地按原用途进行补偿，补偿标准极低，而被征后土地通过招、拍、挂等方式入市后，其经济价值得到巨大增长，而农村集体和农民只享有极少的土地增值收益。这妨碍了农村建设用地的商品属性和价值增值的实现，也加大了城乡居民收入差距。有学者对1990—2006年我国城乡居民人均收入结构进行了对比分析，发现城乡居民人均收入比由2.2倍扩大到3.5倍，其中财产性收入的差距是导致城乡居民收入差距扩大形成的主要原因，还出现了快速而且明显扩大的趋势。因此，增加农民财产性收入，对农民富裕及缩小城乡差距具有重要影响。④《国务院关于深化改革严格土地管理的决定》（国发〔2004〕28号）规定："在符合规划的前提下，村庄、集镇、建制镇中的农民集体所有建设用地使用权可以依法流转"。党的十七届三中全会提出："逐步建立城乡统一的建设用地市场，对依法取得的农村集体经营性建设用地，必须通过统一有形的土地市场、以公开规范的方式转让土地使用权，在符合规划的前提下与国有土地享有平等权益。"实现农村建设用地平

---

① 陆学艺：《当代中国社会流动》，社会科学文献出版社2004年版，第115页。
② 梁上上：《利益的层次结构与利益衡量的展开》，《法学研究》2002年第1期。
③ 杨春福：《利益多元化与公民权利保护论纲》，《南京社会科学》2008年第3期。
④ 项继权、储鑫：《农村集体建设用地平等入市的多重风险及其对策》，《江西社会科学》2014年第2期。

等入市，将使农村沉淀的土地资源激活，实现土地资源到土地资本的转化，可以为农村集体和农民个人带来更多发展资本，为解决"三农"问题提供可靠的保证。

(二) 社会治理转型拓展了农村主体利益空间

一般来说，社会管理模式经历"统治型"模式、"管理型"模式和"服务型"模式，不同的管理模式往往决定于不同的利益格局。在利益多元化的背景下，不同利益群体间的矛盾和冲突在所难免，传统的"统治型"模式和"管理型"模式已经不能有效地协调这类矛盾，以实现不同利益主体间的行为整合和利益协调。现代"服务型"模式，是一个社会对其不同组成部分的协调和整合，涉及两个方面的关系调整：恰当处理政府与各类非政府主体的关系、恰当处理各级政府之间的利益关系。其本质在于强调民主参与和外部监督，引入竞争机制和服务导向，强化国家与社会成员的互动合作，实现为社会主体提供优质的服务，满足主体多样化、个性化的需求，其中，重要一环就是政府利益更多让位于社会利益。[1] 当前，这种"服务型"社会管理模式转型表现为，地方政府在逐步由经济增长的行为偏好，转向集中解决由于改革前期忽视"分蛋糕"的公平问题而引发的社会矛盾，对由于权利分配不平等导致的既得利益集团的利益垄断进行干预。[2] 事实上，在"经营土地"、"卖地还债"的传统理念中，地方政府无形之中会强化自身"商人"的角色，过度参与到市场竞争等微观事务中来，这显然不是"服务型"政府应该追求的角色。近些年，我国出台了一系列更加注重社会公平和正义的政策措施，政府从"运动员"逐渐归为"裁判员"角色，真正成为交易规则的制定者、守卫者，成为公共权力的代表。政府逐渐从"土地财政"的依赖中解脱出来。相应地，农村主体利益得到更大程度的强化。农村集体作为土地所有者，获得农村建设用地流转过程中部分收益——支农支出、计提土地收益基金、部分位置差价和开发费用的回报等。这部分收益主要用于两个

---

[1] 余敏江：《政府利益·公共利益·公共管理》，《求索》2006年第1期。
[2] 汪彤：《论中国体制转轨进程中政府行为目标的逻辑演进》，《江苏社会科学》2008年第4期。

方面：一是确保收益中相当的一部分能用于农村的社会保障，包括医疗保险、养老保险和失业保险等；二是确保将一部分土地收益投入到集体公益事业的发展和乡镇基础设施的建设上来，使农民集体获得流转收益，真正做到为农民服务，为发展农村经济服务。

二 农村建设用地流转的法律政策空间

目前，我国涉及农村建设用地流转的相关法律主要有4部：《中华人民共和国宪法》（以下简称《宪法》）（2004）、《中华人民共和国土地管理法》（以下简称《土地管理法》）（2004）、《中华人民共和国担保法》（以下简称《担保法》）（1995）和《中华人民共和国物权法》（以下简称《物权法》）（2007）。这些法律政策的相关规定存在内在矛盾，进而为农村建设用地流转留下了相应的法律政策空间。

（一）原则上允许农村建设用地流转的法律规定

我国《宪法》第十条规定："任何组织或者个人不得侵占、买卖或者以其他形式非法转让土地。土地的使用权可以依照法律的规定转让。"可以看出，《宪法》禁止对国有土地和集体土地所有权的任何形式的转让。而对于使用权来说，虽然本条要求"依照法律的规定"才能进行转让，但是，依照法律解释学，根据该条的上下文意思判断，这里所称的法律应当是对转让的程序进行规范的法律，而不是实体上的限制。也就是说，不管是国有土地使用权还是集体土地使用权均可转让。《土地管理法》第二条"土地使用权可以依法转让"的规定与《宪法》第十条的精神是一致的。《物权法》规定了物权体系中主要由所有权、土地承包经营权、建设用地使用权、宅基地使用权、地役权、抵押权、质权、留置权等基本物权组成，涉及农村集体土地方面的物权主要包括农民集体土地所有权、土地承包经营权、农村建设用地使用权和宅基地使用权四种基本物权。第一百四十七条规定："建筑物、构筑物及其附属设施转让、互换、出资或者赠与的，该建筑物、构筑物及其附属设施占用范围内的建设用地使用权一并处分"。总体看来，上述允许农村建设用地流转的法律规定过于抽象，比如《土地管理法》除上述第二条规定外，整部法律8章86条再也没有一处提及"土地转让权"的内容、主体归属、转让程序、执行原则和定价方式。更没有出台农村土地流转的细则规定，即使是2004年10月国务院颁布的《关于深化改革严格土地管理的决定》也仅仅原则性地提出："在符合规划的前提下，村庄、集镇、建制镇中的农民集体所有建设用地使用权可以依法流转"。这显然不利于依法推进农村建设用地流转市场建设。

(二) 原则上禁止农村建设用地流转的法律规定

《土地管理法》第四十三条规定，"任何单位和个人进行建设，需要使用土地的，必须依法申请使用国有土地"；第六十三条规定，"农民集体所有的土地的使用权不得出让、转让或者出租用于非农业建设"。这一规定不符合《宪法》第十条主张，基于"上位法优于下位法"的原则和《立法法》第七十八条规定"宪法具有最高的法律效力，一切法律、行政法规、地方性法规、自治条例和单行条例、规章都不得同宪法相抵触"的精神，这是明显违背宪法原则的。《物权法》第一百五十三条规定："宅基地使用权的取得、行使和转让，适用土地管理法等法律和国家有关规定。"这没有超出《土地管理法》的规定。

当然，《土地管理法》对农村建设用地使用和流转也作出例外规定。第四十三条规定："兴办乡镇企业和村民建设住宅经依法批准使用本集体经济组织农民集体所有的土地的，或者乡（镇）村公共设施和公益事业建设经依法批准使用农民集体所有的土地的除外。"建设使用集体土地仅限定在农村宅基地、乡镇企业用地和乡村公共设施和公益事业建设用地三种形式。第六十条对乡镇企业用地做出进一步规定，"农村集体经济组织使用乡（镇）土地利用总体规划确定的建设用地兴办企业或者与其他单位、个人以土地使用权入股、联营等形式共同举办企业的，应当持有关批准文件，向县级以上地方人民政府土地行政主管部门提出申请"。确立了集体经济组织"单独"或"共同"举办企业使用农村建设用地的制度。也就是说，集体组织除了兴办乡镇企业不流转集体建设用地使用权外，还可以在符合相关规划和规定的情况下，将集体土地使用权以入股、联营等形式与其他组织或个人"共同"举办企业。第六十三条对企业用地流转做出例外规定："符合土地利用总体规划并依法取得建设用地的企业，因破产、兼并等情形致使土地使用权依法发生转移的除外。"段占朝认为，按照第六十条的规定是农村经济组织以入股或联营方式，以土地形式持有企业的股份，不是完全意义上的集体建设用地使用权流转，可称为农村建设用地使用权"准流转"。① 我们亦可称这种农村土地使用权没有真正脱离集体经济组织的农村建设用地流转为初次流转，称第六十三条规定的土地使用权在使用者之间的流转形式为二次流转。从这三条规定可以看出，任何非农村集体组织或个人要想使用集体土地，除与集体"共同"举办企业外，唯一的形式就是购并集体土地上的农村企业。

担保抵押权是土地流转的重要一环。《担保法》第三十六条规定的"乡（镇）、村企业的土地使用权不得单独抵押"条款原则上也禁止抵押流转，例外情形是"以乡（镇）、村企业的厂房等建筑物抵押的，其占用范围内的土地使用权同时抵押"。也就是说，如果没有地上附着物的农村建设用地使用权的"裸体"流转是不被认可的。《物权法》第一百八十四条规定六种不得抵押的财产，第二款规定，"耕地、宅基地、自留地、自留山等集体所有的土地使用权，但法律规定可以抵押的除外"。② 第一百八十三条规定："乡镇、村企业的建设用地使用权不得单独抵押。以乡镇、村企业的厂房等建筑物抵押的，其占用范围内的建设用地使用权一并抵押。"可以看出，被人们寄予厚望的《物权法》没有超出《担保法》的规定。

从上述法律规定来看，第一，我国《宪法》原则上是允许农村建设用地流转的，而《土地管理法》、《物权法》和《担保法》原则上是禁止农村建设用地流转的，其具体形式包括出让、转让、出租。第二，《土地管理法》、《物权法》和《担保法》规定了除农村村民享有权益外的农村建设用地流转的三种例外的法定情形：入股联营等形式共同举办企业、因破产兼并等情形致使土地使用权依法发生转移、具有地上附着物的农村建设用地使用权抵押流转。从法律规定可以看

---

① 段占朝：《"裸体"交易：农村集体经营性建设用地使用权流转的冰点》，《调研世界》2008 年第 5 期。

② 《物权法》第一百八十四条也没有把话说死，而是留了一个尾巴，规定"法律有规定的例外"，这就给各地土地使用权抵押贷款的试点工作留下了空间。

出,明确规定了禁止的流转形式,又允许三种形式的流转,按照"法无明文禁止即为允许"的原则,除出让、转让和出租三种流转形式外,人们可以采取任何其他形式进行农村建设用地流转探索和实践。

三 农村建设用地流转的管理体制空间

(一) 农村土地管理的组织构架不尽合理

我国土地制度的核心是"国家实行土地用途管制制度","国家编制土地利用总体规划,规定土地用途"。(《土地管理法》第四条)可见,这种土地用途管制的对象不是国有土地和建设用地,而是集体土地和农业用地及其非农转用。为了实施这种管制,我们制定和实施了两套不同的土地法律和管理规则:一套是《农村土地承包法》(2002)、《土地承包法细则》(2003),以及相关司法解释和文件;另一套是《土地管理法》(2004)、《土地管理法实施条例》(1999),以及相关司法解释和文件。相应地,国家土地管理的组织机构也是双重设置的:农地、农地非农转化以及建设用地分别由不同政府部门管理:农地由农业部及省农业厅、县农业局、乡镇农业办以及村委会管理;农地转用和建设用地由国土资源部及省国土厅、县国土局和乡镇国土所管理。因此,农地管理系统和农地转用和建设用地管理系统是严格分离的,前者限于农地承包和使用,后者只负责农地转用和建设用地管理,虽负有从总量上保护农地的任务,但不介入农地承包和具体使用过程。可见,同样的土地仅仅由于用途不同,就承受不同部门的不同管理方式和管理强度。[①]

此外,不同部门也存在机构重叠和职能交叉,如住房和城乡建设部和国土资源部。住房和城乡建设部职能共有 12 个,国土资源部职能共有 15 个,其中在规划和管理职能方面存在交叉:住房和城乡建设部职能的第三条规定:"承担规范住房和城乡建设管理秩序的责任。起草住房和城乡建设的法律法规草案,制定部门规章。依法组织编制和实施城乡规划,拟订城乡规划的政策和规章制度,会同有关部门组织编制全国城镇体系规划,负责国务院交办的城市总体规划、省域城

---

① 张曙光:《博弈:地权的细分、实施和保护》,社会科学文献出版社 2011 年版,第 28 页。

镇体系规划的审查报批和监督实施，参与土地利用总体规划纲要的审查，拟订住房和城乡建设的科技发展规划和经济政策。"国土资源部职能的第三条规定："承担优化配置国土资源的责任。编制和组织实施土地利用总体规划、土地利用年度计划、土地整理复垦开发规划和其他专项规划、计划。指导和审核地方土地利用总体规划、矿产资源规划，组织编制矿产资源、海洋资源、地质勘查和地质环境等规划以及地质灾害防治、矿山环境保护等其他有关的专项规划并监督检查规划执行情况。参与报国务院审批的涉及土地、矿产的相关规划的审核。"这种不同部门或不同机构共管的组织框架，为现行的法律制度体系下的地方建设用地流转创新创造了客观条件。

（二）农村建设用地管理存在体制机制空间

1. 从管理体制上看，监管不统一留下创新空间

我国实行的是"条条"和"块块"双重结合、以"块块为主"的管理体制。尽管国土部门的人事权由上级政府控制，但是其财权却掌握在当地政府手中，这就导致国土部门在国土执法的过程中受到地方政府的影响很大，给依法行政造成一定困难。一方面，国土部门要按照中央土地行政主管部门的要求严格依照土地利用总体规划，在核定的计划指标范围内，依法提供建设用地；另一方面，还要按照地方政府经济发展的要求提供并保障建设用地。当地方政府对土地要求与中央土地行政主管部门的保护耕地要求冲突时，土地行政主管部门不得不听命于本级地方政府，优先选择服务地方经济增长的目标。同时，法律赋予国土部门的执法权（例如强制拆除权）很难单独落实，而必须依靠地方政府的综合执法力量和资金支持才能实现。比如，在青羊区，成都市蛟龙工业港在原有土地规划指标用完后，"厂房修到哪里，地就占到哪里"。而且，其占用的规划外土地都是耕地，不仅没有履行占补平衡义务，甚至还侵占了部分基本农田和生态区土地。这样，青羊区国土资源局、成都市国土局等三番五次向蛟龙集团发出传票，要求停止土地违法行为。但是，对青羊区政府乃至成都市政府而言，蛟龙集团所创造的巨大经济和社会效益是有目共睹的，这也构成了蛟龙集团在与地方政府谈判中争取优惠并最终获得合法性的最重要筹码。而国土资源部门则处境尴尬，不仅承受着来自同级政府的压

力,也受到上级国土部门的管辖,因此在政策上对蛟龙工业港用地模式经常表现出摇摆不定。当然,正是在"条条"政府和"块块"政府的博弈与妥协下,蛟龙工业港最终回归到制度红线以内:在蛟龙集团补交了部分罚款后,由国土部门为其规范补办手续。

2. 从责任追究机制上,制约力不足而留下操作余地

《土地管理法》的第七章明确规定了法律责任。第七十六条规定:"对非法占用土地单位的直接负责的主管人员和其他直接责任人员,依法给予行政处分;构成犯罪的,依法追究刑事责任。"实践中,政府建设重大工程时,往往会成立相应的临时机构作为落实政府决策的部门。而一旦建设工程因违法用地涉及责任追究时,承担责任的却往往是这些临时机构的负责人。这样,往往以对低级别干部处分代替高级干部的处分,以对执行者的处分代替决策者的处分。比如,河南新郑市经济技术开发区 2011 年违法占地 1000 多亩,相关部门接到举报后,只是象征性地罚款了事,而该开发区仅有一个副主任受到"处分",主要领导并未受到处分。同时,地方政府官员土地违法的主要动机在于实现地方经济增长进而获取政治利益,而现行的干部管理和晋升都和经济发展有密切关联。也就是说,政府官员因土地违法所受的处分,并不足以对其晋升产生实质性影响。在上级政府看来,下级政府官员土地违法是"因公违法",对促进经济增长是有贡献的,因此在不得不对其处分的情况下,往往选择尽可能低的处分种类给予处分;即使基于各方面压力给予较重处分,受到处分的政府官员也会在其他方面得到"妥善安排"。[①]

第四节 农村建设用地流转的主体行动逻辑

一 相关主体对农村建设用地流转的利益诉求

利益是主客体之间的一种关系,表现为随着社会发展作用于主体而产生的不同需要和需要得到满足的方式,反映了主体与周围环境的

---

① 李龙浩:《土地问题的制度分析》,地质出版社 2007 年版,第 209—213 页。

积极关系，构成主体行为的内在动力。马克思认为："思想一旦离开利益，就一定会使自己出丑。"由于资源的有限性与需求的无限性，资源只能满足一部分人的需要，而牺牲另一部分人的利益，这必然导致主体间的利益冲突。改革开放以来，各类机构和个人具有了相对独立的利益追求，地方政府也表现出了追求本位利益的强烈倾向，特别是当作为制度博弈框架下的利益相关者时，其追逐自身利益就不可避免地成为现实。事实上，改革过程就是"各种互相冲突的力量互相抗衡和妥协的过程"，国家应有一套完备有效的利益协调机制，要在对公共利益总体把握的基础上，对直接利益与间接利益、现实利益与未来利益、长远利益与短期利益、既得利益与既失利益有一个综合考量和把握的前提下，承认并协调各主体间的利益多元与矛盾，对政策受益者进行相应的政策约束，对政策的受损者进行一定的政策补偿，从而使各主体在多元化的社会中能够和谐共处。这样，只要对农村建设用地相关主体的利益诉求和行动逻辑进行分析，即可准确勾画出农村建设用地流转的内在动力机制。

梁上上把利益分为"当事人的具体利益"、"群体利益"、"制度利益"（即法律制度的利益）和"社会公共利益"。[①] 当事人的具体利益是双方当事人之间的各种利益，群体利益则是类似实践对其他主体所产生的利益外溢。社会公共利益的主体是公共社会，涉及社会公德和公平正义。制度利益是指一项法律制度所固有的根本性利益，如土地制度因规范用地和保护耕地所表现出来的利益。在这个结构中，当事人利益、群体利益、制度利益和社会公共利益是一种由具体到抽象的递进关系，也是一种包容和被包容的关系。

本书将"当事人的具体利益"和"群体利益"合并为"相关主体经济利益"，"制度利益"和"社会公共利益"归并为"社会公共利益"。其中，"相关主体经济利益"包括经济收益（财政收入）和经济增长两个主要方面。对于农民集体和用地者而言，仅只涉及自身经济收益，他们往往会按照自身利益最大化来出让农村建设用地。而对于国家政府而言，涉地经济利益包括直接财政收入和间接财政收入

---

① 梁上上：《利益的层次结构与利益衡量的展开》，《法学研究》2002 年第 1 期。

两个方面：直接财政收入分为土地税收、土地出让收益和土地收费三类，土地税收属于政府预算内收入，后两者属于预算外收入，在三类土地收益中，土地出让收益占政府土地收益的绝大部分①；间接财政收入是指在现行的财税体制下，政府财政收入的多少与生产型企业的多少有密切联系，生产型企业多的地方，财政收入高；反之则相反。特别是由于地方缺乏独立的主体税种，地方财政收入较多以来投资工业化的回报，特别是增值税等流转税税收，使得地方各级政府为增加地方税收必须极力发展党的工商业以增加税基。这样，单从经济利益角度看，政府从自身利益即直接财政收入和由经济增长带来间接收入之和的最大化来决定是否支持。②

"社会公共利益"一方面是指因为法律制度实施而实现了社会公共利益最大化，以及由此得到社会成员的遵守和维护所体现的社会秩序利益；另一方面则是指由于民主参与和外部监督、引入竞争机制、政府与农民集体实现良性互动等而实现社会各群体的利益协调和公平正义。

表 2-5　　农村建设用地相关主体的利益诉求

土地行为	相关主体经济利益					社会公共利益	
	中央政府	省市地方政府	基层政府	农民集体	用地者	制度利益（耕地保护等）	社会公正
征地	√	√	-	×	×	√	-
中小工企用地流转	-	-	√	√	√	-	√
居民住房用地流转	×	×	√	√	√	-	√

注：该表格式参照张占录成果（张占录：《小产权房的帕累托改进及土地发展权配置政策》，《国家行政学院学报》2011 年第 3 期。），表格中"√"表示得到保护，"×"表示没有得到保护，"-"表示不确定。

从表 2-5 可以看出，相关主体对于传统征地和农村建设用地流

---

① 李龙浩：《土地问题的制度分析》，地质出版社 2007 年版，第 130 页。
② 万江：《政府主导下的集体建设用地流转：从理想回归现实》，《现代法学》2010 年第 3 期。

转的利益关系和利益诉求是不一样的：中央政府和省市地方政府对于传统征地制度的维护是坚决的，对于中小企业用地流转比较支持，但对于"小产权房"等方式的土地流转坚决反对；基层政府对于传统征地态度比较模糊，作为国家政策的执行者，其必须依法完成征地任务，而作为各种矛盾和压力的最贴近感受者，其有创新农村建设用地使用制度的动机；农民集体对传统征地制度是极力反对的，而对于以中小企业用地流转和居民住房用地流转极力支持，尤其热衷于以"小产权房"为主要特征的农村住房用地流转。从社会公共利益来看，征地制度最贴近我国《宪法》和《土地管理法》等立法精神，而农村建设用地流转对于法律制度的冲击是明显的，而对于耕地保护等社会公共利益的保护则存在很大弹性；相反，从农民集体利益保护的社会公正目标来说，农村建设用地流转最契合这一目标诉求，而传统征地制度正是在这一层面最受各界诟病。总之，对于不同的土地管理和流转制度，各参与主体的利益诉求具有很大的差异性。

（一）农村集体（农民）的利益诉求

《土地管理法》第六十三条规定，"农民集体所有的土地的使用权不得出让、转让或者出租用于非农业建设"，即非农建设用地只有在征用为国有土地后才能出让。农民集体被长期排除在非农建设用地收益之外，缺乏应有的收益权、处分权，在征地过程中所获得的收益甚少：刘明皓以重庆都市圈的土地数据测算的土地招拍价格和征地补偿价格之差达到17倍，农民集体只获得土地增值收益的5.88%，张鹏利用支付意愿计算出农民仅得到土地增值的17%，农民集体组织分得土地增值额的40%。在中国人民大学课题组对北京市城乡结合部居民生活状况调查中发现，农民对征地补偿费满意度仅为14.7%。[1]

随着我国经济实力的不断增强，农民的基本需求，即生存问题已经得到解决，随之而来的是追求满足更高层次的需求：更好的物质利益的满足、更好的精神需求和政治利益需求。当市场演化能够保证农民权利，提高农民收益时，农民就会自觉地对农村建设用地收益的压

---

[1] 高静、唐建、贺昌政：《试论重构城镇化进程中农地转非的土地增值分配机制》，《城市发展研究》2011年第2期。

抑进行抗争。一方面，通过暴力抵抗征地来实现。我国每年因征地引发的农村群体性事件已占全国农村群体性事件的65%以上，已经成为影响农村乃至社会稳定的一个突出问题。[①] 另一方面，农民在改革开放30多年来的市场经济大潮中培养了强烈的市场经济意识，农民的市场经济意识可能会形成强烈的分割制度创新潜在利润的愿望，从而积极捕捉或仿效他人获取潜在利润并形成相应的创新团体。农民的传统经济思想又使得这一团体很容易团结起来，扩大这一创新团体或形成更强、更高层次的制度创新力量，以在最短的创新时滞内确立新的制度安排。[②] 为获取尽可能多的土地收益，在新农村建设、农民新居工程等推动下，农民和农村集体为有效规避地方政府的强制性征地，努力开展自利行动，积极推进农村建设用地流转以实现自己的利益诉求。同时，这在一定程度上也约束了政府的征地行为，因为较高的农村建设用地市场价格构成政府征地补偿的参照系，这可在一定程度上抑制土地征地需求，有利于舒缓因征地行为不规范而带来的社会矛盾。

（二）各级政府的利益诉求

汪彤基于政府双重利益目标的前提假设，认为当政府仅仅作为制度博弈的局外人提供制度安排时，政府可以假设是追求社会福利——公共利益的最大化，但如果政府同时也是制度博弈框架下的某一利益相关者时，政府追求自身利益就成为不可避免的现实。而政府自身利益从结构上可具体区分为政府官员的自身利益和政府部门的利益两大部分。[③] 余敏江认为，政府利益要素在政府利益结构体系中的地位如何，各要素之间的关系如何，受到一国的政治传统、政治文化、社会意识形态、经济发展水平等众多因素的影响。政府在不同的历史时期其政府利益的具体内容是不同的，不同政府层级的利益诉求具有极大

[①] 李军杰：《土地调控需要制度改革》，《瞭望》2007年第5期。

[②] 卢吉勇：《农村集体非农建设用地流转创新研究》，硕士学位论文，南京农业大学，2003年，第36页。

[③] 汪彤：《论中国体制转轨进程中政府行为目标的逻辑演进》，《江苏社会科学》2008年第4期。

的差异。[①]

1. 中央政府的利益诉求

我国《土地管理法》规定:"国家垄断一级市场,集体非农建设用地除入股、合作外不得流转"。尽管中央政府放松了对土地收益的要求,尽管中央已经进行了不少集体建设用地流转的试点,但依然未能许可集体建设用地流转,其原因之一在于自20世纪90年代以来,耕地浪费严重,一旦集体土地流转开来,耕地保护政策难以得到实施,粮食危机势必难以避免,这正是1998年《土地管理法》修改时限制集体建设用地流转的原因,并延续至今。[②] 地方实践也证明,中央的审慎态度是必要的,不少集体土地未经许可直接入市流转,土地浪费严重。此外,作为存量建设用地最重要的宅基地之主要功能是社会保障,若处理不当,农民的合法权益必将受损,并大大高于因土地征收对农民权益损害所可能造成的福利损失。一些地方的实践也显示了地方政府滥用集体土地流转并侵犯农民合法权益的事实。[③]

故而,对于地方政府推动的农村建设用地流转创新,中央政府也大力支持并给予很多政策支持,但一旦变异为地方政府和部门创收的工具,加重农民负担,引起农民的反弹和农村社会的不稳定,中央政府就会加以制止;而对于农民集体推动的农村建设用地流转,中央政府最担心影响耕地保护和社会稳定。尽管很多学者认为,宅基地释放出来,除可以满足城乡居民居住等用途外,还可以复耕成大量的耕地,中国就不存在耕地保护问题。但事实上,在宅基地释放过程中,出现了宅基地占用量大于释放量的局面,而且宅基地占用往往发生在城郊土地质量较好的地方,而边缘地区宅基地释放量难以得到其他居民的购买,政府也难以有足够资金进行复耕。因此,在对于耕地保护和农村社会公平稳定的问题没有一个比较确切的解决措施之前,中央政府也不会放松对农村建设用地的控制。

---

① 余敏江:《政府利益·公共利益·公共管理》,《求索》2006年第1期。
② 万江:《政府主导下的集体建设用地流转:从理想回归现实》,《现代法学》2010年第3期。
③ 管清友:《制度悖论、无组织状态和政治危机——再论农村土地"流转"的政治经济学》,《上海经济研究》2005年第2期。

2. 省市级地方政府的利益诉求

一般来说，省市级政府尤其是市级城市政府很难真正做到兼顾城市建设和农村发展。城市拓展、用地扩大和投资增加是城市政府面临的一个共同问题，其土地政策选择目的无非两个方面：扩大城市建设用地和取得土地增值收益，以便为城市建设融资。因此，省市级地方政府在征地制度维持方面积极性很高，尤其是分税制改革使得地方政府兴办企业变得越来越"无利可图"的时候，征地获得的增值收益成为地方财政的重要组成部分。而这种政策选择和中央政府的政策目标趋于一致。

随着我国国有土地出让制度的完善，土地出让金逐年提高。仅2007年全国土地出让总价款就达到9130亿元以上。面对土地出让的收益，地方政府通过信息控制、实物地租或集资、摊派的形式截留中央的土地收益。在土地出让收益分配的博弈中，作为土地的终极所有者，中央财政并没有获取应得的土地收益，而省市地方政府则获取流转大部分收益。①

1988年11月实施的《中华人民共和国城镇土地使用税暂行条例》，将土地使用费改为土地使用税，由中央与地方政府按5∶5分成。1989年5月，国务院出台《关于加强国有土地使用权有偿出让收入管理的通知》，规定凡进行国有土地使用权有偿出让的地区，其出让收入必须上缴财政，其中40%上缴中央财政，60%留归中央财政。两个月后，中央提取比例降至32%。1992年，财政部出台了《关于国有土地使用权有偿使用收入征收管理的暂行办法》，第一次将土地使用权所得称为"土地出让金"，并将上缴中央财政部分的比例下调为5%。1994年分税制改革后，土地出让金作为地方财政的固定收入全部划归地方所有。1998年《土地管理法》第五十五条，首次提出新增建设用地的土地有偿使用费的概念，并规定："百分之三十上缴中央财政，百分之七十留给有关地方人民政府，都专项用于耕地开发。"即便如此，新增建设用地有偿使用费仍被拖缴和欠缴，仅"2003年

---

① 徐万刚：《构建城乡统一建设用地市场——基于"小产权房"乱象的透析视角》，《社会科学家》2010年第2期。

至2004年4月期间，各级地方政府拖缴、欠缴的土地有偿使用费就有123.3亿元"。①

就地市级政府而言，更有研究认为，其是下层县域发展要素的"抽水机"，尤其是土地要素的"抽水机"，中心城市和大量开发区圈占土地，而土地出让收益被层层截留，往往不能向基层政府和农民集体下沉，造成农民失地、失业、失利的情况严重。② 比如，在成都市，2005—2007年全市国有土地供应年均纯收益达到291.9亿元，2007年，成都市土地出让价款达到635.7亿元，纯收益达到421.5亿元，分别高于当年预算内财政收入（286.4亿元）和预算内财政支出（356亿元），"土地财政"是成都市政府可支配财力的第一支柱。③ 其中，出让价格的20%—25%被提取为土地使用权出让金，进入专户管理，剩下的净收益则在成都市本级和各区市县之间六四分成。

当然，省市级地方政府和基层政府直接联系，故而能够对相关政策需求做出必要的回应。相对于基层政府而言，省市级地方政府的制度优势明显：其享有颁布有关法律法规、发布规章制度和拟定各种政策的职能。2000年7月生效的《中华人民共和国立法法》第七十二条第一款规定："省、自治区、直辖市的人民代表大会及其常务委员会根据本行政区域的具体情况和实际需要，在不同宪法、法律、行政法规相抵触的前提下，可以制定地方性法规。"立法法对市级政府的立法权限进行规定：较大的人民代表大会及其常务委员会根据本市的具体情况和实际需要，在不同宪法、法律、行政法规和本省、自治区的地方性法规相抵触的前提下，可以制定地方性法规，报省、自治区的人民代表大会常务委员会批准施行。本法第七十三条对地方性法规针对事项做出明确界定："（一）为执行法律、行政法规的规定，需要根据本行政区域的实际情况做具体规定的事项；（二）属于地方性事务需要制定地方性法规的事项。"制度变迁最终表现为新的制度安

---

① 李龙浩：《土地问题的制度分析》，地质出版社2007年版，第167页。
② 吴越：《地方政府在农村土地流转中的角色、问题及法律规制》，《甘肃社会科学》2009年第2期。
③ 北京大学国家发展研究院综合课题组：《还权赋能：奠定长期发展的可靠基础》，北京大学出版社2010年版，第5页。

排替代旧的制度安排,基层组织进行的制度创新合法化的可靠的办法就是得到国家法律的确认。因此,有立法权的省市级地方政府在基层组织自发制度创新过程中发挥着重要作用。①

3. 基层政府的利益诉求

(1)乡(镇)政府的利益诉求。对于传统征地制度而言,乡镇政府获益很少,收取的费用大都不能留在地方,很多都要上缴财政,由财政返给地方,有被截留的危险。吴越对广安区的调研发现,对于新征农村土地为国有土地出让的,乡镇政府收益高达70%。但是,区县政府财政往往会拖延支付甚至截留本来应当按照约定支付给乡镇政府的征地收入费用。② 同时,乡镇政府是最基层的国家权力机构,其最能体会垄断非农建设用地市场潜伏的损失和风险:征地问题在某些地方已演变成较严重的社会问题,在国家维稳压力骤增的当下,乡镇政府所承担的压力是空前的。

对于处于行政架构中最底层的基层政府来说,辖区内很少的一点国有土地,根本提供不了多少土地收益。但盖在农村建设用地上的商业性地产或者工业园区,却为乡镇级财政收入开辟一个新的财源。更为重要的是,大量都市和外地居民的入住,都能给本地区带来"人气"兴旺和商业服务业的繁荣。目前,各地乡镇尤其是中西部不发达地区的财政困难已成为众所周知的事实,而集体建设用地流转过程中的增值收益恰好可以弥补财政困难。再加之长期以来由于农村集体土地所有权主体虚化,乡(镇)政府作为最基层的一级国家行政机关与集体土地所有权产权代表两者之间的关系容易被混淆,其结果往往导致集体建设用地流转收益最后成了补充乡(镇)财政不足。同时,相比较而言,国有土地收益由土地管理部门、财税部门实行严格的收支两条线的管理及制约机制,集体土地收益的使用缺乏相应的制约与监

---

① 卢吉勇:《农村集体非农建设用地流转创新研究》,硕士学位论文,南京农业大学,2003年,第36页。

② 吴越:《地方政府在农村土地流转中的角色、问题及法律规制》,《甘肃社会科学》2009年第2期。

督，出于经济利益目的，乡镇政府也"努力"推动这些土地的流转。① 与此同时，在农村土地三级所有制度下，乡镇都有一定数量的集体土地，如果不改变所有权关系，仍然属于乡镇所有，不需要经过征地程序，乡镇集体也可以以土地投资入股或者其他形式开发土地。

（2）区县级政府的利益诉求。目前约有70%的县财政是赤字，全国平均每个区县财政赤字一亿元，赤字总量占这些地方财政收入总量近80%。在这样的情况下，土地出让收益按道理应该成为这些区县政府除税收之外的"第二财政"，但是各地方政府土地收益分配存在很大差异：成都市规定，成都市二圈层以内，区县级政府获得四成收益，二圈层以外，区县政府获得六成收益；在重庆，《重庆市国有土地使用权有偿使用收入管理办法》规定："新征农村集体土地为国有土地出让的，原则上按出让综合价金总额计算，市级10%，区市县级90%（含征地成本和区市县所得的出让金）。"这样，重庆市的区县政府所获得的出让收入中包含征地成本，扣除征地补偿等成本之后，区县政府还要把一部分收入支付给乡镇政府用于地方公共建设。因此，区县政府从征地过程中获得的财政收入是极为有限的。

同时，区县级政府处于城市与乡村的接合部，介于宏观和微观之间，一方面，当下层民众和乡镇基层组织自发进行土地流转创新时，其往往会主动加入这个创新行列。在经济发达地区，城镇化和工业化的快速推进，农村非农产业的迅速发展以及农民非农就业机会大量增加，农村建设用地流转行为大量发生。为促进经济发展，许多地方采取了相应探索和尝试，一些区县地方政府甚至出台了地方性的流转法规和文件。而在经济欠发达地区，由于市场化程度低，农村非农产业不发达，乡镇企业生产效率普遍较低，其中许多经营不善、濒临破产的企业迫切需要通过各种途径获取发展资金，而它们又很难从银行、农村信用社获得资金，唯一可行的方式就是通过转让、转租或者抵押土地使用权以获得资金。区县地方政府为了发展经济，招商引资，往往对之采取听之任之的态度。而对于农村宅基地的流转，由于这些行

---

① 刘丽、张迎新：《集体建设用地流转中政府定位不明、职能不清的原因分析》，《国土资源情报》2003年第11期。

为过于分散和隐蔽,政府很难获得相关方面的信息,加之农村宗族势力的保护,政府很难介入管理,尽管采取了严格的限制措施,由于执行成本过高,区县政府往往不加干涉。① 另外,区县级政府也有和上级政府相一致的决策取向,也需要维持土地一定的价格水平。主要就在于限制流转用途,限制小产权房的发展。

二 农村建设用地流转相关主体的行动逻辑

(一)农村集体(农民)的创新行为分析

从理论上讲,农村建设用地流转的供给应该是以农户为主体,因为集体建设用地除了公益用地和乡镇企业用地,使用权都下放给农户,集体只保留名义上的所有权。而农村建设用地流转仅指使用权流转。

当然,以农户为主体的体制,可能引起农村建设用地市场较高的交易成本,我们可以强调农户完整的转让权和自主的缔约权,这样就可以缔结各种市场性合约来节约交易成本。根据奥尔森的集体行动理论,如果存在集体范围过大、监督不够和"搭便车"的问题,集体行动便无法成功实施。但是,在监督成本比较低的情况下,如果集体的规模比较小,集体行动就可以达成。在农村建设用地流转的问题上,每一个行动人也就是每一个村民都要付出相同的成本,那就是自己的宅基地,而法律规定的宅基地只能是一宅一户,一旦失去就不再补发。如果你不愿意付出这个成本,你就不可能获得最终的收益,无成本的坐享其成是不可能的。同时村镇领导和农户在集体行动成本方面是共担均分的关系,大家都要担负类似的成本和共同的风险。同时,人数众多的农民处于信息优势的地位,能够利用信息的优势对非农建设用地入市行为采取隐瞒、藏匿等机会主义行动来逃避中央和地方政府可能的惩罚。

1. 宅基地流转行为

就我国现有法律政策规定来看,我国现有法律没有禁止农村建设用地以住房形式出售、出租,只是以不能再申请宅基地作为限制条

---

① 刘丽、张迎新:《集体建设用地流转中政府定位不明、职能不清的原因分析》,《国土资源情报》2003年第11期。

件，现有政策文件也仅仅限制农村以住房形式转让，没有对出租等形式做出界定。因此，在有交易对象时，能够提供住房的农村居民还是进行了出租甚至出售。在成都市三道堰镇，2001年政府牵头对顺堰上下街一带的37户作旧城改造，和第一轮改造不同的是，楼房都是以三楼一底为主体。商用一层、自住一层，余下的三四层就对外出卖。目前这些住房已经售完，一层的商铺也开始经营，许多外地买家都已经拿到村镇房屋所有权证，其房屋的使用权和流转权一定程度上受到当地政府保护，也被买房者认可。

在目前，城镇居民对农村建设用地住房需求主要体现在"小产权房"这个问题上，这也是当前社会关注度最高的。小产权房开发的背景是近年来各地房价的逐步攀升。其交易的诱因是其相对较低的价格，满足了一些特殊人群的要求。其主要模式有：

第一，自主开发模式。其中有两种情况：一种是由村庄供给建设用地，由村社企业开发建设，在满足和改善村民居住和生活的同时，向外出租和出售，比如北京郑各庄，其条件是村社企业要有足够的财力和建筑施工力量；另一种是村集体雇请施工队建设，然后出租和出售，如深圳城中村。

第二，合作开发模式，即由集体和外部企业合作，集体向企业出租建设用地使用权，企业出资开发建设，一方面满足村民的住房需求，另一方面满足企业发展的用地需求或向外销售，如成都市"府河星城"社区，该社区工程的具体思路是，以转让土地使用权为条件，投资方出资建设，建成后提供一定比例的房屋安置本社区的居民（约7200人），其余则通过转让使用权收益（即对外销售房屋）来实现投资回报。当地居委会（村委员）作为其下7个小组的代表设立"投资公司"，直接将590亩土地发包给几家房地产开发公司修建住房。其中，位于左边的楼房属于居民集中安置房，位于右边的楼房则属于对外销售的商品房。[1]

第三，开发商开发模式，即由村集体把建设用地一次性出让给开发商，并承诺办理房屋产权证，换得一次性补偿。比如，成都市三道

---

[1] 吴越：《从农民角度解读农村土地权属制度变革》，《河北法学》2009年第2期。

堰镇，为了解决基础设施建设所需资金和进行专业化"旧城改造"，引进开发商并修建了小产权房楼盘"东方威尼斯"等。

2. 中小企业用地流转行为

在现有征地制度下，中小企业拿地建厂是非常困难的。一是由于存在经营风险，建厂常常需要反复权衡；二是工业用地的批租和转让会要求中小企业一次性地大量付出。同时，中小企业聚集后往往会产生较高的规模效益。于是，农村建设用地用于中小企业用地开发行为就营运而生。本书总结为体制内和体制外两种模式[①]：第一，体制内流转。成都市自2003年提出"三个集中"的发展思路后，作为工业集中的结果，国有工业园区在成都得到长足发展，作为民营工业园区的蛟龙工业港也取得长足发展。其用地模式是农民将土地承包经营权还给集体，集体与蛟龙经济开发公司签订协议，以出租或入股的方式转让土地，租期一般为50年（一年一付）。第二，体制外流转。成都市锦江区将农村土地确权给集体，并组建了11个村级新型经济组织，并由它们共同成立了成都市农锦集体资产经营管理公司，委托其统一经营管理所有集体土地。利用农村土地房屋登记服务中心以招拍挂的形式出让土地，并为其颁发土地使用权证。

（二）地方政府的行为分析

1. 乡（镇）政府的支持行为分析

乡镇政府及其组织具有很强的政策敏感性。乡镇政府在我国的行政组织中，在最低层次上代理着政府的政治活动和目的。国家任何政治活动的开展和方针政策的制定，它们是最早的感应者，它们就像国家机体的神经末梢一样，能够随时接受行政"神经中枢"的指令。无论是国家法律的修订、社会制度的变革，还是经济体制的转型，它们能够最先体验出制度不均衡所要带来的潜在机遇。[②] 同时，乡镇政府是最有能力降低制度变迁交易成本的主体。乡镇政府是《宪法》设计

[①] 体制内是指流转过程和《土地管理法》和地方政府相关法规的基本精神相符合，比如以"入股"等形式进行流转。体制外是指流转过程突破《土地管理法》的立法精神，但符合地方政府颁发的实施条例，且以程序性的合法手段确认其直接入市的事实。

[②] 卢吉勇：《农村集体非农建设用地流转创新研究》，硕士学位论文，南京农业大学，2003年，第34页。

的距离"三农"最近的基层政府,乡镇干部也是需要经常"跑田坎"的。他们在长期的行政工作中无论同从事社会生产的企业家,还是同现行制度下的农民集体组织都保持了良好的、容易沟通的关系,他们不但可以靠嘴、靠思想来引导企业生产者与土地所有者的合作,而且作为具有行政能力的组织,其也可以通过一定程度上的强制手段来加强土地所有者与土地使用者之间的合作,促成这一合作的结果就是降低了交易成本,从而更容易地完成集体非农建设用地流转这一制度变迁过程。[①]

(1) 农村宅基地流转过程中,乡镇政府的支持十分关键。在现行法规政策下,农民单独的住宅院落是不能出手给城镇居民的,已经出售的,如果农民毁约,法院会支持农民的诉求,比如"宋庄画家村案"就是如此。而农村建设用地住房,特别是小产权房交易达成的关键是其有一定的产权保障,而且能够交易,其产权保障强度比购买农民的单独宅基地院落强度要大,因为乡镇基层政府可以为购买者颁发相应的产权证。

在三道堰镇,2004 年"撤村并镇",大量的土地资源被并入古堰社区,数百农民转换为城镇居民身份。原有土地中除了被征用用于修水厂和修路,部分留作安置房建设外,大部分都用于小产权房开发。开发商介入这个过程是有很大风险的,且基于前两轮承包安置房建设,由于采取成本加定价,可获利润非常有限。政府主动找开发商推进基础设施建设,开发商垫支。为了保证开发商有足够的利益空间,在基础设施和安置房建成后,2006 年左右,在政府的默许下开发商开始开发自己的经营性楼盘,并等待时机将其合法化。而且,在修筑小产权房的过程中,"农转用"并未通过征地完成,而是通过镇政府实现,且并未用于公益用途。在农民看来,虽然知道自己的农地被拿去建房,但都是镇政府找他们协议拿地,补偿标准和拆迁方案相似,农民难以拒绝这种政府行为。他们大都不会逆势而为。正是由于如此紧密的政府和农民之间的关系,乡镇政府才能以很低的交易成本推动小

---

① 卢吉勇:《农村集体非农建设用地流转创新研究》,硕士学位论文,南京农业大学,2003 年,第 34 页。

产权房开发。正所谓"只查穿草鞋的，不查穿皮鞋的"，如果乡镇政府带头，为了追求合理但不合法的利益，撑起一顶保护伞，国土部门是很难进行有效监督的，在我国的现实中，"同级国土管不了同级政府"。在房屋交易过程中，房屋买卖合同印有"镇人民政府监制"，其中写明"乙方购房后对房屋享有永久所有权"，其内涵为，买家"依法享有出租、转让、买卖、赠与、继承权利"，乙方如产权情况发生变更时，应到"相应的主管部门（即镇人民政府）办理必要的手续并交纳相应的费用"。镇政府仅对本地户口办"村镇房产证"，外来户在购房两年后也能办证。当然，办不了土地使用权证。

（2）中小企业用地流转过程中，乡镇政府支持行为也很关键。企业如果不争取乡镇基层政府的支持，很难从农村集体手中转让建设用地。一方面，企业需要的用地往往面积很大，涉及多个农户，除非补偿标准非常高，否则难以在农户之间达成一致。而且，如果企业直接和集体代表谈、集体代表和农民谈，农民担心受到欺骗大都不会同意。另一方面，按照现行法律，农民集体流转土地是得不到保护的，各级地方政府都有反对流转的"权利"，即使得到上级政府的认可或默许，出现经济纠纷的时候，任何企业都疲于应付。故而，在现实当中，我们很少发现流转环节是由企业和集体农民谈判的，至少争取乡镇政府部门的支持，然后由集体和企业协议流转，如果涉及搬迁，大都由乡镇政府拆迁。比如蛟龙工业港建设过程中，由于占地面积较大而常常遇到拆迁安置问题，公司原先自己组织拆迁工作，但发现农民要价很高，拆迁推进速度很慢，一年仅拆迁200—300户。后来，蛟龙集团和双流县九江镇政府签订租地协议时，要求后者出面组织拆迁工作。政府主持的拆迁工作很快，两个月内就拆迁了1200户。

2. 区县级地方政府的支持行为分析

区县政府在农村建设用地的流转中也扮演着十分关键的角色。首先，与乡镇政府相比，区县政府拥有着更大的决策权，往往能够根据中央和省市政府的涉农政策制定符合本区县特色的政策。例如，土地整理项目、生态农业园区、小城镇建设、新农村建设等，实际上都必须依靠区县政府的进一步决策和组织实施，这是乡镇政府所不享有的权限。其次，从土地财权角度来看，区县政府往往掌握着一定程度涉农资金的财政自主权,这是单纯依靠转移支付运作的乡镇政府所不具备的。① 最后,区县政府拥有《土地管理法》规定的相应权限:一方面,农民集体土地的所有权和使用权是由区县级人民政府给予批准和确认的,《土地管理法》第十一条第一款规定:"农民集体所有的土地,由县级人民政府登记造册,核发证书,确认所有权。"第二款规定:"农民集体所有的土地依法用于非农业建设的,由县级人民政府登记造册,核发证书,确认建设用地使用权。"另一方面,根据《土地管理法》第六十条规定,"与其他单位、个人以土地使用权入股、联营等形式共同举办企业的","向县级以上地方人民政府土地行政主管部门申请",批准使用建设用地。这对于承认和保护农民集体的产权以及土地使用者的产权具有重要的作用,对于解决企业在用地过程中遇到的法律问题,降低制度变迁过程中产权交易成本具有积极作用。

比如,蛟龙工业港先期在青羊区遭受挫折,后来得到双流县政府的支持。双方签订的协议包括投资规模、建设进度、合乎利用规划的基础设施享有租赁权和转让权、其他政策扶持。为了解决公司面临的资金困难,双流县政府还专门召开蛟龙工业港专题会议,除了对其进行进一步财政扶持外,统一对农民的安置补偿问题在国家政策的基础上给予优惠支持,并成立工业港工作领导小组,帮助协调蛟龙港与工商、税务、环保等各部门的关系。为了完成"农转用"的合法化手续,2006年,双流县国土局动用了宝贵的计划内指标资源,将其占用的两平方公里土地列入《2005—2020年土地利用总体规划》,将其转为建设用地,同时,双流县政府还代其缴纳了4500万元的占补平衡费。由于蛟龙工业港土地属于租地模式,不属于《土地管理法》三个例外情况,双流县政府帮助改租赁合同为入股协议。②

由此看来,中国农村社会具有巨大的制度创新潜力,在现行某些不尽合理的法律制度面前,农民集体没有坐以待毙,而是选择抗争,在法律边缘上实现突破和创新以争取自身的利益。就一般意义上讲,

---

① 吴越:《地方政府在农村土地流转中的角色、问题及法律规制》,《甘肃社会科学》2009年第2期。
② 北京大学国家发展研究院综合课题组:《还权赋能:奠定长期发展的可靠基础》,北京大学出版社2010年版,第74—76页。

农民、农村集体、用地者及基层政府对农村建设用地入市具有共同的利益，能够达成一致同意，这大大降低了农民集体进入建设用地市场的交易风险和交易成本。①

3. 省市级地方政府的积极回应

在芜湖市等地农村建设用地流转经验的基础上，2002年，安徽省政府颁布的《安徽省集体建设用地有偿使用和使用权流转试行办法》就明确规定："本省行政区域内经省人民政府国土资源行政主管部门批准的试点乡（镇）集体建设用地有偿使用和使用权流转。"2005年颁布实施的《广东省集体建设用地使用权流转管理办法》，明确了农村建设用地使用权可以出让、出租、转让、转租和抵押，对于使用农村建设用地的建设项目，除兴办农村公共设施和公益事业以及村民建房外，具体包括"兴办各类工商企业，包括国有、集体、私营企业，个体工商户，外资投资企业（包括中外合资、中外合作、外商独资企业、'三来一补'企业），股份制企业，联营企业等"（第八条第一款）。本法被视为"新中国历史上的第四次土地流转改革"。②

2007年7月，成都市国土资源局出台《成都市集体建设用地使用权流转管理办法（试行）》，规定农村建设用地可以进入市场公开流转。第二条明确规定了流转的三种基本情形："在符合规划的前提下，集镇、建制镇中原依法取得的集体建设用地流转；以及远离城镇不实施土地整理的山区、深丘区农村村民将依法取得的宅基地通过房屋联建、出租等方式进行的集体建设用地流转，适用本办法。"次年9月，中共成都市委统筹城乡工作委员会与市国土资源局联合颁布了《关于重灾区农户灾毁住房联建等有关事项的通知》，允许地震重灾区农民提供宅基地使用权，"联建"方提供资金共建房屋，房屋建成后由双方共同经营管理或进行利益分配。10月，全国第一家农村产权交易所"成都农村产权交易所"挂牌成立并完成了第一宗农村土地产权的交易。

---

① 钱忠好：《中国农地保护的理论与政策分析》，《管理世界》2004年第10期。
② 马世领、邹锡兰：《广东农地：新中国第四次土地流转改革》，《中国经济周刊》2005年9月30日。

4. 农村建设用地流转中地方政府支持行为的利益归宿点

由上述论述可知，地方政府在农村建设用地方面的行为十分复杂。总体上看，越接近农村集体的基层政府，其支持和参与农村集体创新行为越坚定，而层级越高的地方政府，其越趋于维持征地现状。从趋势看，地方政府越来越支持农村集体和基层创新行为，但其支持并推动农村建设用地流转的行为归宿点是利益最大化。①

农民集体推动农村建设用地流转包括中小企业用地流转和宅基地流转两种形式，由此就形成了国有和农村集体混合工业用地市场和混合房地产市场。一方面，混合工业用地市场可以达到地方政府和农村集体双方利益的共赢。长期以来，为实现经济增长目标，只要工业用地供给的边际收益超过地方政府供给工业用地的成本，地方政府就会提供工业用地，甚至部分地区还牺牲部分财政收入用于补贴工业用地供给，以至于出现"零地价"现象。而这给地方政府带来巨大的财政金融风险。因此，农村集体建设用地用于中小企业生产，促进地方经济增长并由此带来税收增加，因而受到地方政府的默许和支持。另一方面，混合房地产市场则存在两者潜在的利益冲突。因为农村建设用地进入房地产市场会大大降低地方政府（特别是层级较高政府）高价出让用于商品房开发等用途的国有土地。故而，尽管地方政府积极推动集体土地流转以发展工业，但大都限制农村集体土地进入房地产市场。《广东省集体建设用地使用权流转管理办法》第五条明确规定："通过出让、转让和出租方式取得的集体建设用地不得用于商品房地产开发建设和住宅建设。"目前，仅有烟台市和成都市有限地允许进行房地产开发，烟台市人民政府颁布的《关于严格土地管理推进节约和集约用地的意见》第五条第四款规定："城乡结合部村庄要搞好规划，推行'撤村并居'，集中建设农村居民点。旧村占用的土地经整理后用于农业生产、安排工业项目或在统一规划的前提下进行商业性房地产开发。进行房地产开发的，必须以'招拍挂'的方式公开出让。"但第三条第三款却规定："禁止农村集体经济组织擅自非法转

---

① 王贝：《农村集体建设用地流转中的地方政府行为研究》，《农业经济》2013 年第 3 期。

让、出租集体土地用于非农业建设,禁止城镇居民到农村购置宅基地和在集体土地上建设的住宅。"《成都市集体建设用地使用权流转管理办法（试行）》第二十三条第一款明确规定:"集体建设用地可以用于建设农民住房、农村集体经济组织租赁性经营房屋,不得用于商品住宅开发。"

究其根源,这是地方政府基于直接财政收入和由经济增长带来间接收入之和的最大化来决定是否支持、如何支持的集中表现。土地出让收益是地方政府重要的直接财政收入来源,而高额的土地出让收益主要来自商品住宅用地。一旦农村集体建设用地进入房地产市场,地方政府无法垄断土地供给,土地价格降低必然引致地方收益减少。因此,就不难理解地方政府为什么不遗余力地禁止农村集体建设用地进入房地产市场。禁止农村集体土地进入房地产市场后的农村建设用地流转不会显著影响国有土地的出让收益,而农村集体建设用地市场为中小企业解决了其发展中遭遇的土地"瓶颈",最大限度地利用土地资源,促进经济的增长。这样做,既能发展地方经济,又不显著影响地方政府收入。

5. 地方政府主导的"城乡建设用地增减挂钩"创新是征地行为的延续

2004年,国务院出台了《关于深化改革严格土地管理的决定》,提出要做好"城镇建设用地增加与农村建设用地减少相挂钩"的工作。2005年,国土资源部出台了《关于规范城镇建设用地增加与农村建设用地减少相挂钩试点工作的意见》,决定在天津、四川和重庆等地开展"城乡建设用地指标"增减挂钩项目区试点工作。2008年年底,重庆市颁布《农村土地交易所管理暂行办法》规定,农民家庭拥有其他稳定住所、稳定生活来源,其农村宅基地可用于置换建设用地指标,这就产生了"地票"交易模式。本模式也被公认为"城乡建设用地增减挂钩"实践的典型范例。笔者拟以重庆"地票"交易为研究对象,对地方政府主导的"城乡建设用地增减挂钩"行为进行解析论证。

6. 重庆市"地票"交易的过程分析

(1) "地票"产生程序。第一,农村集体建设用地复垦立项申请，由农村集体建设用地权利人向重庆市区县（自治县）国土资源行政主管部门提出，经批准后，方可实施复垦。第二，对农村集体建设用地复垦完毕后，复垦验收工作由区县（自治县）国土资源行政主管部门按规定组织实施。验收合格后，核发城乡建设用地挂钩指标凭证。第三，指标在农村土地交易所打包组合成特定面额的地票。

（2）"地票"交易程序。第一，农村集体建设用地使用权人持获得的土地指标凭证，向农村土地交易所申请交易。农村土地交易所在审查合格后，将待交易的指标纳入信息库并及时向社会公布。第二，指标在农村土地交易所通过招标、拍卖、挂牌方式公开交易。农村集体经济组织、法人或其他组织以及具有独立民事能力的自然人，都可以购买"地票"。

（3）"地票"落地使用。地票在城镇使用时，应该纳入新增建设用地计划，一则增加等量城镇建设用地，二则在落地时冲抵新增建设用地土地有偿使用费和耕地开垦费。"地票"落地意味着相应面积的农村土地将被征用（收）。[1]

7. 地方政府主导的"城乡建设用地增减挂钩"行为分析

从重庆"地票"交易过程可知，地方政府主导的"城乡建设用地增减挂钩"行为，实质就是在地方政府安排下，用划好的宅基地和住房，用来置换农村集体建设用地和住房。划给村民的宅基地规划在一处，就可以集中利用基础设施，减少建设用地占用规模并结余一定量的建设用地指标并流向城市。

第一，"城乡建设用地增减挂钩"的指标流转实质就是农民集体土地发展权的交易。在地方政府主导"城乡建设用地增减挂钩"的过程中，虽然采取了民意测验、民主讨论等办法，但是农民并未实际参与和主导这一变革过程，他们往往被视为政府恩惠的接受者和实施对象。这种安排只是解决了农民的住房问题，并未保障农民和农村集体的土地财产权。依照"农地发展权"理论，如果农村建设用地复垦为农业用地后，农村土地将丧失该地块未来作为非农建设用地开发所带

---

[1] 王守军：《重庆地票交易机制研究》，博士学位论文，四川大学，2010年，第123—125页。

来的比转为农业用地更大的土地增值收益,农民放弃自己宅基地等建设用地非农用途实质上是转让了"农地发展权"。

第二,"城乡建设用地增减挂钩"的指标流转意味着更多的生产要素向城市流动。由"地票"形式出现的建设用地指标流转和落地实施过程可以发现,土地及发展权等生产要素的流向为:远离城镇的使用效率最低的宅基地首先被复垦为耕地,大城市郊区的耕地被征为国有建设用地。这也意味着,远离城镇地区的耕地增多,与复垦建设用地面积相当的城郊农村土地不再为农村集体所有。同时,开发者购得指标之后,指标落地的选择往往与经济发达程度呈正相关,在经济发达地区的开发者愿意为指标支付更高的价格,因此,经济发达地区大城市将会获得更多建设用地指标而加快扩张速度。

肖云将农村集体建设用地市场交易模式分为土地权属直接交易模式和间接交易模式两大类,笔者将基于"城乡建设用地增减挂钩"的指标交易归为农村建设用地土地权属间接交易模式。[1] 本书认为,以重庆地票交易为代表的建设用地指标交易最终都需要将农村土地变为国有建设用地,是在当下我国征地制度的框架下发生的,因为这种交易是服务于征地制度的占补平衡要求。只有国家多征地,才有更多的占补平衡需求,也才能有更多的土地整治投资来源,而更多的征地就意味着更多的农村土地资源被低价征用(收),而广大农村地区所能获取的收益是极其有限的。从重庆农村土地交易所的两宗地票交易情况看,1100亩共拍得8980万元,平均每亩约8万元。扣除交易过程中的费用,返还到农村的收益大概达到7万元/亩。而重庆每亩土地的复垦成本在4万—5万元,农民复垦土地的每亩收益为2万—3万元。这种复垦收益与城市郊区建设用地的收益相比,显然有很大的差距,对于经济欠发达的远离城镇的农民,转让地票的收益,对改变农村基本生产面貌和提高其生活质量也没有实质性影响。[2] 对于被征地的农村而言,除了补偿水平略有提高外,情形并没有根本不同。因

---

[1] 肖云:《发展我国农村建设用地市场的构想》,《天府新论》2010年第5期。
[2] 吴义茂:《建设用地挂钩指标交易的困境与规划建设用地流转》,《中国土地科学》2010年第9期。

此，它在本质上仍属于传统的征地行为，并不是真正意义上的农村建设用地流转。比如，《成都市集体建设用地使用权流转管理办法》（试行）（以下简称《办法》）第十二条规定："集体建设用地使用权流转包括出让、转让、出租、作价（出资）入股、联营、抵押等形式。"明确将建设用地指标排除在农村建设用地流转范畴之外。更为重要的是，地方政府会对城郊特别是城市规划区内的集体建设用地流转做出限制。比如，《办法》第十九条规定："在城市（中心城区、县城）规划建设用地区范围内的"集体建设用地不得流转。因此，农村集体建设用地流转所要解决的核心问题是打破城市地权和农村地权的不平等局面，建立同地、同价、同权的定价机制和利益分享机制[1]，而这一问题将在农民集体推动的农村建设用地流转中得到解决。

综上所述，我国农村建设用地市场的形成和发展动力的形成，是在相关环境等因素的背景下，"取决于不同利益集团之间的妥协，具有优势地位的利益集团将会对这一新的制度安排产生重要影响"。[2] 其中，地方政府和农民集体为之间的利益博弈，对农村建设用地流转具有关键性的影响。

---

[1] 蔡继明：《农村集体建设用地流转的主体和利益分配》，《学习论坛》2010年第7期。

[2] 盛洪：《关于中国市场化改革的过渡过程的研究》，《经济研究》1996年第1期。

第三章 我国农村建设用地产权制度创新研究

产权制度，是制度化的产权利益关系或者是相关主体对于产权关系属性的制度化规定，是界定和有效使用产权的规则体系。[①] 作为一项基础性制度，它能保护土地交易秩序，推动农村建设用地市场运行，最终优化配置土地资源和兼顾各方利益。一方面，有效的农村建设用地产权制度能合理界定相关主体的权利义务。因为农村建设用地市场交易实质就是权利交易，而权利又隶属于各种市场主体。如果土地产权权利归属不明晰，农村集体或农民难以流转土地，而受让主体就会望而却步，或者通过非经济手段等方式谋取土地利用。另一方面，有效的农村建设用地产权制度能合理界定产权内涵和权能。如果对产权内涵和功能界定得不够明确，就可能形成模糊的交易区间，土地权利难以得到有效保护，土地市场交易成本也随之增加。

第一节 我国农村建设用地产权概述

一 农村建设用地产权的概念及特征

时至今日，"尚未有一个可满足不同目的的产权定义"，其界定取决于不同制度背景下的约束条件而具有明显的经济社会属性。[②] 从经济属性视角来看，德姆塞茨认为，产权的首要功能就是"引导人们

---

① 黄少安：《产权经济学导论》，经济科学出版社2004年版，第7页。
② 田莉：《有偿使用制度下的土地增值与城市发展》，中国建筑工业出版社2008年版，第9页。

实现将外部性较大的内在化的激励"。科斯认为，作为一种社会工具，产权的作用在于能够帮助市场交易主体形成它与其他交易主体进行市场交易的稳定而合理的预期，这些预期"规定其受益或受损的权利"。[1] 从社会属性视角来看，阿尔钦认为，产权是一种社会权利，它是社会规则所强调并予以强制实施的涉及市场交易物品使用的权利。[2] 费吕博滕进一步明确指出，产权不是简单地指向人与物的关系属性，而是由于物存在及权利关系所引致的人们之间互相认可的行为关系，在资源稀缺的背景下，它就是用来确定人们使用资源的经济地位和交往关系。[3] 利贝卡普认为："产权是一些社会制度。这些制度界定或划定了个人对于某些特定的财产，如土地或水，所拥有的特权范围。"[4] 诺斯则将政治学的分析引入产权研究，认为政治体制决定和实施经济运行的规则。由于国家对产权形成产生重要影响，而为了减轻其消极影响，如何通过政治秩序、法律依据宪法等手段遏制国家权力对产权干预和控制，是能否建立有效产权的重要前提条件。[5]

由此，农村建设用地产权是在一定的经济基础之上产生，是由生产资料所有制决定的法权上层建筑范畴，它是一组权利束，这种产权关系不仅是人与农村建设用地之间的关系，更是由于农村建设用地的存在和有效利用，而逐步被法律规范所认同和调节的行为关系。它应具备完整性和完全性特征。所谓完整性，是指农村建设用地产权应该包括土地资源享有充分排他性的所有权、使用权、处分权和相应的收益权等。其中，排他性是产权完整性的重要标志，反映的是人与人之间的规则约束，本质就是人与人之间的权利关系界定是否清晰。这里应该注意的是，并非只有私有产权才具有排他性的特点，公有产权同样具有排他性，正如国有的或公共财产一样，农村建设用地产权也不允许其他组织和个人非法侵入。所谓完全性，是指农村建设用地产权

---

[1] 科斯：《财产权与制度变迁》，上海人民出版社2004年版，第97页。
[2] 同上书，第166页。
[3] 同上书，第204页。
[4] 利贝卡普：《产权的缔约分析》，中国社会科学出版社2001年版，第1页。
[5] 参见卢现祥《西方新制度经济学》，中国发展出版社2007年版，第199—205页。

内含的各个权利得到充分界定和实施,不存在巴泽尔意义上的产权公共域。一般来说,完全性的农村建设用地产权安排应有如下特征:一是农村土地产权权能的分解细化,界限明晰,并随着社会发展不断出现分化;二是各个产权形态在质上可交易,在量上可量度;三是相关权益主体的行为只要不违反相关法律规范就不应该受到不应有的限制。[①]

二 农村建设用地产权结构

产权是一种权利复合体,根据《牛津法律大辞典》的界定,具体包括占有权、使用权、转让权、收益权以及其他相关的权利。事实上,产权可以做进一步细分,其具体形态和权项数量随着社会发展而发生变化。一般而言,大多数经济学家认为,一项财产上的完备产权一般包括使用权、收益权和让渡权,其中后者是最根本的环节。[②] 张曙光则认为,完备的产权应主要包括所有权、经营权和收益权。[③] 概括而言,一项完整的产权结构上应包括所有权、使用权、处分权和收益权。

相应地,作为一种权利复合体,农村建设用地土地产权主要包括所有权、使用权、处分权和收益权。四权合一的状态可以称为农村建设用地产权结构的古典形态,而权能细分则是农村建设用地产权在现实中的发展形态,或称为产权的实施形态。[④] 农村建设用地产权的流转过程,很大程度上也就是产权权能细分的过程。根据现有法律的实际情况,我国农村建设用地所有权和使用权是两种最主要的独立的土地权利,处分权和收益权作为农村建设用地非独立的他项权利附着于这两项基本权利(见图3-1)。

(一)农村建设用地所有权

从理论上讲,在土地产权权利束中,所有权居于核心地位,是土地

[①] 吴玲:《新中国农地产权制度变迁研究》,博士学位论文,东北林业大学,2005年,第25页。
[②] 胡乐明:《新制度经济学》,中国经济出版社2009年版,第31页。
[③] 张曙光:《博弈:地权的细分、实施和保护》,社会科学文献出版社2011年版,第6页。
[④] 同上。

```
农村建设用地产权体系
├─ 所有权
│   ├─ 收益权
│   └─ 处分权
├─ 使用权
│   ├─ 收益权
│   └─ 处分权
└─ 其他
```

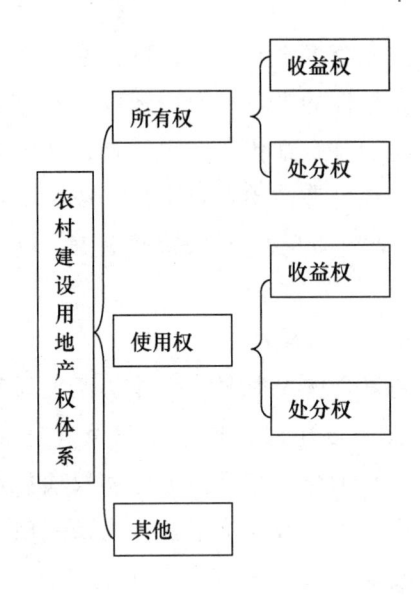

图 3-1 我国农村建设用地产权体系

产权权利束中最充分的物权。《经济大辞典·农业经济卷》就指出，土地所有权是"土地所有者在法律规定的范围内自由使用和处理其土地的权利。受国家法律保护"。以1962年《农村人民公社工作条例修正草案》为起点，"三级所有，队为基础"的集体土地所有制形式逐步形成并在全国范围内建立，并由此确立了三权合归所有权的格局。1982年《宪法》第十条明确规定，农村地区（包括城郊地区）的土地，除由相关法律规定的属于国家以外，属于集体所有，包括农村居住宅基地在内。1998年通过的《土地管理法》第八条规定："农村和城市郊区的土地，除由法律规定属于国家所有的以外，属于农民集体所有；宅基地和自留地、自留山，属于农民集体所有。"《物权法》第六十条对农村土地集体所有的具体层级进行了明细界定："（一）属于村农民集体所有的，由村集体经济组织或者村民委员会代表集体行使所有权；（二）分别属于村内两个以上农民集体所有的，由村内各该集体经济组织或者村民小组代表集体行使所有权；（三）属于乡镇农民集体所有的，由乡镇集体经济组织代表集体行使所有权。"

（二）农村建设用地使用权

对于农村建设用地使用权的法律界定，较早可以追溯到1963年最高人民法院通过的《关于贯彻执行民事政策几个问题的意见（修正稿）》（以下简称《意见》），该《意见》明文规定，村民建房需要宅基地的，只要经过农户申请并有社员大会讨论同意（这大都流于形式而未能真正施行），便可"由生产队统一规划，予以解决。"作为农村集体经济中发展最快的部门，集体工副业只需吸收生产队若干劳力、支付少量地上物补偿费，并在盈利后返回若干利润供社队生产或公益建设使用，即可取得生产队的土地。① 自此以后，农村建设用地使用权的无偿使用制度在全国逐步推行。

1998年通过的《土地管理法》也进一步沿用这一制度规定。比如，第四十三条规定："任何单位和个人进行建设，需要使用土地的，必须依法申请使用国有土地；但是，兴办乡镇企业和村民建设住宅经依法批准使用本集体经济组织农民集体所有的土地的，或者乡（镇）村公共设施和公益事业建设经依法批准使用农民集体所有的土地的除外"。可见，单位和个人进行建设，原则上使用国有土地，但是，包括农村集体成员创办乡镇企业、村民建房、兴修乡（镇）村公共设施及公益事业而"依法批准使用农民集体所有的土地的除外。"由于"兴办乡镇企业和村民建设住宅"的主体是农民个体或农户本身，因而，农民或农户对集体土地的占有使用权，是农村集体建设用地产权的关键实现环节。就农村宅基地使用权来看，《土地管理法》第六十二条规定："农村村民一户只能拥有一处宅基地，其宅基地的面积不得超过省、自治区、直辖市规定的标准。农村村民建住宅，应当符合乡（镇）土地利用总体规划，并尽量使用原有的宅基地和村内空闲地。农村村民住宅用地，经乡（镇）人民政府审核，由县级人民政府批准；其中，涉及占用农用地的，依照本法第四十四条的规定办理审批手续。农村村民出卖、出租住房后，再申请宅基地的，不予批准。"宅基地使用权承担着我国农村重要的社会保障职能。即使经济较为发达的农村地区，随着农地生产功能趋于弱化，以宅基地为主的农村建设用地使用权对于农民的社会保障功能更加强化。因此，农民基于集体成员权而获取的农村建设用地使用权，已经不同于一般意义上的土

---

① 邹玉川：《当代中国土地管理（上）》，当代中国出版社1998年版，第137页。

地承租权，它可由农民长期免费占有并加以继承，它受到国家法律政策的强力保护以至于成为村民不可剥夺的权益。

（三）农村建设用地处分权

农村建设用地处分权是指决定土地所有权、使用权以转让、出租等形式流转的自由裁处权。在我国现行法律中，它不是一项独立的权利，而是伴随着土地所有权和使用权的实际运行，并实现相关主体间为合理的收益分配。

对于农村建设用地所有权而言，处分权就是对集体所有的建设用地进行处置、自由决定土地利用者、在合乎规划条件下决定土地用途的权利，比如，集体对宅基地拥有所有权、分配权、管理权和收回权。但按照法律规定，各集体建设用地所有权主体除了在国家依法征用属于其集体所有的土地时，应将国家需征用的属于其集体所有的土地所有权处分给国家之外，集体建设用地所有权主体不能处分其集体建设用地所有权。比如，《宪法》第十条规定："农村和城市郊区的土地，除由法律规定属于国家所有的以外，属于集体所有；宅基地和自留地、自留山，也属于集体所有。国家为了公共利益的需要，可以依照法律规定对土地实行征收或者征用并给予补偿。任何组织或者个人不得侵占、买卖或者以其他形式非法转让土地。"《土地管理法》第二条也做了类似规定："国家为了公共利益的需要，可以依法对土地实行征收或者征用并给予补偿。"因此，农村建设用地土地属集体组织所有，但是集体组织作为所有者却仅有"不完全"的处分权。

对于使用权来说，农村建设用地处分权，就是经合法途径取得的土地使用权依法流转的权利。依据《宪法》第十条"土地的使用权可以依照法律的规定转让"的精神，虽然要求"依照法律的规定"才能进行转让，但是依照法律解释学，这里所称的法律应当是对转让的程序进行规范的法律，而不是实体上的限制。但是，按照《土地管理法》第六十条的规定，"农村集体经济组织使用乡（镇）土地利用总体规划确定的建设用地兴办企业或者与其他单位、个人以土地使用权入股、联营等形式共同举办企业的，应当持有关批准文件，向县级以上地方人民政府土地行政主管部门提出申请，按照省、自治区、直辖市规定的批准权限，由县级以上地方人民政府批准。"农村建设用地用于兴办企业的，要么是集体经济组织创办企业，要么是农户以土地使用权入股等形式共同创办企业。这是对农村建设用地使用权处分权的限制。同样，宅基地使用权也处于相对静止的状态，农户作为宅基地使用者对集体经济组织具有身份上的依赖性。宅基地处分权受到严格限制，比如，《物权法》第一百八十四条列举了六种不得抵押的财产，其中包括第二款规定的"耕地、宅基地、自留地、自留山等集体所有的土地使用权"。另外，宅基地及房屋不能对城镇居民出售，更不得在宅基地上进行"小产权房"开发等。

总体来说，我国农村建设用地处分权是不充分和不完全的。农村建设用地的自由流转受到严格约束，农村建设用地的流转往往局限于依靠行政权力进行的所有权低价征收（用）。

（四）农村建设用地收益权

农村建设用地收益权是指从农村建设用地这一价值物品上取得经济利益的权利。在法律规定和制度安排中，它也不是一项独立的权利，但又时刻体现于农村建设用地所有权和使用权之中，并在相关主体间进行合理的收益分配。

在农村建设用地所有权安排中，土地收益是基于行使土地集体所有权而取得的经济收益和孳息。1963年以后，农村建设用地使用权的无偿取得制度逐步在全国展开，这种产权制度安排得到1975年《宪法》的确认。就宅基地而言，1988年，山东省德州地区试行农村宅基地有偿使用办法，按照农户实际使用的面积收取费用。随后山东省的经验在河北、江苏和上海等地相继推广。1990年，国务院批转的《关于加强农村宅基地管理工作的请示》中，将这项工作在全国推开。直到1992年年初，全国有1200多个县（市），6600多个乡镇，13万个行政村实行了宅基地有偿使用。对于建设用地所有权征收后，农村集体及农民的土地收益，《物权法》第五十九条第三款规定，"土地补偿费等费用的使用、分配办法，应当依照法定程序经本集体成员决定"。除通过使用权有偿取得、征地补偿等形式获取土地收益外，农村集体基于乡村公益建设和其他集体性经营性建设，在法律框架下经过农民集体表决，可以通过合并农民宅基地等建设用地，以经营结余的建设用地来获取相应收益。

对农村建设用地使用权而言，土地收益是占有使用者基于土地使用而取得的经济收入和孳息。比如，农村村民可以直接免费使用农村宅基地用于建房。随着社会经济发展、农村交通条件的改善和人口流动加剧，在城市郊区及乡镇驻地等房地产相对活跃的农村地区，农民通过住宅出租或以"小产权房"等方式进行流转，这都是农民积极争取农村建设用地使用权收益的最大化的行为。

在农村建设用地作为产权体系中，农村建设用地使用权与所有权的关系是：一方面，所有权是整个权利体系中的基础性权利，而使用权则是农村建设用地所有权在现实中的实现和延伸。农村建设用地所有权是使用权的充分但非必要条件，所有权必然有土地使用权伴随，而拥有农村建设用地使用权就不一定拥有土地所有权；另一方面，农村建设用地处分权和收益权是前两种产权的派生权利。这两种派生权利既可以与所有权融为一体，也可以与使用权合为一体。在计划经济体制下，农村建设用地的占有、使用和收益，均严格依据农民对于集体的身份依赖，其自由流转的处分权受到全面禁止，农村建设用地的流转仅限于国家征收。这样，四种产权形态都是合而为一，即所谓产权结构的古典形态。但近些年来，随着产权权能细分和实施，农村建设用地开始自发流转并呈现蔓延之势，土地所有权和使用权开始逐步摆脱相关法律限制，在市场流转中逐步实现处分权和收益权，并逐步形成庞大的农村建设用地使用权流转市场。

三　我国农村建设用地产权特征

（一）农村建设用地的集体所有

1. 农村建设用地所有权是集体土地所有制的外在表现

研究所有制更重要的是考察主体的权力、职能和作用，其所形成的利益有四个方面，即所有、占有、支配和使用。这四个方面的权利关系具有两重性：得到社会承认和法律保护的法权关系，即所有权。[①]马克思指出，财产问题绝不仅仅是人与物的关系，而是人与人的关

[①] 吴宣恭：《产权理论比较——马克思主义与西方现代产权学派》，经济科学出版社2000年版，第27页。

系，法律意义上的所有权只是一个表象，资产阶级法律实质上"只是为了私有制才存在的"，"由于一切共同的规章都是以国家为中介的，都获得了政治形式。由此便产生了一种错觉，好像法律是以意志为基础的，而且是以脱离其现实基础的意志即自由意志为基础的"。① 而"资产阶级的所有权下定义不外乎是把资产阶级生产的全部社会关系描述一番。要想把所有权作为一种独立的关系、一种特殊的范畴、一种抽象的和永恒的观念来下定义，这只能是形而上学或法学的幻想"。② 在这里，马克思明确揭示了财产关系为基础的所有制关系的决定作用，并明确将客观经济关系的所有制与作为意志关系的所有权清楚地区别开来。也就是说，作为生产关系本质规定性的土地所有制，必然会通过国家法律制度等上层建筑将其予以规定和利用。

同样，我国农村建设用地所有权是集体土地所有制的法律表现，所有制是所有权的经济基础。两者如影随形是原本和副本的关系。我们可以判断：如果没有我国农村集体土地所有制的经济规定性，也就不存在农村建设用地所有权；如果不存在农村建设用地所有权的话，我国农村集体土地所有制也就难以存在、实现。同时，土地所有权的确立又具有一定的独立性，会反作用于土地所有制：名义上的土地所有制和实际上的所有制、名义上的所有权和实际上的所有权，两者可能会发生背离。③

2. 农村建设用地产权是集体土地所有权在市场经济条件下的实现形式

从权利关系或法权上看，所有权包含了狭义的所有权（归属）、占有权、支配权和使用权等，而它们各自含义和前述产权是相同的。从人类发展来说，拥有所有权（归属）不是也不应该是人类社会和个人追求的唯一目的，其更强调人与物的关系，即一定主体对财产静态权属的权利。现代产权，则强调在资产归属秩序明晰的前提下，如何解决对资产等资源动态控制、有序利用中各利益主体之间的权利义务

---

① 《马克思恩格斯选集》第1卷，人民出版社2012年版，第212页。
② 同上书，第258页。
③ 王克强等：《土地经济学》，上海财经大学出版社2005年版，第18页。

关系，从而实现资源优化配置和收益最大化。① 事实上，土地的重要意义在于能够满足人类生存与发展的自然需要和社会需要，而人类生存与发展的各种需要，都是在利用土地资源的基础上进行的，生产、分配、交换和消费等，都是不断实现土地资源的使用价值的过程。从我国农村土地所有权和农村土地产权的变迁来看，最初的我国农村建设用地所有权往往与其他产权形态融为一体，从当时实际来看，也没有在农村建设用地所有权权能中分离出其他权能的必要性。

随着我国市场经济的发展，农村建设用地所有权内部其他权能逐步相对独立，占有权、使用权、收益权和处分权等产权功能逐渐从中分离出来，并逐渐对其他独立的行使主体加以市场运作，从而影响农村建设用地资源的配置和收益分配结构。我们甚至可以说，农村建设用地产权是农村建设用地集体所有权的运作形式。可以发现，农村建设用地所有权的内涵不如农村建设用地产权概念来得丰富，这主要是源于所有权概念具有比土地产权更高的理论抽象。或者说，农村建设用地产权形态就是从农村建设用地所有权中衍生而来的。② 比如，我国目前的立法在理论上继承了大陆法系国家的观点："土地所有权人在保留所有权的情况下，可以将所有物让与他人占有、使用、收益或处分。"所有权由各种具体权能组成，若某种权能经分离让渡给他人，所有人仍保留其他权能。③ 用历史唯物主义关于生产关系和生产力相互作用原理来看农村建设用地所有权作为农村生产关系的所有制表现，其对农村生产力的反作用相对较弱；反过来看，农村建设用地产权制度作为农村生产关系的表象运行层面，其对生产力的反作用则相对较强。④

3. 土地所有权（制）在农村建设用地产权制度中作用重大

一般来说，所有制作为经济基础规定并制约着所有权的性质和方

---

① 徐汉明：《中国农民土地持有产权制度新论》，社会科学文献出版社 2009 年版，第 50 页。
② 杨继瑞：《中国农村集体土地制度的创新》，《学术月刊》2010 年第 2 期。
③ 王筛妮：《农民集体所有建设用地流转产权制度研究》，硕士学位论文，长安大学，2005 年，第 10 页。
④ 杨继瑞：《中国农村集体土地制度的创新》，《学术月刊》2010 年第 2 期。

向，所有权是由一国所有制的法权承担者，处在政治上层建筑。产权则属于市场经济运行层面，是各经济行为主体在交易中明晰权利边界，确定各利益主体的权利关系的基础性制度工具。其本身仅仅表明是一种对不同资源有序整合、优化配置的装置，不构成评判社会制度姓"社"姓"资"的标准，不同社会制度的国家都可以创设运用。

但是，需要强调的是，在现代市场经济中，尽管集体建设用地产权的各项权能的作用加强了，农村建设用地集体所有权的重要性仍然显著。因为农村建设用地产权本身是属于经济体制的范畴，更多的是强调农村土地要素的市场运行并决定着土地资源的有效配置。而农村建设用地所有权更多是属于经济制度范畴，表现了所有制的根本属性并直接关联于农村生产关系，并最终决定我国农村上层建筑体系。可以发现，农村建设用地所有权安排的剧烈变动必然会影响农村乃至整个社会生产关系的稳定性；反之，农村建设用地产权制度创新主要服务于农村和社会生产力提高。[①] 毫无疑问，围绕农村建设用地产权制度的创新必须保证农村土地集体所有权的根本性质不变。农村建设用地所有权在农村社会经济运行中，不应该有根本性的变革，否则，会动摇我国农村社会主义新农村建设的经济基础。

(二) 农村建设用地产权的排他性和非排他性

排他性一般是针对私人产品或私人产品属性而言，是指在市场体制下，物品或服务的潜在用户能够被有效排除，只要支付一定的费用，就可以得到这件物品，排除其他潜在的用户；非排他性一般针对公共产品或公共产品属性而言，是指主体在消费这类产品时，无法排除他人也同时消费这类产品，或者是，虽然有些产品在技术上可以排斥其他人免费消费，但这样做是不经济的，或者是与社会共同利益相违背的。土地作为基本生产要素是排他性和非排他性的辩证统一。一方面，因为具有私人物品属性的排他性，获取建设用地必须付出地价，这有利于提高土地利用效率；另一方面，因为具有公共产品属性的非排他性，建设用地的市场配置和具体使用必须服从统筹安排，要受到国家宏观调控。

[①] 杨继瑞：《中国农村集体土地制度的创新》，《学术月刊》2010年第2期。

过去，我国对于农村建设用地管理，过分偏重于土地的公共性而注重非排他性，漠视其私人产权属性而忽视排他性，片面地以为凡是符合国家利益、公共利益和社会利益，土地所有者和使用者必须牺牲局部利益，结果无法激活土地的商品属性，也无法有效提高土地的利用效率。十八届三中全会决议要求："赋予农民更多财产权利……保障农户宅基地用益物权，改革完善农村宅基地制度，选择若干试点，慎重稳妥推进农民住房财产权抵押、担保、转让，探索农民增加财产性收入渠道。""建立城乡统一的建设用地市场。在符合规划和用途管制前提下，允许农村集体经营性建设用地出让、租赁、入股，实行与国有土地同等入市、同权同价。"这些要求，兼顾农村建设用地的公共性和私人属性，兼顾农村建设用地的排他性和非排他性。最终有利于"建立兼顾国家、集体、个人的土地增值收益分配机制，合理提高个人收益"。

（三）农村建设用地产权地位有待提高

1. 同地不同权

国家作为国有土地所有者，可以最大限度地实现土地的市场价值，而集体建设用地则处于国有土地出让制度从属地位；国有土地使用权的主体不受任何限制，而集体建设用地使用权的主体则有严格的身份限制；国有土地使用权是按不动产用益物权的模式设计运作，但集体建设用地使用权，原则上不能出让、转让、出租和抵押。

2. 同地不同价

产权清晰是市场交易的基础。由于受到严格的限制，集体建设用地产权不具备完整性、排他性和明晰性等基本的产权特征，很难真正成为市场交易的对象。农民集体建设用地进入市场的唯一合法途径是土地的征用或征收。但土地征用补偿太低，农民从建设用地出让中分得的收益仅占5%—10%，这剥夺了农民潜在的经济效益。[①]

[①] 王贝：《中国集体建设用地产权制度的现状及演进》，《中国农学通报》2011年第27期。

第二节 我国农村建设用地产权制度的缺陷

农村建设用地流转的前提条件是产权确定性和完整性。当前，我国农村建设用地产权的最大问题就在于产权的不确定性和模糊性。普罗斯特曼根据中国七个省市中240家农户的119次访谈，发现农民土地的不确定性非常严重，包括土地使用权期限不足、存在着因人口变化调整土地而失去土地的风险和存在着因非农征地而失去土地的风险。[①] 罗必良进一步分析认为，无论所有权层面和其他产权层面都存在五类"公共域"[②]，而所谓建设用地产权模糊，包括由政府通过法律歧视造成的"公共域Ⅲ"和通过限制农民集体行为能力的"公共域Ⅴ"。具体来看，我国农村建设用地产权制度缺陷集中体现于所有权制度和使用权制度两个方面。

一 我国农村建设用地所有权制度的缺陷

（一）农村建设用地所有权制度变迁历程

1. 新中国成立后农民土地所有制的形成

1950年《土地改革法》第一条规定："废除地主阶级封建剥削的土地所有制，实行农民的土地所有制，借以解放农村生产力，发展农业生产，为新中国的工业化开辟道路。"到1952年，全国农业人口的60%—70%的3亿多无地少地农民获得约7亿亩土地，免除了过去每年向地主缴纳的700亿斤粮食的超重地租。[③] 这样，中国共产党及其领导的新中国实现了"耕者有其田"和"农民土地所有制"的预期目标。1954年《宪法》第八条规定："国家依照法律保护农民的土地所有权和其他生产资料所有权。国家指导和帮助个体农民增加生产，并且鼓励他们根据自愿的原则组织生产合作、供销合作和信用合作。"

[①] 参见缪建平《中外学者论农村》，华夏出版社1994年版，第236—239页。
[②] 罗必良：《新制度经济学》，山西经济出版社2005年版，第653—655页。
[③] 董辅礽：《中华人民共和国经济史》，经济科学出版社1999年版，第82页。

由此在根本大法的基础上确立了农民土地所有制的产权制度。①

事实上，中国共产党领导的土改运动本身是一种以国家权力来确定土地产权分配的运动，是制度经济学意义上的"强制性财产制度变迁"。尽管从表面看，土改后形成的农民土地所有制，是一种私有产权，但它是建立在依靠政府来否定地主和富农私有基础之上的。也就是说，这种私有制已经融入了国家权力。进一步说，土改运动潜在逻辑是土地和财富越多，越可能丧失土地所有权，国家政权施政目标是否认土地私有财产。这为后来推进的集体化奠定了制度基础。② 同时，随着社会生产的持续和经济的发展，这种土地制度逐渐暴露出一些问题：第一，农村中由于土地买卖逐渐出现了阶级分化问题；第二，国家和农民的关系由于粮食的供需矛盾而趋于紧张；第三，粮食价格波动和国家宏观调控的冲突。③

2. 集体土地所有制的形成

恩格斯在《德法农民问题》中指出："实现生产资料的公共占有，是无产阶级及其政党应当采取的唯一主要目标。这不仅在工业方面是如此，而且在一切方面也是如此，从而在农业方面也是如此。""我们对于小农的任务，首先是把他们的私人生产和私人占有变为合作社的生产和占有，但不是用强制的办法，而是通过示范和为此提供社会帮助。"也就是说，无产阶级专政国家在发展农业生产时，面临两大任务：一是变农民的个体所有制为集体公有制；二是变个体农民的小生产为联合起来的农民大生产。对于小块土地所有制，他认为："如果我们所给的诺言使农民哪怕有一点借口设想我们是要长期保全小块土地所有制，那就不仅对于党而且对于小农本身也是最坏不过的帮倒忙。这简直就是把农民解放的道路封闭起来并把党降低到招摇过市的反犹太主义的水平。"事实上，"我们永远也不能许诺小农给他保持个

---

① 王贝：《中国集体建设用地产权制度的现状及演进》，《中国农学通报》2011 年第 27 期。

② 刘承韪：《产权与政治：中国农村土地制度变迁研究》，法律出版社 2012 年版，第 33—34 页。

③ 程世勇：《城市化进程中的农村建设用地：城乡要素组合与财富分配结构的优化》，经济科学出版社 2012 年版，第 68 页。

体经济和个人财产去反对资本主义生产的优势力量。我们只能许诺他们说，我们不会违反他们的意志而强力干预他们的财产关系"。这样，在把各小块土地结合起来进行大规模经营的条件下，传统农业生产水平将会极大提高、农民社会地位将会迅猛提升，"一部分过去使用的劳动力就会变为多余的；劳动的这种节省也就是大规模经营的主要优点之一……在这两种情况下，他们的经济地位都会有所改善，并且这同时会保证总的社会领导机构有必要的威信逐渐把农民合作社转变为更高级的形式，使整个合作社及其各别社员的权利和义务跟整个社会其他部分的权利和义务处于平等的地位"。

土地改革完成后，在国家工业化战略指引下，农村土地产权制度开始发生根本性的转变。同时，各地实践摸索过程中，在分配机制和产权合约完整的情况下，生产经验丰富的户户联合，能够取长补短，形成规模经营效应。这样，我国土地所有制迅速由农民所有制转变为集体所有制。1961 年通过的《农村人民公社工作条例修正草案》（以下简称《修正草案》）第二条规定："村人民公社一般地分为公社、生产大队和生产队三级。以生产大队的集体所有制为基础的三级集体所有制，是现阶段人民公社的根本制度。"["大队范围内的土地，都归生产大队所有，固定给生产队使用。"（第十七条）] 以此为起点，"三级所有，队为基础"的集体土地所有制形式逐步形成，并在全国范围内建立，农民对建设用地仅享有"不准出租和买卖"的使用权。[最高人民法院《关于贯彻执行民事政策几个问题的意见（修正稿）》（1963 年）规定："对于土地纠纷，总的应当根据土地所有权归国家与集体（土地包括社员的自留山、自留地、宅基地，等等），一律不准出租和买卖的原则，结合具体情况，予以合理解决。"]

就住宅及宅基地而言，《修正草案》第四十三条对住宅做了特殊规定："社员的房屋，永远归社员所有。社员有买卖或者租赁房屋的权利。社员出租或者出卖房屋，可以经过中间人评议公平合理的租金或者房价，由买卖或者租赁的双方订立契约。……鼓励社员修建住宅，国家、公社、生产大队和生产队应该在人力、物力等方面，给予可能的帮助。"1963 年最高人民法院《关于贯彻执行民事政策几个问题的意见（修正稿）》规定："关于宅基地使用权纠纷，社员的宅基地，包括有建筑物和没有建筑物的空白宅基地都归生产队集体所有，一律不准出租和买卖……房屋出卖以后，宅基地的使用权即随转移给新房主，但宅基地的所有权仍归生产队所有。社员不能借口修建房屋，随便扩大墙院，扩大宅基地，来侵占集体耕地，已经扩大侵占的必须退出。"这样，农村建设用地使用权的无偿取得制度在全国逐步确立。经过手工业社会主义改造后，原来工商企业主私有的建设用地转变为集体所有，这一所有制安排在人民公社期间得到进一步强化。作为农村集体经济中发展最快的部门，集体工副业只需吸收生产队若干劳力、支付少量地上物补偿费，并在盈利后返回若干利润供社队生产或公益建设使用，即可取得生产队的土地。1975年《宪法》第七条规定："现阶段农村人民公社的集体所有制经济，一般实行三级所有、队为基础，即以生产队为基本核算单位的公社、生产大队和生产队三级所有。"以《宪法》确认为起点，这种土地产权制度安排一直延续到20世纪80年代后期。

（二）农村建设用地所有权制度存在的缺陷

1. 所有权的权利性质模糊

如前所述，所有制和所有权有密切联系，但两者不是一一对应关系，不能由此认为，有什么样的所有制，就会有相应的所有权安排，有什么样的所有权安排就必然对应着相应的所有制。

1950年《土地改革法》确立了农民所有的土地制度，并得到1954年《宪法》的承认，而工商企业主拥有的经营性建设用地产权也得到承认。这样，农民及工商企业享有较为完整的建设用地产权。后来，随着社会主义改造，多元主体的土地私有制改造成单一的公有制。以1962年《农村人民公社工作条例修正草案》为起点，"三级所有，队为基础"的集体土地所有权形式逐步在全国范围内确立，并严禁土地所有权转让，以保证社会主义公有制性质不变。这种政社合一的体制安排，使得农村集体组织具有双重功能，即基层行政管理功能和农村集体土地所有者功能，在当时，土地对于以农业作为重要经济部门的中国而言，无疑是最重要、最根本的生产资料，其所有权必然应由国家和集体占有并支配。以至于我们一提到农村建设用地所有权性质问题，就只在于阐述它与土地私有的区别，以至于农村建设用地所有权的代表主体、内部结构和实现模式，我们往往忽略不计。这造成我们对农村建设用地所有权性质的认识长期处于直观和粗糙的模糊状态。

在市场经济的冲击下，农村建设用地自发流转，并形成庞大的隐性市场以后，农村建设用地所有权性质这个问题才引发关注。在理论界，研究者对农村建设用地所有权性质提出了许多看法，归纳起来，主要有两种代表性观点：第一，农村土地所有权是共有产权，农村集体成员共同对集体土地享有占有、使用和收益的权利，依照相关法规，平等自愿地行使自身对农村集体土地的所有权。[①] 第二，农村集体土地所有权属于集体产权，是所谓"个人化与法人化的契合"的综合体，农村集体成员对集体土地财产享有相应的股权或社员权。[②] 事实上，农村建设用地所有权同时兼有这两种属性。从集体内部成员来看，每一个成员对土地的拥有都不排斥其他成员拥有同样的权利，或者说，土地产权完全处于局部的"公共域"，集体成员占有土地产权的收益归自己，而由此带来的成本则由其他成员承担，形成所谓的"公地悲剧"。因此，我们说它具有共有产权的性质。从集体和外部市场交往来看，一方面，农村集体成员排斥本集体以外其他成员的染指，集体具有强烈的封闭性特征；另一方面，由集体通过一定的决策机构和决策机制，以民主程序在尊重各权利主体的基础上，做出各种决策安排。因此，我们说它具有集体产权的性质。

2. 所有权主体不明

按照《土地管理法》第八条规定，农村和城市郊区的农村建设用地，除了相关法律规定其属于国家所有的以外，"属于农民集体所有"。但是其属于哪一层级的集体所有呢？农村集体成员的边界在哪儿呢？第十条这样规定："农民集体所有的土地依法属于村农民集体所有的，由村集体经济组织或者村民委员会经营、管理；已经分别属于村内两个以上农村集体经济组织的农民集体所有的，由村内各该农村集体经济组织或者村民小组经营、管理；已经属于乡（镇）农民集

[①] 王卫国：《中国土地权利研究》，中国政法大学出版社1997年版，第114页。
[②] 孔祥俊：《民商法新问题与判解研究》，人民法院出版社1998年版，第378页。

体所有的,由乡(镇)农村集体经济组织经营、管理。"① 在上述法条中有三点不明确:其一,谁是农村集体土地所有权的真正代表?其二,代表农村集体行使土地所有权的主体如何确保农民的根本利益?其三,乡(镇)、村和村民小组这三类权利主体之间是什么关系?

关于第一点,上述规定出现了村农民集体、村民委员会、村集体经济组织、村民小组、村内农村集体经济组织、乡(镇)农村集体经济组织、乡(镇)农民集体等多个概念,好像是农村集体经济组织、农民集体、村民委员会、村民小组甚至乡(镇)政府都拥有土地所有权。不过,在本书看来,"经营"和"管理"分别对应不同的理解,"经营"在《辞海》中为"筹划营造(多用于工商企业的经办营销)","管理"则是"治理、管束"。那么,上述法条,比如,"农民集体所有的土地依法属于村农民集体所有的,由村集体经济组织或者村民委员会经营、管理",可以理解为农民集体所有的土地依法属于村农民集体所有的,由村集体经济组织经营,或由村民委员管理。也就是说,经营和管理的对应主体是明确的,如果没有经济组织进行经营,就由村民委员会实施行政管理权。实际上,《村民委员会组织法》(2010)第八条第二款就规定:"村民委员会依照法律规定,管理本村属于村农民集体所有的土地和其他财产,引导村民合理利用自然资源,保护和改善生态环境。"我们可以理解为村民委员会对集体土地只有管理权没有经营权是明确的,对于村委会和集体经济组织的关系,故而第八条第三款规定:"村民委员会应当支持和组织村民依法发展各种形式的合作经济和其他经济,承担本村生产的服务和协调工作,促进农村生产建设和经济发展;村民委员会应当尊重并支持集体经济组织依法独立进行经济活动的自主权,维护以家庭承包经营为基础、统分结合的双层经营体制,保障集体经济组织和村民、承包经营户、联户或者合伙的合法财产权和其他合法权益。"但是,在实际操作中,政社合一的体制消失后,乡(镇)集体经济组织已名存实亡,

---

① 需要说明的是,上述法条的规定和《民法通则》中关于农村土地被界定为乡(镇)、村两级所有的界定有出入。在本书写作中,如没有特殊说明,均按照我国《土地管理法》规定分析。

乡镇集体土地实际由乡（镇）政府支配。村一级组织是我国宪法规定的基层政权组织（乡）的派出机关，组又是村的延伸，村组都是准行政组织而非纯粹的经济组织或集体财产的所有权的行使者，但它们也行使村集体土地和村内集体土地的所有权控制。

关于第二点，答案已经很明确，由于行使集体土地所有权的大都是乡（镇）政府或其下派机构，其权力的行使惯性是通过行政管辖权取得的，这种所有权和管理权相混合的所有权主体构筑方式容易导致公权干涉私权。一方面，由于农民集体往往是一个集合概念，如果不能有全民全程参与式的管理和表决，农村建设用地所有权的行使往往就只剩下抽象的意蕴，其难以成为市场交易的主体。[①] 土地所有权真正的主体——农民因缺乏具体的组织形式和运作程序而无法直接从事经营管理，导致了主体虚置，这造成了广大农民对土地的疏离感，正如有些学者所言，他们不认为自己是土地的主人，而仅仅是类似佃户的土地租用者，只要其已经得到的土地实际利益（宅基地、承包地）有保障和相对公平即可。另一方面，所有权的行使主体发生了错位，土地管理者和经营者享有广泛的自由裁量权，并会因代理人身份向特权阶层身份的演化而成为专制的权力，容易使农村集体土地所有制异化为公有制包装下的权力所有制。

关于第三点，由于"三级所有，队为基础"的体制安排和"一大二公"的思想惯性，乡（镇）农民集体、村农民集体和村内小组等集体之间的关系一直不明了。为了尊重历史，在立法上保留了"三级所有"的形式，但在现实中，由于划界不清，同一块土地可能面临两个以上的集体产权主体的权益主张，村内集体经济组织或村民小组，可能会和村民委员会有权益之争。比如，根据《土地管理法》规定，村民小组对自己所辖土地拥有所有权，对集体成员的宅基地使用及补偿费用，拥有决定权和分配权。而按照《村民委员会组织法》的立法精神，村民委员会可以依法管理本村范围内属于村农民集体所有的集体建设用地等其他财产，而按照《土地管理法》规定，村民申请使用宅基地的，村民委员会必须提请村民会议讨论决定方可办理。也就是

[①] 温世扬：《集体所有土地诸物权形态剖析》，《法制与社会发展》1999年第2期。

说，村民小组所在地的村民委员会对其管辖的所有土地有法定的管理权、分配权和决策权，这在实践中就造成诸多矛盾。面对这种情况有人认为，乡（镇）农民集体、村农民集体和村内的农民集体所涵盖的范围逐步缩小，因此，这三种农民集体之间存在着依次包含的关系，小范围的农村集体应服从大范围的农村集体，即村内农民集体服从村农民集体和乡镇农民集体，而村内农民集体服从乡镇农民集体。甚至有学者干脆就认为这三者之间存在上下级关系。① 这实际上是"一大二公"思想惯性，当然不可取。但是，在现实实践中，这种农村集体之间的服从关系确实是存在的。

因此，我国现行法律制度未能明确农村集体占有农村土地资源的边界，这就导致各经济当事人未能享有农村建设用地资源的排他性，当然也就不能造就对农村建设用地资源真正独立自主的所有权主体。这种农村建设用地产权主体的多层次化必然导致这三级土地相关主体为争夺土地所有权而发生矛盾，更造成公权力对农民农村建设用地产权的随意侵入，而农民集体和用地者由于不能形成有效的和较稳定的预期，当然就大大降低了农村建设用地资源的有效配置。

3. 农村建设用地所有权权能残缺

如前所述，农村建设用地产权性质是模糊的，这为国家公权力介入农村建设用地提供了契机。国家在名义上承认农村土地归农民集体所有，而事实上的集体所有不同于私有产权，也不是国家所有产权，而是由国家控制土地但由农村集体承担受控结果的一种农村社会制度安排。② 农村建设用地的终极支配权往往在国家的掌控之下，由各级政府代理。正如蔡继明所说的那样，就集体土地所有权来说，其本身在经济上没有完全实现，从外部看，政府对非公益性用地的强制征收，是对农村集体土地所有权的否定。而从内部看，现在的农民无偿使用农村集体

---

① 谷宗谦：《论我国集体建设用地流转制度及其完善》，硕士学位论文，安徽大学，2007年，第14页。

② 周其仁：《中国农村改革：国家和所有权关系的变化（上）——一个经济制度变迁史的回顾》，《管理世界》1995年第3期。

土地（包括农地），是对集体土地所有权的另一个否定。①

就第一个层面的否定来看，农村集体对农村建设用地的使用、处分和收益权是十分有限的。除了村民建房、兴办乡镇企业和修筑公益设施三种例外情形，农村建设用地不能直接用于非农建设，其法定途径就只能经过所有权的单向流转后，由国家垄断出让。比如，《土地管理法》第四十三条第一款就指出，其他非农村集体单位和村民要进行非农建设，必须依法申请使用国有土地。第二款则规定，国有土地包括国家现有的土地和国家对农村土地征用（收）的土地，也就是说，国有土地的范围是可以无限拓展的，而其拓展的空间主要就是农村土地。这样，通过征地这种强制手段，农村集体土地所有权单行流向城市，而"按照被征用土地的原用途给予补偿"太低，完全不符合土地价格决定的常理，即资产的价值取决于其未来收益的折现，而非历史成本或曾经的用途。实际上，《土地管理法》的补偿规定的主旨是限制性的，如耕地补偿大致按"年产值"的倍数，严格规定了最高限额。国家限制了农村土地集体所有权的流动，限制农村土地用途，就可以极低的价格从集体征用土地，然后国家再改变土地的用途，并以公用或者商用的形式将低价从农民那儿拿来的土地的使用权高价出让，从中赚取巨额差价。

即使在各地农村建设用地流转探索中，集体作为土地所有权人的权能空间也逐渐被蚕食。如成都市温江区政府确立了"双放弃、双退出"的土地流转改革试点，其思路是鼓励、引导农民自愿放弃宅基地使用权，同时由温江政府部门给予相应的经济补偿和各种就业社保优惠政策，对于腾出的建设用地指标，主要由区上统筹安排使用，对腾出的耕地也区分情况和分类别管理、使用。② 这样，集体土地所有权人被排除在了农村土地利用及退出机制中，集体土地所有权人的经济管理权能进一步残缺。

---

① 蔡继明：《城乡土地制度分步改革探索》，载张曙光《博弈：地权的细分、实施和保护》，社会科学文献出版社 2011 年版，第 222 页。
② 国家土地督察成都局课题组：《重庆市和成都市全国统筹城乡综合配套改革试验区土地制度创新调研报告：探索科学发展之路——西南地区土地管理热点问题调研》，中国大地出版社 2008 年版，第 65 页。

就第二个层面的否定来看，从集体内部而言，农户使用宅基地的权利来源于相关法律规定。《土地管理法》第四十三条就规定："任何单位和个人进行建设，需要使用土地的，必须依法申请使用国有土地；但是，兴办乡镇企业和村民建设住宅经依法批准使用本集体经济组织农民集体所有的土地的，或者乡（镇）村公共设施和公益事业建设经依法批准使用农民集体所有的土地的除外。"《物权法》明确规定了宅基地占有的长期性，严格限制集体调整和收回，使得宅基地权利从静态上完全归属于农民个体并严格排除了集体土地所有权人的调整、收回行为。从实践来看，集体作为土地所有权人尽管享有分配宅基地的权利，但分配给农户使用后，农村集体在农民占有和利用宅基地的过程中基本上只是日常管理权，不能干预农户对宅基地的法定权利。因此，尽管从法理来看农村集体对宅基地享有所有权、分配权、管理权和收回权，但现实中农村集体的管理权能、调整收回权能等行使空间变得狭小。

因此，有学者认为，农民对土地的使用权实质上带有所有权的性质，甚至可以认为农民是以一种"类所有者"的身份来行使他们对集体土地的使用权。比如，"拥有宅基地使用权的农民，使用权没有期限，由农民长期使用，长期不变。"因此，农民普遍认为，宅基地是一种私产，可以祖辈继承。这种认同不仅在农民个人的潜意识里存在，也得到社会的广泛认可而具有事实上的合法性。比如，根据《土地管理法》，征地拆迁补偿费用包括土地补偿费、地上附着物及青苗补偿费和安置补助费三项。从理论上讲，如果农民作为个体仅仅拥有对土地的使用权而非所有权的话，那么他作为使用者的权益已经在土地补偿费、地上附着物及青苗补偿费两项赔偿中得到体现。作为征地方的地方政府也没有义务对不拥有所有权的农民个人实行劳动力安置，因为在保证农民使用土地过程中的投入和收益未受损失的条件下，农民似乎再无别的对等产权可让渡出来和地方政府相交换了。但事实上，这三项对农户的补偿里安置补助费才是农民关注的焦点所在。[①]

[①] 申静、王汉生：《集体产权在中国乡村生活中的实践逻辑——社会学视角下的产权建构过程》，《社会学研究》2005 年第 1 期。

二 农村建设用地使用权制度的缺陷

从《土地管理法》第四十三条来看，农村建设用地用途包括兴办乡镇企业、村民建设住宅、乡（镇）村公共设施和公益事业建设。就乡镇企业使用建设用地来看，其申请用地、用地实施、事后流转以及融资等过程比较顺畅。乡（镇）村公共设施和公益事业建设所涉及的主体和利益关联也很简单。相较而言，村民建设住宅所用宅基地使用权十分复杂，其存在的缺陷也十分突出。

（一）兴办乡镇企业所用建设用地使用权的现状及存在的约束

一般来说，在乡镇企业申请用地、用地实施、事后流转以及融资等方面比较顺畅。

从取得资格来看，根据《土地管理法》第四十三条和第六十条的立法精神，依法享有乡镇企业农村土地使用权的主体主要包括两部分：一是农村集体或者村民兴办的乡镇企业。在符合乡（镇）土地利用总体规划的条件下，农村集体可以将其辖区内的农村建设用地，用于农村经济组织或者村民代表兴办的乡镇企业进行生产经营，而本部分农村建设用地使用权由该企业享有。二是在符合乡（镇）土地利用总体规划的条件下，农村集体可以以农村建设用地使用权入股、出资和联营的方式与其他企业和单位进行合作经营。这里要分两种情况，如果是企业法人的，农村建设用地使用权归企业拥有；如果是非法人的，农村建设用地使用权仍归农村集体享有。

从取得过程来看，按照《土地管理法》第四十三条的规定，符合规定的用地者可以使用国有土地以外的农村建设用地，而取得方式是明显区别于国有土地的出让过程的。比如，用地者要取得国有土地用权需经过法定出让过程，包括招、拍、挂和协议等有偿转让取得，也包括行政划拨的无偿取得方式。但是，用地者兴办乡镇企业的建设用地往往是以很低的对价取得的，甚至是无偿取得的，而在乡镇企业发展的初期，这一土地制度安排是大大有利于企业发展的。就具体的操作规程来看，本法第六十条规定，"农村集体经济组织使用乡（镇）土地利用总体规划确定的建设用地兴办企业或者与其他单位、个人以土地使用权入股、联营等形式共同举办企业的"，应该在完善相关手续后，向"县级以上地方人民政府土地行政主管部门提出申请"，在法定权限内,"由县级以上地方人民政府批准"。

从资产融资来看,依《担保法》和《农村集体土地使用权抵押登记的若干规定》,乡镇企业土地使用权可依法抵押。但有两点限制:一是该土地使用权不能单独抵押,只能随地上建筑物一起抵押;二是在土地抵押权实现后,该幅用地的农村集体所有权性质不变,且未经土地用途变更审批,原有土地用途不得改变。

从资产流转来看,《土地管理法》第六十三条规定:"农民集体所有的土地使用权不得出让、转让或者出租用于非农业建设;但是,符合土地利用总体规划并依法取得建设用地的企业,因破产、兼并等情形致使土地使用权依法发生转移的除外。"在符合土地利用总体规划的条件下,因破产、兼并情况的发生,企业依法取得农村建设用地使用权可以依法转移。也就是说,乡镇企业等合法拥有的农村建设用地,在发生破产和兼并后,是可以依法进入市场的。当然,这种流转也有严格限制,流转客体必须是依法对价取得、符合土地利用总体规划的建设用地,流转前提是因破产、兼并等情形致使土地使用权发生转移。并且,在实际操作中往往是征收(用)为国有土地再实现流转。

从这里可以看出,虽然兴办乡镇企业的建设用地申请使用者主体是限定在农村集体范畴,但破产倒闭后可以流转给非集体组织或者非集体成员创办企业,也就是说,兴办企业用地者获取农村建设用地所受到的主体限制就不很严格,故而企业建设所用土地产权是比较完整的。但是,其流转的用途不能用于商品房开发,如《广东省集体建设用地使用权流转管理办法》第五条明确规定:"通过出让、转让和出租方式取得的集体建设用地不得用于商品房地产开发建设和住宅建设。"《成都市集体建设用地使用权流转管理(试行)》第二十条也明确规定:"集体建设用地可以用于工业、商业、旅游业、服务业、建设农民住房、农村集体经济组织租赁性经营房屋。"

(二)宅基地使用权制度存在的缺陷

1. 产权性质不明,削弱产权稳定性

《土地管理法》第四十三条规定了村民建设住宅可以依法使用农村集体所有的土地。第六十二条规定:"农村村民建住宅,应当符合乡（镇）土地利用总体规划，并尽量使用原有的宅基地和村内空闲地。农村村民住宅用地，经乡（镇）人民政府审核，由县级人民政府批准；其中，涉及占用农用地的，依照本法第四十四条的规定办理审批手续。"因此，村民获得宅基地使用权并不困难，只要符合土地利用总体规划，经过乡（镇）人民政府审核，由县级人民政府批准即可。

关于宅基地使用权的性质，学界展开了"物权说"与"债权说"的论争。"物权说"者主张，村民直接支配宅基地并能从中获得利益的排他性权利，这一权利内容的实现不必借助他人的行为。"债权说"者则认为，集体作为债权者拥有对债务者（村民）要求履行给付行为的权利，这一内容的实现必须要有债务者（村民）行为的介入。[①] 事实上，我们仔细研究《物权法》可以发现：该法规定了物权体系中主要由所有权、土地承包经营权、建设用地使用权、宅基地使用权、地役权、抵押权、质权、留置权等基本物权组成，涉及农村集体土地方面的物权主要包括农民集体土地所有权、土地承包经营权、宅基地使用权三种基本物权。其第十二章标题为"建设用地使用权"，那么，是不是对农村建设用地的制度安排呢？本章的第一条规定："建设用地使用权人依法对国家所有的土地享有占有、使用和收益的权利，有权利用该土地建造建筑物、构筑物及其附属设施。"（第一百三十五条），这里明确了本章规定是针对"国家所有的土地"，因此，本书认为，本章所规定的条款都不能解读为针对农村建设用地的。事实上，本章末尾就已经说得很清楚了："集体所有的土地作为建设用地的，应当依照土地管理法等法律规定办理。"（第一百五十一条）在第十三章"宅基地使用权"中，总共用了四个条款专门针对宅基地使用权的占有和处分做出规定。第一百五十二条规定："宅基地使用权人依法对集体所有的土地享有占有和使用的权利，有权依法利用该土地建造住宅及其附属设施。"其取得、行使和转让，"都需要符合相关法律法规，适用土地管理法等法律和国家有关规定。"（第一百五十三

---

① 陈甦：《土地承包经营权物权化与农地使用权制度的确立》，《中国法学》1995年第3期。

条)"已经登记的宅基地使用权转让或者消灭的,应当及时办理变更登记或者注销登记。"(第一百五十五条)

因此,从《物权法》法条分析可以看出,宅基地使用权不具有完整意义上的物权性质。它是一种用益物权,不能称为典型的物权。[1] 它是以债权的形式出现,但带有限定物权性的特征,并有逐步向完整意义上的物权转变的趋势。

就稳产权定性来看,根据《土地管理法》的有关规定,在主体限定的情况下,宅基地的占有和使用未受多大的限制,甚至农户对宅基地的占有和使用随着时间的推移渐趋强化。但是,《土地管理法》第六十二条第一款规定:"农村村民一户只能拥有一处宅基地,其宅基地的面积不得超过省、自治区、直辖市规定的标准。"但对于房屋本身占用的宅基地面积超过当地政府规定标准的(包括因为买卖造成),根据原国家土地管理局《确定土地所有权和使用权的若干规定》,可在土地登记卡和土地证书内注明超过标准面积的数量。以后遇到需要实施规划重新建设时,按当地政府规定的面积标准重新确定使用权,其超过部分退还集体。这样,宅基地使用权标准内面积和超标准面积权利稳定性不一致,超标准面积的宅基地使用权实质就是因为拥有房屋而暂时占有,其权利可以征收规定和集体经济组织执行而收归集体。[2]

2. 产权权能残缺,阻碍土地价值提升

根据国家立法原意,国家对农村集体农业用地转为集体建设用地进行严格控制,主要手段有土地利用总体规划和建设用地审批,以实现对农用地转变用途进行严格控制。有资格取得集体土地建设用地使用权的个人和组织,必须是农村集体经济组织及其成员。[3]

按照《土地管理法》、《物权法》等规定,宅基地使用权有以下权能:一是占有使用权,是指村民为了建造房屋、添置附属设施而长

---

[1] 秦大忠:《"集体所有和农户承包经营"制度下农地的权利构造分析》,《山东大学学报》2009 年第 1 期。
[2] 吴远来:《农村宅基地产权制度研究》,湖南人民出版社 2010 年版,第 102—103 页。
[3] 同上书,第 85 页。

期占有和控制依法取得的宅基地,并排除他人非法占有的权利,这是实现其他权能的基础;二是流转处分权,是指村民依法处置宅基地的权利;三是收益权,是指村民可以因自己使用宅基地而获益,也可以因宅基地上房屋出卖、出租而获益,甚至可以利用院落内的空地从事农业生产而获得自然孳息。

《土地管理法》对农村建设用地使用权交易,原则上不准流转,但允许例外流转,比如利用农村建设用地兴办乡镇企业的主体,在破产和兼并时可以发生土地使用权的依法转移。但相较而言,宅基地使用权残缺十分突出:其一,目前,国家限制宅基地使用权的单独流转,农民只能按"地随房走"的原则依法转让宅基地,但宅基地使用权和上盖房屋不能对城镇居民出售,宅基地也不能抵押,不得在宅基地上进行商品房开发,如"小产权房"等。其二,按照《土地管理法》第四十三条、第六十条规定,农村建设用地能够用于兴办企业的主体,仅限于本土乡镇企业或者以土地使用权入股等形式共同创办企业。问题是,非本土企业是否可以在农村宅基地上独立兴办企业呢?答案显然是否定的。

总之,宅基地使用权主体为村民这一特定民事主体,这与现行法律禁止或限制农村建设用地使用权流转的立法精神是一脉相承的。总体来看,宅基地使用权具有相对处于静态的产权特征,村民作为土地使用者与土地所有者集体具有身份上的依赖性和归属性特征。村民在保有宅基地并直接使用的情况下,处分权和收益权是合一的。如果村民欲将房产(包括宅基地)的全部或部分权利让渡给非本集体成员,则会违背国家相关法律法规的限制。在北京宋庄画家村纠纷中,法院最后也是判画家归还农民房产。

再比如,对于宅基地的担保抵押问题。《担保法》第三十七条明确规定:"下列财产不得抵押:(一)土地所有权;(二)耕地、宅基地、自留地、自留山等集体所有的土地使用权,但本法第三十四条第(五)项、第三十六条第三款规定的除外……"这两个例外都与宅基地使用权无关,分别是:"(五)抵押人依法承包并经发包方同意抵押的荒山、荒沟、荒丘、荒滩等荒地的土地使用权。"(第三十四条第五款)"乡(镇)、村企业的土地使用权不得单独抵押。以乡(镇)、村企业的厂房等建筑物抵押的,其占用范围内的土地使用权同时抵押。"(第三十六条第三款)被人们寄予厚望的《物权法》也没有超出《担保法》的立法内容。第一百八十四条规定:"下列财产不得抵押:(一)土地所有权;(二)耕地、宅基地、自留地、自留山等集体所有的土地使用权,但法律规定可以抵押的除外……"可见,和国有土地产权相对完整性不一样,宅基地使用权权能是不完整的,其抵押功能被堵住而丧失了获得金融支持的可能。[1]

可见,与国有建设用地相比,农村建设用地产权受到很多限制,处于模糊状态和不平等地位。在我国土地资源日益稀缺的情况下,大量闲置的农村建设用地亟须入市。在李大卫看来,中国选择的模糊产权制度,是对高昂的交易成本和萌芽状态的土地市场的不确定性的一种回应。[2] 但产权模糊会阻碍市场交易以至于造成大量隐性市场交易。这正成为阻碍建设城乡建设用地市场的关键因素。

第三节 我国农村建设用地产权制度创新的理论及实践探索

一 我国农村建设用地产权制度创新的理论探讨

我国市场经济体制框架应当构建什么样的农村土地产权制度,学界主张不一。概括起来主要有:(1)主张维护现行集体土地所有权并进行改革完善(陈家泽)。[3] (2)主张根本改变集体土地所有权制度,其观点又可以分为:一是主张实行国有化,即废除农村土地的集体所

---

[1] 《物权法》第一百二十八条规定:"土地承包经营权人依照农村土地承包法的规定,有权将土地承包经营权采取转包、互换、转让等方式流转。流转的期限不得超过承包期的剩余期限。未经依法批准,不得将承包地用于非农建设。"上述规定表明,《物权法》所调整的农村土地流转的对象仅限于土地承包经营权的流转,且其流转不得改变承包土地的农业用途。

[2] 田莉:《有偿使用制度下的土地增值与城市发展》,中国建筑工业出版社2008年版,第72—101页。

[3] 陈家泽:《产权对价与资本形成:中国农村土地产权改革的理论逻辑与制度创新》,《清华大学学报》(哲学社会科学版)2011年第4期。

有制，一切土地归国家所有（蔡昉）[①]；二是主张私有化，即打破农村土地集体所有制，将农村土地的所有权给予农民（秦晖）。[②]（3）主张实行多层次的土地所有制，即我国农村应建立部分土地国家所有、部分土地集体所有以及部分土地个体所有的国家、集体和个人"多层次土地所有制"（林毅夫）。[③] 建立土地社会（国家）占有基础上的农民（农户）个人所有制的"农地复合所有制"（钱忠好）。[④] 或在明确集体土地的所有者主体基础上，发放农民个人持有的集体所有权面积份额的土地所有权证书的"规范的农村集体土地所有制"（朱秋霞）。[⑤] 本书拟就农村集体土地国有化和私有化观点进行简要分析。

（一）农村集体土地国有化方案分析

在蔡昉看来，我国目前农业集约化水平较低和土地报酬递减现象严重：土地划分细碎狭小、土地集中过慢、农村产业结构调整进展缓慢等。解决这一问题的出路在于对农村土地所有制进行改革。从战略上看，农村土地所有制改革的方向是加强土地的国家所有权，从而建立两套土地集中机制和投资机制。但是，本书认为土地国有化方案的缺陷也十分明显。

第一，土地国有使土地权属的变动更加剧烈，使农民对国家的土地政策和法律制度的稳定性产生怀疑。尽管主张农村土地国有的学者从理论上推断，土地国有不会形成对农民的剥夺，但改革开放30多年来的经验已经证明，农村土地，特别是集体建设用地国有肯定会形成对农民的剥夺。[⑥] 据估算，自1979—2004年国家和城市工商业从农村集体土地低价征用中获取了9万多亿元的资产。[⑦]

[①] 蔡昉：《土地所有制：农村经济第二步改革的中心》，《中国农村经济》1987年第1期。

[②] 秦晖：《关于地权的真问题：评无地则反说》，《经济观察报》2006年8月21日。

[③] 林毅夫：《制度、技术与中国农业发展》，上海人民出版社1992年版，第75页。

[④] 钱忠好：《中国农村土地制度变迁和创新研究》，中国农业出版社1999年版，第11—27页。

[⑤] 朱秋霞：《中国土地财政制度改革研究》，立信会计出版社2007年版，第220—230页。

[⑥] 杨继瑞：《中国农村集体土地制度的创新》，《学术月刊》2010年第2期。

[⑦] 廖洪乐：《我国农村土地集体所有制的稳定与完善》，《管理世界》2007年第11期。

第二，实行农村土地国有土地所有权，国家要付出高昂的经济成本甚至政治成本。因为，国家无非采取两种方式将农村集体土地所有权改革为农村国有土地所有权：有偿赎买和无偿剥夺。假如对农村土地采取有偿赎买，其经济交易成本太高，囿于目前中国的国情国力，势必难以实现；假如对农村土地采取无偿剥夺，则必然引起广大农民的强烈不满，恶化国家与农民的关系，甚至引起剧烈的社会动荡，其政治风险大。

第三，即便国家有足够的实力与能力将农村土地所有权改革为农村国有土地所有权，国家也不可能对广袤的农村土地亲自行使所有权，不得不委托其他主体代为行使，这会比现行的农村集体土地制度多出了一块委托—代理费用，加大了农村土地制度运行的交易费用与成本。因此，将农村集体土地所有权改革为农村国有土地所有权，势必大大降低农村土地制度的宏观运行效益。

（二）农村集体土地私有化方案分析

秦晖认为，土地是农民的命根子，应该交给农民。在法律秩序不完善、委托—代理关系混乱的情况下，抽象地谈集体、个体意义是不大的，因为掌握地权的不是农民，而是政府和官员。以"社会保障不能私有"为理由反对地权归农，是一种颠倒权利义务的怪论，它把"国家责任不能推给个人"颠倒为"国家可以剥夺个人权利"。同时，导致地权集中的主因都是不受制约的专制权力，而不是"小私有者自由买卖"。最后，笔者也认为，如果农民有结社权，可以自由结成"集体"，那么土地归农户还是归集体，并没有原则上的区别。秦晖的观点很有代表性，正如陈锡文所说，现行土地管理制度的两个基本特征：一是用途管制；二是土地集体所有，现在要撬动这个东西的力量非常大，很多人总是拼命想攻破集体这个圈，把集体土地拿出来给全社会用，或者原来不应该进入集体圈的资本和力量想拼命进入这个圈。① 实际上，土地私有化的设想在我国社会主义制度和现行农村土

---

① 陈锡文：《做错了就改，做对了就坚持》，载张曙光《博弈：地权的细分、实施和保护》，社会科学文献出版社 2011 年版，第 263—266 页。

地制度安排的条件下，不具备可行性。主要表现在如下几个方面[①]：

第一，《宪法》明确规定，中国的基本经济制度是社会主义制度，坚持社会主义制度就必须坚持生产资料公有制。土地是农业最基本的生产资料，假如实行了农地私有化，那就彻底动摇了社会主义制度在农村的经济基础，这与中国的基本经济制度是相违背的，也是违宪的主张。

第二，农村集体土地私有化过程中，如何做到土地分配的公平合理是一个难题。农民如何获得集体土地所有权？倘若有偿赎买，农民限于自身的财力，困难很大；倘若无偿取得，等于瓜分集体资产，而且根据何种原则进行分配，难度颇大。正如佩恩指出的："土地私有制的好处是显而易见的，它为人们投资房地产提供了最强劲的动力，但问题也不能回避……可能产生永久和大量的下层平民，这在南美的很多国家中并不鲜见。"[②]

第三，实行农村集体土地私有化，势必导致土地的兼并和集中。在我国，农村土地对于农民来说除具有其基本的经济功能外，还具有重要的社会保障功能，在我国整个社会保障制度尚未建立起来的条件下，农民对土地的需要和态度首先表现为土地的福利保障功能。失去了宅基地等这一最基本的生产生活保障后，随着城市化发展，"三无农民"问题将可能成为社会动荡的根源。

因此，中国现行的农村土地制度改革必须坚持并完善农地集体所有制，而不要在农村集体土地所有权的改革上大动干戈。因为，任何一种制度变革必须综合考虑改革的替代成本和摩擦成本，即"学习新制度以对新的和从未有过的事情做出恰当反映的成本"和"制度创新还受到达成社会一致的成本的巨大影响"。[③] 在新制度执行缺乏社会保障系统支持的情况下，贸然进行孤军奋进地对农村土地所有权创新，其巨大的经济成本和政治风险将是无法承受的。事实上，稳定和完善

[①] 杨继瑞：《中国农村集体土地制度的创新》，《学术月刊》2010 年第 2 期。
[②] 参见田莉《有偿使用制度下的土地增值与城市发展》，中国建筑工业出版社 2008 年版，第 12 页。
[③] D. W. 布罗姆利：《经济利益与经济制度》，转引自温世扬《土地承包经营权流转中的利益冲突与立法选择》，《法学评论》2010 年第 1 期。

现行农村集体土地所有制比土地国有或私有更符合中国实际。自新中国成立以来，我国农村集体土地制度一直在频繁调整。先是20世纪50年代将地主土地分配给农民私有，没过几年就组织农民搞合作社。合作社没试行几年，就取消土地股份和分红，实行农村土地集体所有。1962年通过的《农村人民公社工作条例修正草案》提出，生产队作为基本核算单位，至少30年不变，但20年后生产队直接组织生产和收益分配的模式，被家庭承包经营模式所替代。因此，问题的关键不是在理论上纠缠于产权的归属问题，而是应放在产权的实施上。而一个不能实施或者不能有效实施的产权等于没有产权。[①]

二 我国农村建设用地产权制度创新的实践探索

目前，全国各地正在推进农村建设用地流转，而首要前提就是完善农村建设用地产权制度，内容可概括为"还权赋能"。各地逐渐探索出了多种不同"模式"，如苏州模式、芜湖模式、南海模式、安阳模式和锦江模式等。

表3-1　各地农村建设用地产权制度创新实践模式

模式	所有权制度		使用权制度	
	确权层级	所有权主体	流转范围	流转方式
苏州模式	乡（镇）级或村级	乡（镇）农工商总公司或村经济合作社	规划区外的建设用地，但不包括宅基地	以出租为主，转让为辅
芜湖模式	村级、村小组级	村集体经济组织或者村民小组	规划区内（外）建设用地	出租、入股和转让等多种形式
南海模式	村级管理区或村小组级经济社	主要是村土地股份公司，按照本村户籍人口进行股权分配	集体土地划分为农业保护区、商住区和工业区，工业区内的建设用地用于市场化流转	出租、入股和转让等多种形式

---

① 张曙光：《博弈：地权的细分、实施和保护》，社会科学文献出版社2011年版，第6页。

续表

模式	所有权制度		使用权制度	
	确权层级	所有权主体	流转范围	流转方式
安阳模式	乡（镇）级、村级或村小组级	乡（镇）级人民政府、村委会或村民小组		出租、入股和转让等多种形式，并区分首次流转和再次流转
锦江模式	村级新型集体经济组织（记载到村民小组）	村级集体股份公司、成都市农锦集体资产经营管理有限公司	整个锦江区"198"区域内"大集中，大统筹，大流转"	以招拍挂和协议转让为主

由表 3-1，各地推进的农村建设用地产权制度创新实践呈现如下特点。

（一）从所有权制度看，都是立足农村集体土地所有制并寻求其有效的实现形式

从确权的层级来看，各地根据实际情况将建设用地分别确权到乡（镇）、村和村小组层级。比如，芜湖试点中就明确规定：未打破村民小组土地权属界限的，土地所有权都确定给村民小组；已打破村民小组土地权属界限的，将该土地的所有权确定给村集体经济组织。

从所有权主体代表来看，各地由于经济社会发展水平不同而呈现差异：其一，以政府主导为特征的所有权实现形式，如芜湖模式和安阳模式中，明确以村民小组或村委会这些准政府职能主体作为集体土地所有者，这些经济水平相对较低的地方，由于农民对于土地流转的愿望迫切，但土地要素市场还未真正建立，只能由政府主导完成流转，且土地作为工业化原始积累的来源，只能作为资源向资本转化来形成利润。其二，做实集体土地所有权主体，比如苏州模式，通过在集体经济组织上展开和创新思路，以土地合作社等形式，代表农地集体产权主体，形成委托—代理关系，代表成员的意志与市场主体进行交易，从而使农民在土地上的权益实现和权益保护掌握在农民自己手中。其三，土地所有权公司化，如南海模式和锦江模式，以集体所有

制为基础，利用股份公司制多层产权结构的特点，将土地分解为价值资产和实体资产，实现农民"按份共有"。按照土地集体所有权的层级范围，将农民集体土地转变为农民持有的集体土地份额，由此集体土地所有权明确界定为农民"按份共有"制，真正赋予集体土地所有者拥有选择自己财产代理人的权利。

（二）农村建设用地使用权实现各种形式的市场流转

（1）以协议交易和招拍挂交易等多种交易形式相结合，以出租、入股和转让等多种流转形式为平台，实现农村建设用地的有效流转。以协议方式交易，可以让农村集体实现土地收益的可持续增长，以招拍挂形式交易则可以形成"价高者得"的竞争格局，使农村建设用地资源实现最优配置。

（2）在市场供给对象上，各地农村建设用地主要满足中小工商业的用地需求。农村建设用地市场与国有土地市场之间具有互补与竞争关系：在中小工商业用地等国有土地不愿意进入的市场领域，由农村建设用地市场供应土地，两个市场之间存在互补性。当然，两个建设用地市场之间也存在冲突和竞争，因为，在利益驱动下，农村建设用地会突破用途管制，进入房地产市场并形成数量众多的"小产权"房，而这会对依赖城镇居民住房用地价格的国有土地出让收益带来一定的损失。

（3）对于宅基地产权制度创新问题，各地都很谨慎。如苏州市就把宅基地排除在外，虽然成都市温江区政府确立了"双放弃、双退出"的改革思路，鼓励和引导农民自愿放弃宅基地使用权，但这并没有大面积推开，而大量地区，如锦江则将鼓励农村居民集中居住，对"198"区域的零散农户进行宅基地置换，使其集中居住在石胜、大安两个新型农村社区，再将节约出来的农村建设用地予以流转，但这确保了农村居民始终保有一份基本的宅基地产权。事实上，我国农村闲置建设用地主要就是宅基地，宅基地产权制度创新显得尤为迫切，正如蔡继明指出的那样，"还权"应该还农村集体所有土地全部产权，更重要在于还集体（农民）宅基地等建设用地使用权的全部权能。[①]

---

① 张曙光：《博弈：地权的细分、实施和保护》，社会科学文献出版社 2011 年版，第 222 页。

因此，从各地实践情况来看，在农村土地集体所有制的架构下，创新农村建设用地产权制度并实现有效流转，既稳定了农村居民对占有并使用的建设用地的预期，更强化了农村建设用地的物权性质。这样，既能合理界定相关主体的权利义务，又能有效界定产权内涵和权能。最终，有效地推进农村建设用地市场流转。

第四节 我国农村建设用地产权制度创新的思考

一 我国农村建设用地产权制度创新的制度经济学分析

（一）农村建设用地产权制度创新的需求

在分析中国农村土地制度变迁时，钱忠好曾创建了一个理论模型：当生产力要素（如生产要素相对价格）发生一定程度变化后，外部利润就会出现，为使其内部化，经济当事人就会产生创新土地制度的需求。当创新条件得到满足时，土地制度变迁就会发生，属于上层建筑范畴的土地制度的变革也就得以完成。[1] 农村建设用地产权制度也遵循这个理路产生创新需求。

1. 要素价格上升

城市化、工业化的高速发展，导致土地供需矛盾突出。由于中国执行最严格的耕地保护政策，建设用地供给捉襟见肘。"十五"规划期间，截至2002年年底，山东省就已经使用完规划用地的80%，浙江省甚至超过99%[2]，这直接引致对农村建设用地需求量急剧增加，农村建设用地尤其是城镇郊区的建设用地价值很大。四年来，安徽芜湖的农村集体因建设用地流转而引进资金19.16亿元，广东南海的农

---

[1] 钱忠好：《中国农村土地制度变迁和创新研究》，中国农业出版社1999年版，第125页。

[2] 朱木斌：《外部利润制度环境与集体建设用地流转制度创新》，《农业经济》2008年第6期。

户，每人每年通过建设用地流转分红平均达3000多元。①

2. 外部利润的形成和积累

所谓外部利润（潜在利润）是由于制度环境产生变化，在已有的制度安排中无法获得的利润。就农村建设用地产权制度现状来讲，外部利润主要表现为实现规模经济、外部性内在化、规避风险和减少交易成本。②

（1）实现规模经济。规模经济是指厂商生产的单位成本会随着生产规模的不断扩大而逐渐下降的现象。农村建设用地利用同样存在规模经济问题，"以工促农，以城带乡"的社会发展理念促使先前在城市进行的技术变革逐渐扩展到农村，农村新兴企业生产和村民生活生产的规模经济效益有扩大的趋势。但"农民集体所有的土地的使用权不得出让、转让或者出租用于非农业建设"的制度安排，很难发挥规模积聚效应。

（2）外部性内在化。外部性是指一个人的行为对其他人的福利造成的影响。科斯曾经指出，外部性问题是由于产权界定不够清晰引起。有效的产权制度可以降低甚至消除外部性，严格的集体所有权利最终决定着农民的土地收益。当前，由于国家公权力对农村建设用地的过度介入，导致作为兼具所有权和使用权双重身份的农民的土地收益被外部化，而这外溢利润的受益者就是集体土地产权的管理者，这严重损害了土地所有权的处分与收益权能，集体产权对所有者的激励功能根本未体现出来。在现实利益的驱动下，农村集体和农民往往避开监管，以"隐性"方式进入土地市场，土地收益进入个人腰包，而社会却要承担因粮食安全问题而引发的负面后果。

（3）规避风险。风险是遇到破坏或损失的可能性，风险与主体决策紧密相关。农民对待土地的态度是从规避风险出发，当其主要的生存依赖已经脱离农村和土地，其依然选择"离土不离乡"。只有当农民完全进入城市且已经具有完善的社会保障时，他们才愿意真正放弃

---

① 张梦琳：《农村集体建设用地流转：绩效分析及政策选择》，《国土资源》2008年第11期。

② 康雄华：《农村集体土地产权制度与土地使用权流转研究》，博士学位论文，华中农业大学，2006年，第41、62—67页。

土地，真正实现土地的配置效应；集体用各种作价方式出让建设用地使用权，也是其规避用地者私下交易带来的收益损失的风险，通过赋予用地者完整的土地使用权的同时，自身土地所有权在经济上得到体现。

（4）减少交易成本。交易成本包括发现价格的成本、谈判成本和合同履行成本等。我国法律虽然规定农村建设用地的所有权属于"农民集体"，但却未明确界定其构成要素和运行原则，未明确产权代表和执行主体的权限。农村集体土地的经营管理权归于村委会，由于当前村委会在选举和行权方面普遍缺乏民主，村民缺乏有效的手段监督村委会干部。这导致土地权利和产权信息被村干部的意志阻隔，从而未能达至集体所有者，最终异化为相关干部谋取私利的权利。由于市场信息并不充分，农民作为土地所有者，在土地供给者信息不对称中往往处于劣势地位；土地交易的事后成本很大，双方约定的责权利关系执行缺乏保障，双方均面临潜在损失。因此，从减少交易成本的角度出发，推进农村建设用地产权制度创新尤显迫切。

随着社会发展，农村建设用地产权制度环境正发生急剧变革：正式制度安排的变化、社会发展环境的变化和社会经济发展水平的变化等，进一步积累了外部利润，直接增强了农村建设用地产权制度变迁的需求。[①]

（二）国家对农村建设用地产权制度创新的制度供给

1. 创新需求影响供给既有产权制度的成本—收益均衡

国家在制度变迁供给中居主导地位，某项制度需求能否实现关键取决于国家的认可程度。但国家最终受经济规律的支配，其推行某种产权制度，也要遵循成本—收益均衡。

为了维护国家对建设用地市场的垄断地位，国家推行"同地不同权"的产权制度和"先征后用"的用地原则。在各级政府独占建设用地高额级差地租利益时，正潜伏着巨大的风险：征地问题已演变成严重的社会问题。目前，全国1/3以上的群众上访归因于土地问题，

[①] 朱木斌：《外部利润制度环境与集体建设用地流转制度创新》，《农业经济》2008年第6期。

而其中约60%直接由征地引起;政府征用再出让的工业性质用地并不能获得任何收益,这可能给地方政府带来金融风险;相当多的失地农民成为"三无"游民,这严重困扰社会秩序。①

由于"同地不同权"的制度设置,现有产权制度的另一个逻辑后果是农村建设用地自发进入交易,形成巨量的"隐性"市场。这更是问题重重:由于缺乏政府引导,土地浪费严重,用地结构和布局十分混乱;收益分配不合理,造成主体间恶意竞争和恶意共谋,给国家和社会造成巨大的损失;由于缺乏法律保护,交易双方均可能蒙受损失,造成经济纠纷不断,进而会影响到社会稳定和经济的发展。

不难判断,国家推行现行农村建设用地产权制度是为了垄断土地利润,从农村获得更多的收益以支持城市和工业发展。但事与愿违,国家不但无法顺利实现资金积累转移,而且面临更多的损失和风险,即要为维持制度供给投入更多成本。由于供给制度的成本—收益倒挂,国家通过这种产权制度对农村的经营处于亏损状态,当国家无力负担亏损时,只能进行产权制度的调整。

2. 国家产权制度创新需支付的成本

在农村建设用地产权改革中,国家尤其是地方政府付出很大成本。成本大小影响因素包括技术因素、社会因素和政策因素等方面。②

(1) 技术因素成本。农村建设用地产权改革创新中的技术因素包括确权流程的完善、测绘和户调技术的提高、信息化系统的引入。比如都江堰市柳街镇产权制度改革时,动用了101人(几乎全部是政府工作人员)入驻,不间断地进行测绘和数据录入工作,但结果还是不准确。后来鱼鳞图系统的引入,极大地减少了户调实践,提高了工作效率,确权经济成本大幅度降低。

(2) 社会因素成本。一方面,由于不了解农村的具体问题,无法裁定农户之间的纠纷;另一方面,农民不了解改革后果,虚报瞒报。这两种情况都增加了农村建设用地产权改革创新的成本,降低了产权

---

① 马凯、梁流涛:《中国集体非农建设用地市场演化的逻辑》,《农村经济》2009年第3期。

② 北京大学国家发展研究院综合课题组:《还权赋能:奠定长期发展的可靠基础》,北京大学出版社2010年版,第225页。

创新推进进度，极大地增加了工作量。后来柳街镇完善村级治理结构，建立议事会制度才解决这个问题。

（3）政策因素成本。一方面，由于我国法律、法规和政策之间存在冲突，部门协调成本很高；另一方面，地方政府让渡一部分国家权力于议事会等新兴村民自治组织，这些机构在帮助地方政府完成产权改革的同时，也会截留一部分权力用于乡村内部的权利再分配，而这可能是违背地方政府本意的。

3. 国家产权制度创新的政策供给

（1）坚持农村建设用地集体所有制。基于集体土地使用权而派生的占有、收益和处分权能，始终受到集体土地所有权的规制。我国是社会主义国家，生产资料的公有制是决定社会主义性质的基础。土地的特殊重要性，决定了农村土地产权制度不仅是当前农村中重要的制度安排，更是整个社会经济制度的基础和核心。因此，我国农村建设用地产权制度创新不能越出公有制的框架。即使法律条文已经规定了建设用地使用权等是物权，可以自由流转，也不能说就解决所有问题。在不存在明确的"所有权主体"以集体所有为前提的建设用地上，设定"物权"或者"债权"，本身就存在难以调和的矛盾。因此，农村建设用地产权改革方案应从集体建设用地的所有权实现方式入手，创新农村建设用地使用权取得和流转制度，从而构建新的产权体系。[①] 在明晰农村集体土地所有权行使主体的基础上，让农村集体土地的使用权成为相对独立和完整的产权，以实现土地资源的有效配置。

（2）农村建设用地产权制度创新模式要因地制宜。从理论上看，农村建设用地产权是一组权利束的集合，当权利束中的权利在村集体和农户之间进行不同程度的分割时，土地制度表现为不同的形式。在巴泽尔看来，产权界定力量是多元的，"个人对资产的产权由消费这些资产、从这些资产中取得收入和让渡这些资产的权利或权力构成……一般来说，法律权利会增强经济权利，但是，对于后者的存在

[①] 胡存智：《从产权制度设计和流转管理，推进集体建设用地改革》，《国土资源导刊》2009 年第 3 期。

来说，前者既非必要条件，也非充要条件"。因此，农村建设用地产权是否完整和排他，并不完全决定于法律，还受相关主体的努力程度的影响。如果农村建设用地产权创新的预期收益不大，不足以消除清晰界定产权带来的交易成本，主体就会放弃努力。同样，农村建设用地产权制度改革和完善，也受到各地条件的制约。甚至表现为地方条件的函数，由于各地的自然、经济和社会条件差异甚大，在不同经济发展地区，人们对产权的需求程度不同，以致农村建设用地产权制度创新存在差异（陈志刚、曲福田）。[①] 因此，农村建设用地产权制度创新，应遵循理论联系实际、普遍性与特殊性相结合的原则，既服从相关法律法规的制度约束，也要不断探索出适合地方实情的产权创新路径和模式。

（3）明确界定农村建设用地"所有者"的产权主体和内部决策机制。长期以来，所有者悬空和所有权主体错位的问题饱受诟病。在苏州模式中，明确规定集体土地所有权的代表为镇、村集体经济组织，它们正是农村建设用地流转的主体；在南海模式中，"土地股份制"应运而生，它使土地产权的所有者逐步具体化，能有效地保证农民在土地流转中的收益份额，很好地协调各相关主体的利益，真正解决所有者缺位的问题。

（4）完善农村建设用地使用权，最终使之成为可交易对象。土地产权是人们围绕土地形成的一组权利束。随着市场经济体制的完善，高度集中的土地产权结构必然被不断细化的土地产权结构所取代。在目前建设用地产权制度安排中，使用权的初始取得具有身份限定性，即使用权的产权权能缺乏完整性和可交易性。从各地试点过程来看，都是逐步赋予使用者完整使用权，并使之成为可交易产权，从而达到提高制度绩效的目的。这是在坚持集体土地所有制产权框架下进行的产权创新，能极大地节省制度变迁成本。

4. 集体及农民得到的产权不具有绝对完整性

一般来说，国家不可能免费界定与保护产权，具有自利倾向的国

[①] 陈志刚、曲福田：《农地产权制度变迁的绩效分析——对转型期中国农地制度多样化创新的解释》，《中国农村观察》2003年第1期。

家政府往往有可能凭借其独一无二的地位索取高于其提供服务的租金。① 因此，产权从一开始就注定由于国家的介入而不那么完整独立。正如德姆塞茨提出的"所有权残缺"所揭示出的：所有权残缺是指在完整的所有权约束中的部分被删除，一方面，产权不能完全离开国家政府而得到有效执行；另一方面，国家政府的介入又导致产权的残缺。②

国家为界定和保护农村建设用地产权所支付的成本应由土地产权来弥补：一方面，农村建设用地产权制度创新留有余地。一些地方对于城镇规划区内的农村建设用地不做确权安排，主要是由于地方政府担心，在这些未来要发生国家征地的区域，一旦颁证赋权，将增加今后工作难度。③ 而这集中体现了现存国家征地制度和农村建设用地产权制度改革创新之间的内在矛盾和冲突。另一方面，农村建设用地产权并不完整。即使已经对农村集体进行确权颁证，但在现行法律法规下，农村建设用地的流转仍然受到限制，地方政府确认权利的能力是有限的，故而名义上的确权并不能赋予农村集体或农户完整清晰的产权。因此，尽管地方政府为农村集体和农户颁发产权证，但农村建设用地能否流转、怎样流转以及收益分配等方面，依然受相关各方博弈的影响，最终需要相关法律法规及配套政策来推动。

二 我国农村建设用地所有权制度创新的思考

建立规范的农村建设用地所有权制度，目的在于有效实现土地资源的合理配置，维护好农村集体和农民作为集体成员的正常利益，关键落脚点在于所有权主体明确化和所有权权能完善化。

（一）明确所有权主体

1. 合理界定所有权主体层级和相互关系

依法明确集体土地所有权主体，这是农村建设用地产权制度创新的基础和前提。对集体土地所有权，我国《民法通则》（1986 年）第

---

① 袁林：《国家与产权：农村土地制度变迁的绩效分析》，《经济与管理》2008 年第 3 期。
② 科斯等：《财产权与制度变迁》，上海人民出版社 2004 年版，第 97 页。
③ 张曙光：《博弈：地权的细分、实施和保护》，社会科学文献出版社 2011 年版，第 145 页。

七十四条规定:"集体所有的土地依照法律属于村农民集体所有,由村农业合作社等农业集体经济组织或者村民委员会经营、管理。已经属于乡(镇)农民集体经济组织所有的,可以属于乡(镇)农民集体所有"。《土地管理法》第十条进一步规定:"农民集体所有的土地依法属于村农民集体所有的,由村集体经济组织或者村民委员会经营、管理;已经分别属于村内两个以上农村集体经济组织的农民集体所有的,由村内各该农村集体经济组织或者村民小组经营、管理;已经属于乡(镇)农民集体所有的,由乡(镇)农村集体经济组织经营、管理。"从而对农村土地集体所有权制度做了三个层次的规定,即农民集体土地所有权可分为三种类型:乡(镇)农民集体土地所有权、村农民集体土地所有权和村民小组农民集体土地所有权。因此,集体土地所有权主体就是"一定范围内的农民集体"。①

事实上,乡(镇)、村、村民小组农民集体拥有的土地多数在各地均有明确的界限和范围,其面积比例大致为 1:9:90。② 尽管部分乡(镇)、村干部及土地行政主管部门从便于组织管理和登记发证的角度出发,认为应当适当上收集体土地所有权,将集体土地所有权界定为村集体经济组织或乡(镇)集体经济组织,我们认为,这需要因地制宜,不适合强行实施。主要理由是:第一,村民小组之间往往有明确的土地界限,法律对村民小组的土地所有权地位有明确规定,不能人为调整,更不能因为详查技术精度上未能满足发证到村民小组等技术原因而上调集体土地所有权。第二,村民小组的组织形式确实不够健全,但这绝不能成为剥夺其应有的土地财产权的借口。第三,在当前农民土地权益保障不力的情况下,所有权越往下沉越有利于保护农民土地权益,有利于发挥所有者的积极性。

因此,必须从实际出发,依法、合理确定农村建设用地所有权主体和相应土地产权范围,通过土地登记、发证予以认定,同时从法律上明确集体土地所有者的权利和义务。具体为村内有两个以上的农村

---

① 丁关良、周菊香:《对完善农村集体土地所有权制度的法律思考》,《中国农村经济》2000 年第 11 期。
② 吴远来:《农村宅基地产权制度研究》,湖南人民出版社 2010 年版,第 92 页。

集体经济组织（村民小组），各集体经济组织之间有明确的土地界限和范围，并在各自范围内使用占有，确认村民小组为相应的集体土地所有者；农民集体土地已经属于村民集体所有的，包括虽未打破村民小组界线但由村农民集体实际使用的土地，以及过去村办企业、村公共设施、公益设施建设使用村民小组的土地，并且在使用时已给予相应补偿或土地调剂的，宜承认现状，依法确认为村农民集体所有的土地，由村集体经济组织或村民委员会负责经营、管理；已经属于乡（镇）农民集体所有的土地，包括过去乡（镇）企业、乡（镇）公共设施、公益设施建设使用村农民集体所有土地或村民小组所有土地且在使用时已给予相应的土地补偿或土地调剂的，应依法确认为乡（镇）农民集体经济组织所有，没有乡（镇）集体经济组织的，可由乡（镇）政府代为负责经营管理。① 当然，乡（镇）、村、村民小组土地所有权主体的法律地位平等，不存在任何隶属关系，其土地边界是不叉交也不重合的（周建春）。② 更不能随意打破各自的土地财产权界限，严禁行政权侵占所有权，随意收集体土地所有权。

2. 明确所有权主体实体

为了避免现行农村集体行使主体"缺位"或"越位"的"硬伤"，在明确了农村建设用地所有权主体范围后，应进一步明晰农村集体土地所有权主体。事实上，根据前面分析，《土地管理法》第十条已经明确集体土地所有权主体的合宜顺序，首先为乡（镇）农村集体经济组织、村集体经济组织或者村小组经济组织，其次才是乡（镇）政府机构、村民委员会和村民小组。

（1）村级集体经济组织是农村集体土地所有权最合宜的主体。

第一，集体经济组织最适合作为农村集体建设用地所有权主体。以行政区划的村、组为基础的农村集体经济组织，是在1956年基本完成农业的社会主义改造、农村土地和其他生产资料逐步从农民所有转变为集体所有后，逐步建立和完善起来的。《宪法》（2004年）第

---

① 刘永湘：《中国农村土地产权制度创新》，博士学位论文，四川大学，2003年，第186页。
② 周建春：《集体非农建设用地流转的法制建设》，《中国土地》2003年第6期。

八条第一款规定:"农村集体经济组织实行家庭承包经营为基础、统分结合的双层经营体制。农村中的生产、供销、信用、消费等各种形式的合作经济,是社会主义劳动群众集体所有制经济。"《宪法》第十七条明确规定:"集体经济组织在遵守有关法律的前提下,有独立进行经济活动的自主权。集体经济组织实行民主管理,依照法律规定选举和罢免管理人员,决定经营管理的重大问题。"我国《农业法》(2012年)第十条规定:"农村集体经济组织应当在家庭承包经营的基础上,依法管理集体资产,为其成员提供生产、技术、信息等服务,组织合理开发、利用集体资源,壮大经济实力。"《国务院关于加强农村集体资产管理工作的通知》也明确指出:"集体经济组织是集体资产管理的主体。"由此可见,我国农村集体经济组织的法律地位是明确的。党的十七届三中全会提出"发展集体经济,增强集体组织服务功能"的任务,2010年"中共中央一号文件"《中共中央国务院关于加大统筹城乡发展力度进一步夯实农业农村发展基础的若干意见》明确指出,"力争用三年时间把农村集体土地所有权证确认到每个具有所有权的农民集体经济组织","壮大农村集体经济组织实力,为农民提供多种有效服务","鼓励有条件的地方开展农村集体产权制度改革试点"。其意有二:一是明确农村集体经济组织是社会主义劳动群众所有制的组织载体,对集体资产具有所有权和管理权;二是加强农村集体经济组织建设,是坚持党在农村的基本经营制度、维护农民基本权益的关键之举。[1]

第二,村级集体经济组织最适合作为农村集体建设用地所有权主体。施建刚认为,首先,多年来农村基层民主自治建设为塑造村级集体土地所有权主体提供了良好的民主土壤和丰富的自治经验。其次,村级农民集体更有利于集体土地的同一规划与适度规模经营。最后,确立村级集体作为集体土地所有权主体有利于化解村民小组间因土地资源不均引发社会矛盾。具体来说,应秉承尊重历史和制度变迁路径的原则,将村民小组的集体土地所有权上移至村级集体经济组织代为

---

[1] 关锐捷:《新时期发展壮大农村集体经济组织的实践与探索》,《毛泽东邓小平理论研究》2011年第5期。

所有，即确立"村级农民集体"作为农村集体土地的同一、单一的所有权主体，但承包权分配仍由村民小组完成。这样，可以实现全村土地统一规划和管理，既可以实现规模生产，也可以以入股合作等形式开展经营活动，收益在村民小组和村集体之间协商分配。

但是，需要注意的是，当前村集体经济组织存在诸多问题。一是根据前面分析，村集体经济组织和村委会分别行使农村集体建设用地所有权的所有者和经营管理者职能，但由于相关法律法规没有具体规定行使两种职能的组织形式和程序，二者在职能范围划分、职能行使方式上存在"错位"和"缺位"现象。二是村集体经济组织本身的存在及运行状况也存在诸多弊端。比如，有些地方没有真正建立村集体经济组织，或者仅存在一个空架子。有些地方即使组建了村集体经济组织，但大多和村委会是"两块牌子、一套班子"，没有相应的经济经营功能。故而，村集体经济组织应进行彻底的主体改造，将其主体性质、组织形式和组织程序等规范化和法制化，方能真正承担农村集体建设用地所有权主体职能。[①]

（2）推进村集体经济组织公司化运作。强化农村集体建设用地所有权职能，关键在于落实村集体经济组织这一实体形态，重点对村集体经济组织进行公司化改造，推进村集体经济组织公司化运作。尤其是在经济社会发展较好，市场经济较发达的地区，农民对土地的依赖程度日益下降，土地的生存保障功能已经让位于土地的财产性功能，可以将集体经济组织改造成为公司制法人型的新型经济组织。[②] 这种改造可以有效地解决农村集体土地所有权主体缺位、建设用地流转不规范、相关利益分割不合理等问题。第一，可以防止集体土地所有权主体缺位。法人型公司化改造后的村集体在法律上明确其作为集体土地所有权主体的民事主体地位，并按照相关规定设立组织机构行使所有权。第二，可以实现农村建设用地市场流转。改造后的村集体可以作为市场主体参与土地交易，风险由法人组织承担，保障了农民基本

---

① 施建刚等：《农村集体建设用地流转模式研究——以上海试点为例》，同济大学出版社 2014 年版，第 131 页。
② 张建军：《成都锦江农村集体土地流转的主要做法及启示》，《中国国土资源经济》2010 年第 6 期。

生存权利；理顺了村集体和村民各自的权利义务关系。第三，可以有效地保障农民权益。改造后的村集体经济组织中，农民享有平等的决策、监督和收益权利，从而实现保障农民权益、健全基层民主治理的目标。[①]

1993年8月，广东南海市委市政府发布《关于推行农村股份合作制的意见》（以下简称《意见》），正式在全市农村范围内推行股份合作制，并逐步探索出较为成熟的新型经济组织及经营模式——南海模式。其基本做法是第一步，将农村土地划分为农田保护区、工业发展区和商业住宅区。第二步，将集体资产和土地折价入股，组建股份合作社经营土地，股份按集体在籍人口分配；合作社按照公司化运作，成立董事会等公司机构。合作社经济收入来源有：集体企业直接经营利润；农业用地、建设用地和物业出租这"三出租"方式获得租金收益。

2008年前后，在成都市推进农村建设用地产权改革进程中，锦江区也进行了类似的探索。把"198"区域原14个农村集体经济组织改革改造为11个村级有限责任公司，将农村集体土地所有权、集体建设用地使用权确权登记颁证给这些公司。公司注册股东为原农村集体经济组织选出的村民代表，他们和其代表的村民签署委托持股协议。同时，11个村级有限责任公司又联合组建了成都市农锦资产管理有限责任公司，委托其统一经营管理农村集体土地。这样，按照"农民—村级新型集体经济组织—区农锦公司—项目业主"的流程，通过集体经济组织的创新改造，建立起农民与集体经济组织之间稳定利益连接机制，真正落实了农村建设用地所有权主体。

（3）以基层自治组织行使集体土地所有权是不少地区的重要选项。实际上，在理论界提出将农村土地明确划归为乡（镇）政府、村委员会或村民小组所有的主张就是希望明确产权主体，消除行政管理对土地产权的负面影响，尽管主张有失偏颇，但确实也是不少地区的现实选择，一是这些经济水平相对较低的地方，农民虽然也希望进行

[①] 施建刚等：《农村集体建设用地流转模式研究——以上海试点为例》，同济大学出版社2014年版，第139—140页。

土地流转，但土地要素市场还未真正建立，只能由政府主导完成流转。在实际操作中，本地区集体资产的生产经营活动，大都是村党支部和村民委员会负责，集体经济组织的经济活动都是由村党支部和村民委员会代理。二是在村民自治制度下，由这些权力机构代行本地区集体经济的经营职能，如果做到事务和财务公开，村民可以对本区集体土地资产管理收益与支出做到有效监督，这样也避免了支付政治民主与经济民主双重成本的问题。① 三是在尚未通过集体经济组织重构农村集体土地产权主体之前，通过厘清乡镇政府、村民委员会和村民小组实际代表之间的产权关系，明确三级主体之间的产权边界，能够在一定程度上降低产权主体虚置带来的负面影响。

当然，为防止乡（镇）村组权力机构滥用权力，侵犯农民土地权益，可以考虑规定在集体经济组织缺位的情况下，通过"人民代表大会授权"的程序加以规范。比如，中共都江堰市委组织部颁布的《中共都江堰市委组织部关于构建新型村级治理机制的指导意见》，确立了新型村级治理机制：村民会议（村民代表会议）是村级自治事务的最高决策机构，讨论决定本村重大事务，监督村民代表会议、村民议事会、村民委员会的工作。村民议事会是村级自治事务的常设议事决策机构。村民委员会是村级自治事务的执行机构，负责执行村民会议和村民议事会的决定，接受其监督，当然，也要承接政府委托实施的公共服务和社会管理事务。这样，通过"经村民会议授权"的程序规范，对村民委员会代表农民集体行使土地所有权施以严格的程序约束，这与村民委员会组织法的立法精神是完全吻合的。为防止乡（镇）人民政府运用行政权力侵犯农民土地权益，可以由乡（镇）人民代表大会代表农民集体行使所有权。明确"经乡（镇）人民代表大会授权"这一程序规范，对乡（镇）人民政府代表乡（镇）农民集体行使土地所有权施以严格的约束，从而可以更有效地保障农村集体土地所有权的正确实现。②

（4）做好确权登记，完善农村建设用地所有权主体确认的法律形

---

① 郑有贵：《村社区性集体经济组织是否冠名合作社》，《管理世界》2003年第5期。
② 杨继瑞：《中国农村集体土地制度的创新》，《学术月刊》2010年第2期。

式。对农村建设用地，主要按照行政村或者村民小组（自然村）进行全面的户籍登记（按村民小组登记的，要逐步过渡到按村登记），明确农村建设用地的所有者主体和所有权客体，发放农村建设用地所有权的所有权证书。确权登记的详细论证本书将在使用权产权部分阐述。

3. 完善农村建设用地所有权权能

明确农村建设用地所有权主体很重要，因为这厘清了经济资源各有其主，人们的注意力从争夺、分配现有的资源转向增加生产。但是，农村建设用地所有权主体界定仅仅提供了土地流转并获取收益的可能，进一步完善农村建设用地所有权权能，尤其是建设用地所有权的收益权能和处分权能，更是重中之重。农村建设用地处分权能、收益权能是实现土地流转、扩大专业化分工范围和大幅度提高农村集体和农民收益的关键性制度安排。

（1）完善所有权处分权能。这主要是针对农村集体土地所有权转移的单向流出性而言。《土地管理法》第二条第四款规定："国家为了公共利益的需要，可以依法对土地实行征收或者征用并给予补偿。"同时，由于集体土地上人口与房屋密度较小，征地成本较低，农村集体土地被征收（用）的可能性极大，而在耕地压力加大的背景下，农村建设用地更是面临被征收（用）的风险。

党的十七届三中全会明确要求："改革征地制度，严格界定公益性和经营性建设用地，逐步缩小征地范围，完善征地补偿机制……在土地利用规划确定的城镇建设用地范围外，经批准占用农村集体土地建设非公益性项目，允许农民依法通过多种方式参与开发经营并保障农民合法权益。逐步建立城乡统一的建设用地市场，对依法取得的农村集体经营性建设用地，必须通过统一有形的土地市场、以公开规范的方式转让土地使用权，在符合规划的前提下与国有土地享有平等权益。"按照这一精神，我国立法应予以明确规定：按土地用途管制原则，农村建设用地能够按土地利用总体规划和城市规划自主进入土地产权交易市场，以实现土地所有权在各集体经济组织之间、集体经济组织和国家之间的双向流动。比如，工商企业和开发商需要用地，可以由农村集体通过市场交易、公开规范的方式转让土地使用权，不需要通过政府征地环节。

（2）完善所有权收益权能。完善农村建设用地收益权能包括农村集体作为整体的收益权能与农村集体和农民之间的收益权能两个方面。

第一，从实现农村集体作为整体的收益权能来看，党的十七届三中全会要求："改革征地制度，严格界定公益性和经营性建设用地，逐步缩小征地范围，完善征地补偿机制。依法征收农村集体土地，按照同地同价原则及时足额给农村集体组织和农民合理补偿，解决好被征地农民就业、住房、社会保障。"按照这一精神，国家为了公共利益的需要而需要征地的，用地单位、农村集体和地方政府应该共同参与征地过程，农村集体有义务转让土地使用权，土地使用单位必须按市场价格给予农民合理补偿。如果条件具备，政府应该采取规划手段，除保证每个农村集体住宅用地外，还有一定数量比例地保留建设用地；对于非公益利益项目，农民没有义务转让土地所有权，土地使用单位只能通过与农村集体达成平等土地交易合同来取得土地。需要指出的是，公共利益项目必须有明确的规定。在德国，只有公共交通如铁路、公路、飞机场和军事用地等才能作为公共利益项目。而大量公共事业单位用地，如政府办公楼等并不能作为公共利益项目，政府只能像私人企业一样到土地市场买地。[1]

第二，在农村集体内部也应逐步实行土地有偿使用制度，除公益设施用地继续采用无偿供地外，村民使用宅基地、村办企业使用土地要交纳土地使用费。这样，有利于节约土地资源和提高土地资源的使用效率。

总之，明确农村集体建设用地所有权的主体，可以有效地解决土地所有权行使主体的"缺位"与"错位"问题，完善农村建设用地所有权权能，解决城乡建设用地"同地不同权"、"同地不同价"的问题，从而为推进农村建设用地有效流转创造良好条件。当然，在完善农村集体土地所有权制度的前提下，变农村建设用地使用权为相对独立和完整的土地产权就成为逻辑必然。[2]

---

[1] 朱秋霞：《中国土地财政制度改革研究》，立信会计出版社2007年版，第224页。
[2] 杨继瑞：《中国农村集体土地制度的创新》，《学术月刊》2010年第2期。

三 我国农村建设用地使用权制度创新的思考

我国农村建设用地使用权制度创新应从明确使用权物权性质、创新使用权产权确权登记、完善使用权产权类型和权能三个方面入手。

（一）明确使用权物权性质

《物权法》确立了宅基地使用权的用益物权性质："宅基地使用权人依法对集体所有的土地享有占有和使用的权利，有权依法利用该土地建造住宅及其附属设施。"（第一百五十二条）党的十七届三中全会报告中提出："完善农村宅基地制度，严格宅基地管理，依法保障农户宅基地用益物权……逐步建立城乡统一的建设用地市场，对依法取得的农村集体经营性建设用地，必须通过统一有形的土地市场、以公开规范的方式转让土地使用权，在符合规划的前提下与国有土地享有平等权益。"在这里，有两个问题并未解决：一是宅基地的用益物权太宽泛，缺乏可操作性，尤其是存在太多限制。比如："宅基地使用权的取得、行使和转让，适用土地管理法等法律和国家有关规定。"（第一百五十三条）二是除了宅基地用益物权的规定，农村建设用地使用权作为整体的物权属性未能确立。在第十二章"建设用地使用权"中，并未能将农村建设用地使用权归于用益物权，其第一百五十一条就做了排除性规定："集体所有的土地作为建设用地的，应当依照土地管理法等法律规定办理。"党的十八届三中全会要求："建立城乡统一的建设用地市场。在符合规划和用途管制前提下，允许农村集体经营性建设用地出让、租赁、入股，实行与国有土地同等入市、同权同价。"相较十七届三中全会的规定，"逐步"二字删除，表明我国"建立城乡统一的建设用地市场"这一战略任务显得更为紧迫和重要。

实现农村建设用地使用权的物权化是"建立城乡统一的建设用地市场"的首要前提。首先，能赋予农村集体或农民直接支配土地并排除他人干涉的权利，能够保障主体将农村建设用地作为经济要素投入经营活动。其次，有利于保证市场交易稳定进行。农村建设用地流转是一个连续性的市场交易过程，只有将农村建设用地使用权的物权内容由法律规定并公之于世，才能降低交易成本，增强交易信用安全，维护交易秩序。最后，能保证农村建设用地使用权真正取得与国有土地的平等地位。①

我国《物权法》实行物权法定原则，物权的类型和内容需由法律明确界定明定。《物权法》规定了所有权、用益物权和担保物权三类物权，用益物权又包括土地承包经营权、建设用地使用权、宅基地使用权和地役权四类。农村建设用地权使用权只能归属于用益物权，具体有两种途径：一是在《物权法》的"用益物权"篇中专门增加"农村建设用地使用权"章；二是不将农村建设用地使用权作为独立的用益物权种类，而将其纳入《物权法》第十二章"建设用地使用权"之中。显然，第二个途径更为恰当。因为作为用益物权的建设用地使用权都是主体对土地以建造建筑物、构筑物及其附属设施为目的处分和收益的权利。在我国明确"建立城乡统一的建设用地市场……实行与国有土地同等入市、同权同价"的目标指导下，建设用地所有权是国家所有还是集体所有并没有本质差别。② 从法理上看，第一，《物权法》第一百五十一条虽然只是一个原则性的转介条款，并无具体的规范内容，但在解释上不能由此得出立法意图是将农村建设用地使用权排除在用益物权之外。第二，《物权法》第一百五十一条规定的"集体所有的土地作为建设用地的，应当依照土地管理法等法律规定办理"中，"应当依照土地管理法等法律规定办理"的对象理解为，针对农村建设用地使用权能否流转、流转范围、如何流转等问题，而不是其产权属性的界定问题。③

（二）创新使用权产权确权登记

在我国，不动产登记是物权生效的要件（土地承包经营权除外）。以2007年《物权法》颁布为起点，我国正式提出了国家对不动产实行统一登记的制度规划。《物权法》第九条规定："不动产物权的设立、变更、转让和消灭，经依法登记，发生效力；未经登记，不发生效力，但法律另有规定的除外。"2013年11月，国务院常务会议决定整合不动产登记职责、建立不动产统一登记制度。2014年1月全国

---

① 韩松：《论农村集体经营性建设用地使用权》，《苏州大学学报》2014年第3期。
② 同上。
③ 房绍坤：《农村集体经营性建设用地入市的几个法律问题》，《烟台大学学报》（哲学社会科学版）2015年第3期。

国土资源工作会议正式提出组建不动产登记局，国土资源部着手起草《不动产登记条例（草案送审稿）》。在《不动产登记条例（草案送审稿）》基础上，2014年8月15日，国务院发布《不动产登记暂行条例（征求意见稿）》。中央政府确定从2014年开始，用3年左右时间建立和实施不动产统一登记制度，用4年左右时间构筑统一的不动产登记信息管理基础平台，形成全国不动产统一登记体系。

从《物权法》来看，我国不动产登记主要有集体土地所有权、建设用地使用权、农村宅基地使用权、土地抵押权登记等形式。农村宅基地和集体建设用地使用权确权和颁证是不动产登记的核心内容，是推进农村建设用地流转的基础工程。它能够有效地解决农村建设用地权属纠纷，保障农村建设用地用益物权，维护集体和农民合法权益，顺利推进农村建设用地财产权抵押、担保和转让。[1] 但是，我国宅基地和集体建设用地使用权物权性质模糊，根源就在于确权和颁证工作相对滞后。要推进农村建设用地使用权确权工作，一是查清记录土地权利人及家庭成员情况；二是要依据权利人提供的准建证、村镇规划选址意见书、乡村建设规划许可证；三是对村民整体搬迁的要调查记录房屋所在自然层次和房屋编号。总之，要以不动产统一登记为契机，将集体建设用地上的建筑物、构筑物统统纳入登记范围，实现统一调查、统一确权登记、统一发证。[2]

如前所述，由于历史原因，我国广大农村地区宅基地面积普遍超标，超标准宅基地理应退还集体。这样，宅基地使用权标准内面积和超标准面积权利归属不稳定。这造成农民对宅基地产权稳定性预期降低。因此，在各地实践中，在将宅基地使用权确权给农户时，法律权威性、公平性和利益平衡性往往很难把握。部分地方出现了"确空权"的现象，成都市金龙村二组就是将总建设用地除以组总人口数，并按此数进行确权：如果一户实际占用面积大于其确权面积，将多余面积确为公田；反之，如果小于确权面积，则从公田中分出一部分确

---

[1] 宋才发、马国辉：《农村宅基地和集体建设用地使用权确权登记的法律问题探讨》，《河北法学》2015年第3期。

[2] 宋才发、马国辉：《农村宅基地和集体建设用地使用权确权登记的法律问题探讨》，《河北法学》2015年第3期。

权面积给该农户。这样，保证每户大体平均以调整后的地块确权登记，但并没有调整各户实际占用的情况。这种操作办法为以后留下隐患：由于农户对宅基地的权利和实际占有相分离，在面临拆迁或土地流转时，势必产生土地权属纠纷，严重影响社会稳定。

本书赞同这样一种办法[①]：将农民居住的宅基地分成住宅用地（合法面积，如人均35平方米）和其他建设用地，均确权给农户。硬化住宅用地且不允许流转，以保证其居住需求，软化其他建设用地并可以在一定条件下流转。也有地区把建设用地使用权直接确给农村集体。比如，为了实现规模流转，成都市锦江区按照"大统筹、大集中、大流转"的思路，即将全区"198"范围视为一个整体来统筹推进确权进程，依据2004年地籍台账，将农村建设用地使用权确权给11个新型经济组织（记载到村民小组），这样做，农村建设用地没有简单按现状将集体建设用地使用权确定给实际使用者，也没有将建设用地具体地块一一对应，为下一步集体建设用地流转创造了条件，也确保了农村建设用地总量不增加、农用地总量不减少。

（三）完善使用权产权类型和权能

在完成农村建设用地使用权确权登记和明确物权属性的基础上，整合农村建设用地产权体系，完善农村建设用地使用权产权内容，把现行的农村建设用地使用权真正转变为可流转的现代土地产权十分关键。

1. 规范使用权的设立和年限

（1）规范使用权的设立。按照《物权法》第一百三十七条规定："设立建设用地使用权，可以采取出让或者划拨等方式。工业、商业、旅游、娱乐和商品住宅等经营性用地以及同一土地有两个以上意向用地者的，应当采取招标、拍卖等公开竞价的方式出让。严格限制以划拨方式设立建设用地使用权。采取划拨方式的，应当遵守法律、行政法规关于土地用途的规定。"出让和划拨是建设用地设立的两种主要方式，而土地出让则是国家积极倡导的。从长远来

[①] 北京大学国家发展研究院综合课题组：《还权赋能：奠定长期发展的可靠基础》，北京大学出版社2010年版，第133页。

看，严格限制农村建设用地使用权的无偿设立（划拨），鼓励农村建设用地使用权的有偿设立（出让），是未来农村建设用地利用的趋势所在。

（2）规范使用权的年限。现行法律法规没有对农村建设用地使用权的年限进行规定。《城镇国有土地使用权出让和转让暂行条例》第十二条规定："土地使用权出让最高年限按下列用途确定：（一）居住用地 70 年；（二）工业用地 50 年；（三）教育、科技、文化、卫生、体育用地 50 年；（四）商业、旅游、娱乐用地 40 年；（五）综合或者其他用地 50 年。"笔者认为，可以参考本《条例》规定的精神，设置农村建设用地的使用年限。当然，由于房屋和其他建筑设施等附着物的所有权人和土地的所有权人不统一，而房屋等建筑物的无期限性与农村建设用地使用权的有期限性之间的矛盾就凸显出来。农村建设用地使用权期限的确定大致结合建筑物的结构和使用年限，将两者结合起来考虑最为合适。为了防止当事人约定很短的使用年限，损及与土地使用人进行交易的第三人的利益，维护农村建设用地使用权作为一种物权本应具有的稳定性，规定一个最低年限是合适的。国外地上权立法一般规定为最短期间，最长期间可以由当事人约定，如《日本借地借家法》规定，借地权存续期间为 30 年，但契约约定超过 30 年者，从其约定。①

2. 合理划分使用权产权类型

借鉴国有土地使用权有偿使用制度的经验，为明晰和规范农村建设用地使用权的类型，笔者认为，可以将农村建设用地使用权设立为无偿划拨土地使用权和有偿土地使用权，从而构建出与国有土地产权外在形式相似、内在权益相当并涵盖各类用地的农村建设用地产权体系（见表 3-2）。②③

---

① 高圣平：《建设用地使用权设立规则》，《中国土地》2009 年第 11 期。
② 胡存智：《从产权制度设计和流转管理，推进集体建设用地改革》，《国土资源导刊》2009 年第 3 期。
③ 杨继瑞：《中国农村集体土地制度的创新》，《学术月刊》2010 年第 2 期。

表 3-2　　　　　　　农村建设用地使用权产权类型

项目	无偿划拨土地使用权		有偿土地使用权	
具体形式	"批准面积内"的宅基地	闲置的"批准面积外"的宅基地和无主的乡镇企业用地、公共设施和公益事业用地	新增宅基地	有偿使用的乡镇企业用地等
流转条件	宅基地产权人在城市拥有住房和城镇居民相应的社会保障	符合规划，确保农村基本公共设施和生产保障	宅基地产权人在城市拥有住房和城镇居民相应的社会保障	符合规划，确保农村基本公共设施和生产保障
流转主体	农户（应补交宅基地使用费）或者集体	由集体收回进行统一规划和流转	农户或者集体（需补偿农户相关费用）	用地企业或集体（需补偿企业相关费用）

说明：房屋及其占地是一个整体，宅基地权属从理论上可以分为"批准面积内"和"批准面积外"两个部分，这在实际操作中存在一定困难。

在表3-2中，无偿划拨的土地使用权主要是基于既成事实而形成，对于宅基地，在确保"住有所居"的前提下，在交纳相关费用后可以由农户（或交由集体）推动流转，对于无主的乡镇企业用地、公共设施和公益事业用地则由集体收回进行统一规划和流转。有偿使用的土地使用权主要是随着土地资产价值显化后逐步形成，在"住有所居"的条件下，宅基地可以实现市场流转，而其他建设用地则由用地企业或集体推动流转。

（1）农村宅基地使用权的产权创新。农村宅基地是农村建设用地的重要组成部分，其使用制度改革的方向是在实行有偿使用的基础上，将宅基地使用权改造为可以流转的新型宅基地产权。其改革的方案可以这样展开。

第一，对农村宅基地的存量实行规范管理。我们将宅基地分为"批准面积内"和"批准面积外"两个部分。首先，"批准面积内"宅基地是基于个人最基本的生产生活底线（如35平方米）进行设置，在历史沿革中，其具有法定的福利性质，应该继续保持"无偿"使用，原则上不能流转。除非宅基地产权人在城市拥有住房和城镇居民相应的社会保障，原则上可以以农户资格流转（需要补交土地使用费）或交由集体进行流转而获取相应收益。其次，"批准面积外"宅基地由于已经超出法定界限且大多处于非有效利用状态，原则上可以以农户资格流转（需要补交土地使用费）或由集体流转获益。当然，由于"批准面积内"和"批准面积外"两个部分很难截然分开，因此，我们主张对于处于闲置状态的对基本居住条件不会有损害的宅基地才可以流转。

第二，对农村宅基地的增量实行"三有"使用的制度安排。各地可以依据其社会经济发展水平、农民收入水平和征地补偿标准等，制定一定的宅基地收费标准和相应的使用年限，对新增的宅基地实行"三有"使用，即有偿、有限期和有条件流转。由于实行严格的土地管理，我们假定新增宅基地都是在法律规范框架下批准，比如按照个人最基本的生产生活底线（如35平方米）进行设置，只要基地产权人在城市拥有住房和城镇居民相应的社会保障，则可以以农户资格流转（需要补交土地使用费）或交由集体进行流转而获取相应收益。

（2）乡镇企业用地和公用事业用地使用权的产权创新。由于历史缘故，乡镇企业用地大多是由村集体直接划拨使用的，呈现出无偿、无期限的划拨供给特征，其用地缺乏统一规划，土地资产价值得不到体现，利用率低。其他集体公用事业用地大多分散，基础设施少，闲置浪费严重。对部分乡镇企业用地和公用事业用地，可以进行统一规划，收回闲置乡镇企业用地，集中整理公用事业用地并进行流转开发；对部分乡镇企业用地实行有偿、有期限使用，按照一定的使用标准，对乡镇企业用地收取土地使用费并允许企业主体推进土地流转。

3. 完善使用权产权权能

农村建设用地使用权改革不仅仅在于确认其使用权，更应该赋予建设用地更多的产权权能，包括处分权和收益权。从动因看，正是由于农村建设用地资产的流转可以实现合理配置资源和提高主体收益，为推进农村建设用地产权改革和创新而付出相应成本才是值得的。

农村建设用地使用权权能的完善所面临的主要问题是：土地用途

管制有待优化、产权处分与收益面临障碍。在用途管制的优化方面，需要慎重解决的是将农村建设用地用于商品房开发是否可行，如果可行，那么如何推进配套政策制定以及协调好国家、社会、集体、农民和地方的利益关系，这都是需要认真考虑的。在产权处分与收益障碍的破解方面，需要在制度建设方面下工夫，尤其是在加强农村建设用地流转制度和农村土地金融制度的建设等方面。

（1）加强农村建设用地流转制度建设。农村建设用地使用权产权制度建设与城乡统一建设用地市场建设是相辅相成的关系。前者是后者的前提条件，后者也会有效促进前者完善。就农村建设用地市场建设如何促进产权制度建设，本书以成都市的实践来进行说明。

2007年7月，成都市国土资源局出台《成都市集体建设用地使用权流转管理办法（试行）》，规定农村建设用地可以进入市场公开出让。由于农村建设用地产权主体不明晰，土地流转不能顺利推进。2008年1月，成都市委、政府下达《关于加强耕地保护进一步完善农村土地和房屋产权制度的意见（试行）》，要求在普遍的农村土地房屋主体确权基础上，推动农村建设用地使用权流转。决定先行在四个区（市）县试点确权，包括集体土地所有权、宅基地使用权和房屋所有权，并成功地摸索和总结出了一系列既有原则性，又有灵活性，既讲究公序，又讲究良俗的土地产权改革方法。2008年10月13日，全国第一家农村产权交易所"成都农村产权交易所"挂牌成立并完成了第一宗农村土地产权的交易。可以发现，完善农村建设用地使用权权能并促进其流转，对盘活集体经济资产、改善农民生产、生活起到了巨大的推动作用，其积极意义是不容否认的，从这个角度说，放松农村建设用地用途管制对农民、农村的发展来说是利大于弊。但就目前看，农村建设用地流转价格仍然很低，比如，成都市锦江区2004—2008年共18宗国有土地拍卖评价价格为1304万元/亩，而2008年两块建设用地流转拍卖价格仅仅为80万元/亩，使用年限为40年。究其原因，在于流转土地规划为汽车产业园区，限制用作品牌汽车4S店和相关配套，对竞拍者的品牌和代理资格都有严格的限制。

（2）加强农村土地金融制度的建设。土地金融是以土地为担保，获得资金融通的各种信用行为的总称，而土地担保主要是以土地使用权抵押为主要形式的。《物权法》和《担保法》严格限制了农村土地"裸体"抵押担保，这严重束缚了农村土地金融的发展。党的十七届三中全会公报指出，"允许农民以转包、出租、互换、转让、股份合作等形式流转土地承包经营权"，并没有涉及担保抵押形式。实际上，随着农村土地产权制度的完善，农村建设用地流转方式的逐步确立，农村土地金融将在农村经济建设与发展中筹集资金、国家对农村建设用地流转市场进行宏观调控、推行国家土地政策等方面都将发挥重要作用。

作为城乡统筹综合配套改革实验区，2008年4月，成都市农村产权流转担保有限公司成立，公司对利用宅基地、农村房屋、新居工程等抵押融资进行信用担保，并在经济基础较好的区县还成立了区县一级的担保公司。同年12月，成都彭州市首家土地银行——磁峰镇皇城农业资源经营专业合作社正式挂牌营运。2009年年底，《成都市人民政府办公厅转发市政府金融办等部门关于成都市农村产权抵押融资总体方案及相关管理办法的通知》明确宣布对土地承包经营权、农村建设用地使用权和农村房屋产权抵押。2010年7月，央行、银监会、证监会、保监会决定实施"探索开展农村土地承包经营权和宅基地使用权抵押贷款业务"的工作。应该说，各地实践和国家相关机构已经对农村土地金融做出可贵的探索。但由于农村建设和发展基础薄弱，农村生产回报低、风险大和期限长的特点决定了农村土地金融不同于城市土地金融，还需加大各级政府的扶持力度。

总之，农村建设用地产权制度创新不能简单归为需求诱致型或供给主导型，它是制度需求和制度供给共同作用的结果，两者缺一不可。随着正式、非正式制度安排的变化和社会经济发展水平的提高，"同地不同权、同地不同价"的农村建设用地产权制度面临变革的需求。而我国各地农村建设用地产权制度试点为国家制度供给提供多样性的选择空间。伴随各层面产权制度的边际调整，在一定时域内，农村建设用地产权制度会实现需求—供给的暂时相对平衡。但是，从产权制度本身的发展轨迹来看，动态化是产权制度演进的必然方向。我国农村建设用地产权制度必将进一步发展和完善。

第四章 我国农村建设用地的供求及市场均衡研究

市场是商品顺利交易的条件和场所,是各种市场主体之间交换关系乃至全部经济关系的总和。党的十八届三中全会明确提出要建立城乡统一的土地市场,实现市场在土地资源配置中的决定性作用。农村建设用地市场,是农村建设用地顺利实现流转的基础条件,是发挥市场在资源配置中决定作用的重要环节,是国家、土地出让方、土地受让方、中介等市场交易主体交换关系的总和。在这些交换关系中,农村建设用地供求关系是最基本的经济关系,通过决定土地竞争关系和价格关系,共同构成农村建设用地市场的基础。

第一节 "征—供"制度下我国建设用地市场研究

一 城市建设用地"征—供"入市制度变迁

(一) 城市用地制度的初步形成(1988年以前)

在高度集中的计划经济体制框架下,我国长期实行的是一种以高度集中的指令性计划的城市土地用地制度,在对农村土地进行征用的基础上,实行无偿划拨、无限期使用和无流动使用为特征的制度,即城市土地"三无"制度。[①]

我国的征地制度,是在20世纪50年代为了适应大规模的国家建设需要而建立起来的。1953年12月,政务院即颁布了《国家建设征

---

① 刘露军:《土地招拍挂与竞买》,清华大学出版社2008年版,第10—16页。

用土地管理办法》，此为我国第一个土地征用法规。该《办法》规定："凡兴建国家工程、厂矿、铁路、交通、水利工程、市政建设及其他经济、文化建设等所需用之土地，均依本办法征用之。"1954年《宪法》承认了征地的合法性。由于"一五"时期建设快速发展，导致大量土地资源在征地中被浪费。国务院于1958年1月施行经修订的《国家建设征用土地办法》，该法上收了征地审批权限。这一时期，我国法律将土地征用的目的限定在社会公共利益范围内，而征地审批权限比较宽松。

改革开放后，计划经济体制逐步被打破，国民经济建设全面复苏，而建设用地需求量大幅度增加。为了避免农村土地，特别是农用地大量被侵蚀，国家加强了征地制度建设，1982年《宪法》规定，"任何组织或者个人不得侵占、买卖、出租或者以其他形式非法转让土地"。1982年5月，国务院公布施行《国家建设征用土地条例》，明确规定，"禁止任何单位直接向农村社队购地、租地或变相购地、租地"。1986年6月通过的《土地管理法》采纳了条例的大部分内容并规定："国家为了公共利益的需要，可以依法对集体所有的土地实行征用。""任何单位和个人不得侵占、买卖或者以其他形式非法转让土地"。

总体看来，由于实行高度集中的计划经济体制，我国土地的商品属性未显现出来，国家无偿或者低偿征用农民的土地，然后划拨给城市建设用地使用者。相应地，农村土地（包括建设用地）的商品经济属性被完全否定，征地制度是国家凭借政治权力在计划模式下做出的制度安排，国家对农民集体土地的补偿费和安置补助费很低。

（二）城市用地的有偿使用制度变迁（1988年以后）

1988年以后，以《宪法》关于"土地的使用权可以依照法律的规定转让"的规定为起点，城市用地的"征—供"入市有偿使用制度开始逐步形成并完善，其中围绕两个主线展开：有偿使用制度变迁过程和围绕土地收益的博弈调整过程。

1. 土地从无偿划拨向有偿出让转轨阶段（1988—2004年）[①]

始于20世纪80年代末的城市土地使用制度改革是社会主义市场

---

① 刘露军：《土地招拍挂与竞买》，清华大学出版社2008年版，第10—16页。

经济体制改革的重要内容。深圳市、抚顺市开始征收土地使用费，1987年深圳市国有土地使用权有偿出让试点取得成功。1988年《宪法》第十条规定："土地的使用权可以依照法律的规定转让。"《土地管理法》（1988年）第二条规定："国有土地和集体所有的土地的使用权可以依法转让。"土地市场尤其是国有土地市场的合法性由此得到确立，土地一级市场逐步形成，土地价值凸显。1990年5月国务院颁布的《中华人民共和国城镇国有土地使用权出让和转让暂行条例》（55号令）规定了最高出让年限为：居住用地70年，商业、旅游、娱乐用地40年，工业、教育、科教等用地50年。转让必须具备三个条件：交付全部土地出让金、领取土地使用权证和投资达到25%。这样，国有土地使用制度由"三无"变为"三有"。条例出台后，地方也出台相应的配套文件。1994年《中华人民共和国城市房地产管理法》第八条规定："城市规划区内的集体所有的土地，经依法征用为国有土地后，该幅国有土地的使用权方可有偿出让。"总体看来，城市用地市场仍然处于起步阶段，城市土地的价值大幅度提升。截至2001年年底，国有土地交易总量中，95%是行政划拨的，5%是有偿出让的，而有偿出让部分的95%是协议出让的，仅有5%是招标拍卖出让的。

由于农村耕地急剧减少，1998年修订的《土地管理法》强化了建设用地的国家调控："农民集体所有的土地的使用权不得出让、转让或者出租用于非农建设。"（第三十六条）"任何单位和个人进行建设，需要使用土地的，必须依法申请使用国有土地。"（第四十三条）（这和《宪法》中规定的"为了社会公共利益才可征地"这一精神是冲突的。）为了完善土地出让制度，1999年，国土资源部转发了《杭州市土地收购储备》，开始在全国范围内推广建立土地收购储备制度。2001年4月，国务院发布了《关于加强国有土地资产管理的通知》，强调有计划、有规划、有偿使用国有土地。2002年5月，国土资源部出台《招标拍卖挂牌出让国有土地使用权规定》（11号令）进一步明确了"土地新政"的要求和规范，规定，"商业、旅游、娱乐和商品住宅等各类经营性用地，必须以招标、拍卖或者挂牌方式出让"，"同一宗地有两个以上意向用地者的，也应采取招标、拍卖或者挂牌方式出让"。次年6月,国土资源部又出台了《协议出让国有土地使用权办法》,进一步规范了协议出让国有土地使用权办法。2002年6月,北京市政府出台的《关于停止经营性项目国有土地使用权协议出让有关规定的通知》,是北京市执行"土地新政"的标志性文件,但其中也对协议出让开了"口子"——绿化隔离带项目、小城镇建设项目、危旧房改造项目和规划为高科技、工业用途的经营性项目等仍可以继续进行协议出让。

2. 土地有偿出让制度不断完善(2004年以后)

2004年3月,国土资源部、监察部联合下发了《关于继续开展经营性土地使用权招标拍卖挂牌出让情况执法监察工作的通知》,要求各省市严格要求国家规定界定"11号令"实施前的历史遗留问题,要加快工作进度,在本年度8月31日前将历史遗留问题界定并处理完毕,其后,不得再以历史遗留问题为由采取协议方式出让经营性土地使用权。这样,政府将土地一级开发和二级开发市场分离,开发商通过招标、拍卖或挂牌方式从公开市场获得土地逐渐形成主流趋势。至此,农村建设用地要进入土地市场,必须通过征地这一唯一合法的方式,在土地一级市场上,政府是唯一的土地供给者。正如周其仁所指出的那样,中国目前的土地制度混合了"土地不得买卖和涨价归公"(征地制),"国家工业化"(超低补偿),人民公社制(唯有"集体"成为农民合法代表)和"香港经验"(土地批租制),自成一家。[①] 为了促进城市房地产健康发展,从2003年8月,国务院下发《关于促进房地产市场持续健康发展的通知》,到2005年、2006年、2011年,国务院办公厅分别颁布的"国八条"、"国六条"、"新国八条",城市用地资源成为调控城市房地产市场"组合拳"中重要抓手。

(三)土地收益的博弈和调整

1. 国家和农村集体的土地收益调整

国家和农村集体与农民之间的利益博弈主要围绕征地补偿的问题。在改革开放前,农村土地(包括建设用地)的商品经济属性被完

[①] 周其仁:《农地征用垄断不经济》,《中国改革》2001年第12期。

全否定，征地制度是国家凭借政治权力在计划模式下作出的制度安排，国家对农村集体土地的补偿费和安置补助费很低。1958年1月，国务院公布施行经修订的《国家建设征用土地办法》，该法将征地补偿标准设置为土地年平均产值的2—4倍。1986年《土地管理法》也仅仅将征地补偿费总额提高为3—6倍。1988—2004年，《土地管理法》把征地补偿的最高限制仅提高到土地被征用前三年平均年产值的30倍。

2004年10月，国务院发布了《关于深化改革严格土地管理的决定》（以下简称《决定》），规定："县级以上地方人民政府要采取切实措施，使被征地农民生活水平不因征地而降低。""省、自治区、直辖市人民政府要制定并公布各市县征地的统一年产值标准或区片综合地价"，征地补偿费突破30倍上限。为指导各地贯彻落实好《决定》精神，2004年11月和2005年7月，国土资源部先后发布了《关于完善征地补偿安置制度的指导意见》和《关于开展制定征地统一年产值标准和征地区片综合地价工作的通知》（以下简称《通知》）。从国务院的《决定》到国土资源部的《通知》，表明征地补偿依据发生重大转变，这带来征地制度的重大变革。2008年10月，国土资源部提出："各省（区、市）要抓紧做好征地统一年产值标准和区片综合地价修订完善工作，为切实保障被征地农民的合法权益，深化征地制度改革，从2009年起国家逐步适当提高征地补偿标准。"在提高征地补偿标准的同时，各地纷纷进行征地制度的改革探索：完善征地调整补偿标准确定的方法、增加失地农民安置方法、完善征地程序。

2. 中央政府和地方政府的土地收益调整

1988年11月实施的《中华人民共和国城镇土地使用税暂行条例》，将土地使用费改为土地使用税，按年收取，每平方米从0.2—10元不等。土地使用税收入由中央与地方政府按5:5分成。由于一些地方开始少缴或者瞒缴部分土地使用税，1989年5月，国务院出台《关于加强国有土地使用权有偿出让收入管理的通知》，规定凡进行国有土地使用权有偿出让的地区，其出让收入必须上缴财政，其中40%上缴中央财政，60%留归中央财政。两个月后，中央提取比例降至32%。但是，由于地方政府瞒报土地出让收入，中央提取部分难以落实。1992年，财政部出台了《关于国有土地使用权有偿使用收入征收管理的暂行办法》，第一次将土地使用权所得称为"土地出让金"，并将上缴中央财政部分的比例下调为5%。1994年分税制改革后，土地出让金作为地方财政的固定收入全部划归地方所有。1998年《土地管理法》第五十五条，首次提出新增建设用地的土地有偿使用费的概念，并规定："百分之三十上缴中央财政，百分之七十留给有关地方人民政府，都专项用于耕地开发。"即便如此，新增建设用地有偿使用费仍被拖缴和欠缴，仅"2003—2004年4月期间，各级地方政府拖缴、欠缴的土地有偿使用费就有123.3亿元"。[①]

为了强化地方政府土地出让收入的管理，增强地方政府承担社会公共事业管理的责任，中央政府不断做出对地方土地出让收益支出的规定。2004年，财政部、国土资源部出台《用于农业土地开发的土地出让金收入管理办法》，其中规定了"将部分土地出让金用于农业土地开发"，土地出让金用于农业土地开发的比例，"按各市、县不低于土地出让平均纯收益的15%确定。"2007年，财政部《廉租住房保障资金管理办法》，规定："从土地出让净收益中按照不低于10%的比例安排用于廉租住房保障的资金。"2011年，财政部、教育部下发《关于从土地出让收益中计提教育资金有关事项的通知》，规定从土地出让净收益中按照10%的比例计提教育资金。2012年，财政部、水利部下发《关于中央财政统筹部分从土地出让收益中计提农田水利建设资金有关问题的通知》，规定：按规定口径从土地出让收益中计提20%的农田水利建设资金，专项用于农田水利设施建设，重点向粮食主产区倾斜。

可见，中央政府和地方政府关于土地出让收益的分成和规范管理等方面的博弈一直存在。在中央政府提成收益失败后，加强土地出让收入管理，正如中国指数研究院指数研究总监何田认为的那样，"通过各项计提以及中央统筹，可以推动土地出让收入的使用更加合理"。[②]

[①] 李龙浩：《土地问题的制度分析》，地质出版社2007年版，第86页。
[②] 参见胥会云《土地收益两成输血农田水利，地方财政所剩几何》，《第一财经日报》2012年7月12日。

从国家和农村集体、中央政府和地方政府关于土地收益的调整过程看，它是在征地制度的框架内进行的，虽然可以在增加地方政府"土地财政"的前提下，增强农民最基本的生活保障问题，但农民无法参与分享土地收益的大头。补偿范围偏窄和补偿标准偏低的问题依然没有真正解决。

二 "征—供"制度下我国国有土地市场分析

（一）我国国有土地市场均衡分析

1. 存量土地入市下的国有土地市场均衡分析

假设在某一时期内，国家为了粮食安全、生态环境等目标，暂时冻结农地征用。这样，建设用地市场的增量供给为0，土地存量供给固定，为现有的城镇国有土地总量。土地的供给曲线为一条无弹性的、垂直于横坐标的直线S（见图4－1）。

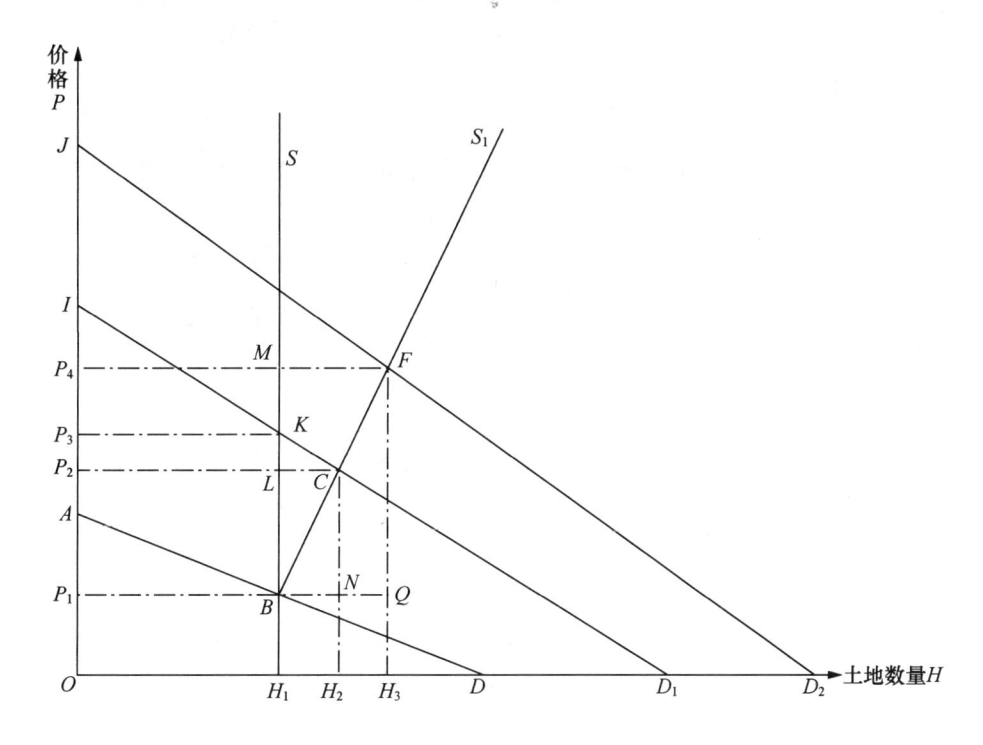

图4－1 "征—供"制度下的国有土地市场均衡

建设用地需求曲线D向右下方倾斜。建设用地需求曲线D和供给

曲线 S 的交会点处，出现了均衡价格 P_1。如果该市场能自身均衡，那么，任何价格的短期偏离均可以自动恢复到 P_1。但是，土地需求是一种引致需求，随着人口增长、经济发展等因素的影响，会引致土地需求，而使土地需求曲线由 D 上升到 D_1。由于土地供给无弹性，这种变动的土地需求与建设用地供给线 S 在新的价格水平 P_3 上实现均衡。相反，当政府进行宏观调控、压缩基建规模、控制土地审批时，土地的引致需求会随之下降，土地需求曲线则由 D_1 下降到 D，均衡价格也由 P_3 下降到 P_1。由此观之，在国有存量土地入市的条件下，土地市场的均衡取决于土地的需求，需求上升，均衡价格上升；反之则相反。

可以看出，在土地供给国家完全垄断情况下，对于经济主体的土地需求，政府可以依据土地供求弹性为零的先决条件，通过价格手段，有效地加以调节，以此增加对国家经济进行宏观调控的有效手段。同时，随着土地需求的增减，政府的土地收益也会发生重大变化：由图 4-1 可知，在原有需求 D 曲线下，矩形 OH_1BP_1 的面积是地方政府作为土地供给者的卖方生产者剩余，三角形 AP_1B 的面积则是土地需求方的买方消费者剩余。随着土地需求曲线 D_1 和供给曲线 S 形成新的均衡价格 P_3，政府的生产者剩余扩大为矩形 OH_1KP_3 的面积。进一步说，政府土地供给政策的选择往往也在土地收益和宏观经济健康运行之间寻求一个平衡点。

2. "征—供" 制度下的国有土地市场均衡分析

随着我国经济的发展和城市化水平的提高，国家通过农村土地的征收（用）方式，变农村集体土地为国有土地，每年都会有经过审批的增量建设用地进入土地市场，这也成为国有建设用地供给方式的主要来源。但总的来看，土地供给呈略增长趋势，表现为供给由垂直线向右略有倾斜。这样，政府征用的土地进入市场，使得原来的土地供给直线由 S 变成 S_1，而 SBS_1 所形成的夹角就是建设用地供给的增长率。在土地需求 D_1 的条件下又形成新的市场均衡量 H_2 和均衡价格 P_2，征地带来的建设用地供给增量为 H_1H_2。

图 4-1 中，土地供给增量进入市场，是在价格水平为 P_1 时进入的。这个价格水平相当于政府征地成本（假设全部为农民集体所得）。

如果土地供给增量进入市场的价格低于 P_1，则土地增量是不会入市的。土地供给增量进入市场后，因扩大了土地供给，在新的均衡点上形成的均衡价格 P_2 低于原有的均衡价格 P_3。如果土地需求上升到 D_2，新的土地需求 D_2 与土地供给 S_1 在 F 点均衡，则均衡价格为 P_4，价格上升幅度为 P_2P_4，土地供给增量为 H_2H_3。通过对照可以发现，在土地需求变动的情况下，土地供给量的变化率小于价格的变化率，即 $H_2H_3 < P_2P_4$，这表明土地的供给仍是缺乏弹性的。所以，即使每年都扩大征地面积并投入土地市场，我们仍抑制不住土地价格上涨。相应地，政府可以通过宏观经济政策、控制经济增长速度把对土地的需求降下来，从 H_3 到 H_2，这时土地的价格就会相应地有较大的回落空间，从 P_4 到 P_2。可以发现，较大的土地价格回落并未大幅度地削减土地供给量，所以，政府仍需保持相应规模的征地规模来维持土地供给，而这又会加剧我国耕地困境。

进一步观察，在土地需求由 D 上升为 D_1 时，政府由农村征地到土地出让新增的卖方剩余为三角形 LBC 的面积，用地者买方剩余则由三角形 IP_3K 扩大为 IP_2C；在土地需求由 D_1 上升为 D_2 时，政府土地出让新增剩余为四边形 $MLCF$ 的面积，用地者买方剩余则由三角形 IP_2C 扩大为 JP_4F。而农民集体仅得到土地征收补偿，即相当于矩形 BH_1H_2N 和 NH_2H_3Q 的面积，其失去了分享征用土地的发展权所能带来剩余部分的权利。因此，随着政府征地数量的不断扩大，农民的福利损失也将随之增加，在征地补偿制度不变的情况下，农民集体无法分享经济社会发展和城镇化带来的成果。

(二)"征—供"制度下我国国有土地市场存在的问题

但作为计划经济和城乡二元格局的产物，"征—供"制度下我国国有土地市场存在如下问题。

1. 市场失灵和政府失灵同时并存

(1) 市场失灵表现在供求机制、价格机制和竞争机制这三大市场机制的失灵。具体表现为两个方面：第一，地方政府为获取招商引资的政绩往往刻意压低工业用地价格，甚至以低于成本的价格出让，导致土地利用效率低下。另外，地方政府利用建设用地大肆"造城"，建设形象工程、政绩工程，造成土地大量浪费。究其根源来看：一是由于地方政府完全垄断土地一级市场的供给，城市土地市场上土地供给量远高于需求量，市场出现买方市场。因此，无论需求量怎样变化，市场均衡的结果都只是均衡数量的变化而均衡价格几乎不发生任何变化。故而，供求机制和价格机制是失效的。二是不同地方政府间都存在招商引资和发展地方经济的压力，都有动力通过压低土地出让地价以吸引投资，这种竞争更加剧供给量远大于实际需求量，造成竞争机制失效。卖方市场过度竞争，而买方市场的竞争却是不充分的。这样，地方政府低地价甚至"零地价"招商引资，而需求方土地的取得成本低廉，没有压力和动力来集约高效地利用土地。第二，住宅用地市场因政府垄断而导致地价畸高，推动房价过快上涨。究其根源，由于地方政府完全垄断土地一级市场的供给，住宅用地供给量远低于需求量，市场出现卖房市场。因此，无论市场价格怎样变化，市场均衡的结果表现为数量变化小而价格过快上涨。①

（2）政府失灵表现在两个方面：第一，尽管我国实施了最严格的耕地保护政策，但在利益驱动下，地方政府违规、违法征收（用）耕地的现象十分普遍。第二，我国广大农村宅基地数量很大，虽然农民工进城及市民化加速，但是他们不能将其宅基地作为资本带入城市，且因规划又不在被征之列，只能长期闲置而造成资源浪费。②

2. 征地制度的社会成本高昂

征地制度社会成本，主要体现为频繁发生的征地冲突。近年来，征地冲突形势越来越严峻。

（1）冲突的组织性、群体性逐步提高。农村征地冲突越来越表现出一定的组织性。起到领导和组织作用的多是农村新产生的地方权威人物：有较高的文化水平、有较丰富的阅历、有较强的法律意识，他们作为农民利益的代言人，有较强的影响力，同时，由于征地与农民的生产和生活密切相关，所以很容易引起当地民众的共鸣。这些因素促使当前征地冲突呈现群体性和规模性特征。

---

① 吴郁玲、周勇：《我国城市土地市场均衡与土地集约利用》，《经济地理》2009年第9期。

② 祝天智：《集体经营性建设用地入市与征地制度改革的突破口》，《现代经济探讨》2014年第4期。

第四章 我国农村建设用地的供求及市场均衡研究　　143

（2）冲突方式逐渐升级，出现了暴力化趋向。以前，征地冲突形式主要是写联名信或派代表上访这些形式，现在，已经发展为到政府门口（高速公路、铁路上）静坐请愿，阻挠工地施工，有时伴有激烈的肢体冲突。由于主体间的互动频率快，群情激动，行为越来越不受理智的控制，最终出现一系列破坏行为。基层政府在与农民的矛盾无法调和时，常常会采取过激手段对待维权农民。这样，征地冲突就可能演化为较大规模的暴力冲突事件。

（3）地方政府威信受损。征地冲突主要存在于农民与地方各级政府两个特定主体之间。[①] 一方是农民，而由于村委会、村民小组和农民的利益是一致的，村委会和村民小组也成为冲突抗争的主体。另一方则是地方政府，尤其是乡镇级基层政府。这造成基层政府和农村农民的关系僵化，给基层治理带来巨大的隐患。同时，由于缺少有效规制，国有土地市场极易出现"寻租"的情况，因土地征收和供给诱发的腐败现象频发。据《中国监察报》对河南省的不完全统计，自2007年以来，仅该省国土资源系统便有110多名官员因贪污、受贿等被追究刑事责任，其中不乏一些窝案串案。[②]

可见，我国征地制度以及国有土地市场机制存在重要缺陷，继党的十七届三中全会做出"改革征地制度，严格界定公益性和经营性建设用地，逐步缩小征地范围，完善征地补偿机制……逐步建立城乡统一的建设用地市场"的决定以来，党的十八届三中全会更明确要求："建立城乡统一的建设用地市场。在符合规划和用途管制前提下，允许农村集体经营性建设用地出让、租赁、入股，实行与国有土地同等入市、同权同价。缩小征地范围，规范征地程序，完善对被征地农民合理、规范、多元保障机制。扩大国有土地有偿使用范围，减少非公益性用地划拨。建立兼顾国家、集体、个人的土地增值收益分配机制，合理提高个人收益。完善土地租赁、转让、抵押二级市场。"将"建立城乡统一的建设用地市场"置于"缩小征地范围，规范征地程序"之前，进一步强调其紧迫性和战略性意义，同时，也更加重视合

---

① 谭峥嵘：《征地冲突与征地制度的完善》，《求实》2011年第1期。
② 陈曦、邱建军：《打破土地腐败的"魔咒"》，《中国监察报》2013年6月14日。

理分配土地收益,强调"完善对被征地农民合理、规范、多元保障机制"、"建立兼顾国家、集体、个人的土地增值收益分配机制,合理提高个人收益。"2015年1月,中共中央办公厅和国务院办公厅联合印发了《关于农村土地征收、集体经营性建设用地入市、宅基地制度改革试点工作的意见》,将完善土地征收制度作为四大任务之一,即"缩小土地征收范围,探索制定土地征收目录,严格界定公共利益用地范围;规范土地征收程序,建立社会稳定风险评估制度,健全矛盾纠纷调处机制,全面公开土地征收信息;完善对被征地农民合理、规范、多元保障机制。"

第二节 对农村建设用地的直接需求研究

一 中小企业发展对农村建设用地的直接需求

(一) 中小企业对农村建设用地的需求概述

改革开放以来,我国中小企业得到了长足发展。而随着社会经济发展,城镇国有建设用地越来越少,我国工业化初期以低地价招商引资的情况在城市不复存在。相反,对于广大中小企业来说,过高的政策门槛和土地价格已成为制约其继续发展的障碍,并影响到我国经济的持续健康发展。[①]

就企业用地政策来看,出于提高 GDP 和税收、优化产业结构等目的,一般政府建设的工业园区都有明确的投资强度和产业规划要求。以成都市双流县西航工业港为例,2005 年,双流县对产业园进行产业调整,要求投资强度在 100 万/亩以上,建筑密度大于 50%,并且符合县委、县政府所确定的五大产业规划的工业项目才能进入园区。县委县政府举全县之力,主要打造中科产业园、教育科研产业园、新型建材产业园、生物医药产业园等特色产业园。现有世界 500 强企业 2 家,高新技术企业 140 家,上市公司 10 家,总投资在亿元以上的企业多达 95 家。后来,为了解决中小企业建设用地不足的问题,县委

[①] 马凯:《我国集体非农建设用地市场演化的逻辑》,《农村经济》2009 年第 3 期。

县政府决定 2007 年启动西航港孵化园项目，但规定进驻园区的企业必须达到 30 亩地和 5000 万元投资额的投资门槛，并必须符合上述产业规划。①

就企业用地价格来看，即包括征地费、土地基本开发费用和相关税费。比如，成都市计划内指标需要缴纳耕地占用费大概 1.5 万—2.5 万元，再加上新增建设用地费和土地出让金，每亩大概 26 万元。按照《中华人民共和国城镇国有土地使用权出让和转让暂行条例》，这些费用需在签订土地使用权出让合同后 60 日内一次性全部付清。这种一次性出让金额对用地企业者来说是一个沉淀性投资，土地投资在企业的现金流量中占太大比例。对于中小企业来说，初始资金规模本来就小，如果要支出这笔费用是相当困难的。② 如果中小企业选择在小城镇投资，那么他们还面临更多风险：由于地区的区位优势不明显，社会生产的凝聚力不高，如果仍然按照法定方式通过复杂的征用审批程序，付出高额的出让价格，将可能出现得不偿失的结果。③

因此，农村建设用地流转解决了中小企业投资者们的难题。中小企业在使用农村建设用地时，不再有上述用地政策门槛高和用地价格高的困难。相反，在农村建设用地上建立起来的工业园区进行投资建设，更有供地方式灵活、办事手续简便、用地价格低廉、付费方式多样化等优点。当前，农村建设用地供给主要是工业园区和开发区形式。流转方从农户手中集中土地后，统一进行土地经营和招商引资。对于中小企业来说，这种运作方式能充分满足其需要并具有如下优势，以成都蛟龙工业港为例④：

（1）进园门槛低，园区对流转土地加强基础设施建设，一般都对工业用地做到"七通一平"，甚至"九通一平"，有些甚至建好厂房

---

① 北京大学国家发展研究院综合课题组：《还权赋能：奠定长期发展的可靠基础》，北京大学出版社 2010 年版，第 74 页。
② 田莉：《土地有偿使用改革与中国的城市发展》，《中国土地科学》2004 年第 12 期。
③ 卢吉勇：《农村集体非农建设用地流转创新研究》，硕士学位论文，南京农业大学，2003 年，第 36 页。
④ 北京大学国家发展研究院综合课题组：《还权赋能：奠定长期发展的可靠基础》，北京大学出版社 2010 年版，第 86 页。

进行出租，企业投资的硬环境明显改善，缩短了建设周期，节约了企业投资的时间成本。蛟龙工业港的基础设施建设相当完善，港内道路纵横交错、四通八达，有蛟龙大道、长江路和黄河路等数条自建的高级道路；港内水电资源充足，配套设施齐全，有自建自来水厂，自来水管道密布全港；公共区域设立了各种生活娱乐设施等。甚至园区可以帮助中小企业量身定做厂房，房子大小也可以随着企业发展而予以调换。

（2）园区为中小企业提供一条龙服务，中小企业直接与园区合作，不需要与农民打交道，减少了建设项目占地产生的企业与农民之间的矛盾。比如，蛟龙工业港可以提供代办服务，政府设立环保局、经济局和规划局人员在内的工业港工作组，为入园企业办理相关手续；免费提供贷款担保，工业港每年获得贷款额度可达 2 亿元，这笔贷款额度可以无偿转让给园区企业，贷款利息一般是月息加上担保费等为 1.2%。

（3）园区厂房等设施租金支付灵活，可以按月支付。这为缺乏启动资金的中小企业节约了一大笔固定开支，解决了投资成本高和风险大的问题。

总之，农村建设用地以其较低的用地门槛和土地价格，对于中小企业来说吸引力很大。相对城市建设用地而言，农村建设用地对中小企业在城郊地区或乡镇选址具有一定的吸引力，在考虑政策因素、区位条件和土地成本的情况下，越来越多的中小企业会选择农村建设用地进行产业投资。[1]

特别是，有效利用农村大量闲置的建设用地，可以在减缓耕地需求压力的条件下，满足我国不断推进的城市化和工业化发展所引致的土地资源需求。同时，对于我国大量中小企业用地需求者而言，使用国有建设用地的高门槛也促使其将目光投向农村建设用地，一方面可以降低这些企业的用地成本，这满足了企业数量大、成本低的用地需求；另一方面也可以有效拓展农村地区经济发展的巨大空间。

---

[1] 诸惠伟：《基于土地视角的乡镇企业布局研究》，硕士学位论文，浙江大学，2006年，第25—33页。

（二）中小企业对农村建设用地需求的经济学分析

对于使用农村建设用地的中小企业来说，农村建设用地是与资本、劳动等非土地资源都是重要的生产要素。在农村建设用地不断增量投入的前提下，其产出量会增加，利润量也会增加（假定产品价格不变或者下降幅度小于产出增长幅度）。这种生产关系可以表示为：$y = f(x_1, x_2)$，其中，y 为产出量，x_1 为农村建设用地，x_2 为资本、劳动等非土地资源。

在一定的社会生产力水平下，x_1、x_2 两部分通过一定的组合就形成该水平下可能的产出量，如果其中某部分资源投入减少时，那么必须增加其他部分的投入量，才能保证其产出量不变（见图 4-2）。这样，

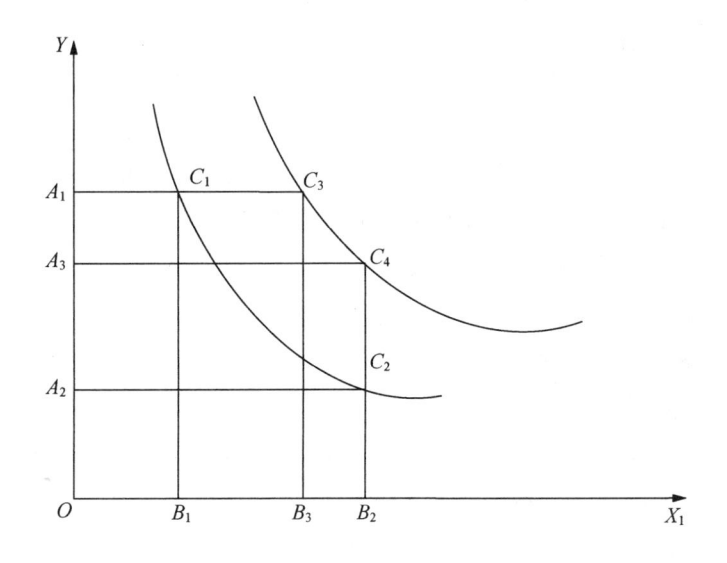

图 4-2　中小企业各资源投入等产量曲线

在一定的生产力水平下，农村建设用地和其他非土地资源经过多种有机结合，可以拟合出一条等产出曲线，如图 4-2 中的曲线 C_1C_2：要么通过增加投资和技术含量、减少农村建设用地以实现集约式生产，如 C_1 点，需要投入较多数量 A_1 的资本和技术信息等非土地资源和投入较少数量 B_1 的土地资源以实现相应水平的产出；要么多占用农村建设用地、减少投入资本和技术以实现粗放式生产，比如 C_2 点，需

要投入较多数量 B_2 的农村建设用地资源和较少数量 A_2 的非土地资源以实现相应水平的产出。

在社会生产力水平提高后，社会经济也会不断向前发展，中小企业总产出水平也会进一步提高，在图4-2中表现为等产量曲线 C_1C_2 上升为 C_3C_4。而中小企业总产出水平的提高意味着农村建设用地和非土地资源都相应增加。我们可以发现，当等产量曲线变为 C_3C_4 时，在 C_3 点，如果以保持生产 C_1 单位产量的非土地资源投入 A_1 不变，就会增加农村建设用地资源需求，由 B_1 增加到 B_3；在 C_4 点，如果以保持生产 C_2 单位产量的农村建设用地资源投入 B_2 不变，就会增加非土地资源需求，由 A_3 增加到 A_1。现实中，往往这两类投入是同时增加的，因为当生产力水平提高，经济向前发展时，社会总产出进入更高的水平，理论上可以通过增加非土地资源的投入而保持农村建设用地资源投入的不变来维持经济效益的提高，但由于报酬递增递减规律的作用，相对总需求而言，仍然需要农村建设用地资源和非土地资源均有相应的增加，从而使得农村建设用地需求总量也将增加。

二 城镇居民对农村建设用地的直接需求

（一）城镇居民对农村建设用地的需求概述

近年来，我国城市化、工业化快速发展，每年约有2000万—3500万农民转为城镇人口，加上每年大专、中专毕业生约1000万人，他们大部分留在城镇继续发展，而处于流动人口状态的仅农民工就有约2亿人左右，因此，我国城镇基本住房需求特别巨大。就我国现有法律政策规定来看，我国现有法律没禁止农村建设用地以住房形式出售、出租，只是以不能再申请宅基地作为限制条件，现有政策文件也仅仅限制农村以住房形式转让，没有对出租等形式做出界定。这样，农民以提供住房形式满足居民基本住房需求就显得十分普遍。据2007年北京统计局抽样调查，北京外来人口410万人，租住农村住房就达38.8%。而以居民住房买卖也有不少，购买主体主要分为两类：一类是下岗工人和拆迁户，买房是为了居住；另一类是休闲度假或作为工作场所，最著名的就是北京宋庄画家村房屋买卖，2002年画家李玉兰和村民马海涛签订了房屋买卖协议，协议由村主任认可。

在目前，城镇居民对农村建设用地住房需求主要体现在"小产权房"这个问题上，这也是当前社会高度关注的。从全国范围来看，截至 2007 年上半年，全国实有村镇房屋建筑面积已达到 330 亿平方米。通过带房入城、旧城改造、合村并镇、新农村建设、城镇居民的依法建造、村集体直接开发、合作开发、各种形式的信托持有等多种途径和形式，小产权房已达到现存全国实有村镇房屋建筑面积的 20% 以上，其中涉及村镇住宅的 50 多亿平方米；从地区情况来看，小产权房在一线城市和二线城市都广泛存在。北京的小产权房大概占整个市场的 18% 左右，已售和在建的小产权房很快就会超过 1000 万平方米；深圳这样的一线开放城市占的比重就更高，有的可能高达 40%，近 50%。[①] 在成都市，小产权房楼盘约有 200 多个，而其中大部分楼盘（如"府河星城"项目）都是借了国务院批准的成都市的城乡统筹综合试验区和"社会主义新农村建设"的双重政策优势的光。可以说，小产权房已经成为我国重要的房产权利类型之一。[②]

（二）城镇居民对农村建设用地直接需求的根源

归结起来，城镇居民对农村建设用地直接需求，特别是小产权住宅用地需求的原因可以归结为如下四点。

1. 农村建设用地住房价格低廉是该需求产生的经济根源

郭清根认为，小产权房问题应联系经济和社会发展的客观实际，它的存在不仅是产权概念的范畴，更是中国经济社会发展特殊时期和特殊区域出现的一种"经济现象"。[③] 2002 年我国开始实行"最高应价者为竞得人"的土地招拍挂制度，在规范地方政府行为的同时，也推高了土地出让价格进而增加地方政府土地财政收益。2007 年开始，我国开始实行土地储备制度，这使得地方政府彻底垄断了土地使用权出让一级市场，这更强化了土地价格上涨，"地王"现象近年来在全国各地不断涌现就是明证。地价与房价是相互联动的，地价涨了，房价自然也跟着提升。同时，现在的商品房地产市场是处于卖方市场，供小于求，卖方掌握着市场主动权，从而使我国房地产价格大幅度上

[①] 郭罕卓：《农地制度安排与村民集体行动》，《财经研究》2009 年第 5 期。
[②] 吴越：《从农民角度解读农村土地权属制度变革》，《河北法学》2009 年第 2 期。
[③] 郭清根：《"小产权房"现象中政府职能缺失和处置对策》，《河南社会科学》2008 年第 9 期。

扬。相反，小产权房由于不存在土地出让金、土地征用费、耕地占用税等成本，且没有缴纳房地产开发相关的各项税费，因此售价只有大产权房价格的1/4—1/3。以成都市为例，2008年房价高企的时候，市中心地段商品房住宅集中成交价为6000元/平方米左右，黄金地段楼盘最高元14000元/平方米。在三道堰镇，名为"堰上"的国有土地楼盘均价为3300元/平方米，而集体土地楼盘"东方威尼斯"均价只有1600元/平方米左右。小产权房具有如此有利的价格优势，因而受到低收入群体的青睐，使得小产权房有足够的生存空间，并成为城市房价快速上涨的必然产物。同时，随着国家各项税费的不断补充，二手房的价格优势也在不断削减。因此，一部分因房价高涨而无法释放的住房需求，自然而然就流向小产权房。农民也希望通过小产权房的交易分享社会进步的收益。

2. 城镇居民住房保障不足是该需求产生的现实诱因

经过这些年来住房制度的改革与探索，我国基本形成了以商品房供应为主，"廉租房、经济适用房、限价房"的住房保障体系为辅的中国特色的住房制度体系。从理论上讲，对于买不起昂贵商品房的人来说，购买价格相对较低的经济适用房和限价房、租住廉租房是一个可行的选择。但事实是，大部分城镇中低收入家庭并未享受到廉租房、经济适用房等保障性住房。原因有以下四个方面。

（1）全国具有租住廉租房资格的、人均建筑面积10平方米以下的低收入住房困难家庭近1000万户，占城镇家庭总户数的5.5%。而我国目前各城市廉租房覆盖面极小，即使在"十二五"期间政府将规划建设3500万套廉租房，而且2011年已基本建成1000万套廉租房，但其覆盖面依然有限，再加上位置太偏和配套管理等方面因素，廉租房也很难在短时间内解决这些居民的基本住房需求。

（2）各城市面向中低收入群体的经济适用房，开发建设量都在持续下降，目前仅为房屋开发总量的3%—5%，远不能满足城镇中低收入家庭的住房需求。不仅如此，许多现有经济适用房已经成为投机客牟取暴利的工具。近期推出的限价房政策，也面临着门槛过高、与商品房价差过小、地理位置偏远及弃购等诸多问题。因此，城镇中低收入群体占很大比重，但住房保障不足，他们的居住需求就只能流向小产权房市场。①

(3) 基础设施配套改善和交通便利本是需求产生的现实条件。随着城市房地产开发郊区化发展及轨道交通的快速发展，使城近郊区交通条件有较大改善，一些小产权房与商品房连接成片或毗邻，拉近了商品房和小产权房地理位置上的差异。加之优于城里的自然环境及较低的容积率，中低收入群体无法释放的住房刚性需求，也自然流向小产权房。比如，三道堰镇的区位和景观优势十分明显，乘车到成都市区只需要 30 分钟（距离郫县县城 8 公里，距离成都市区 26 公里），风光秀丽，物价水平低，没有工业污染。这些优势都强烈吸引着大量市民来这里购买小产权房。

(4) 短期房地产调控政策也会"迫使"部分居民购买小产权房。目前我国对房地产市场实行严格的限购限贷等政策调控，抑制了部分房产购买需求，而这意外地为小产权房提供了新的机会。和商业立项项目一样，没有"名分"的小产权房，不会被计入购房套数，也没有购买条件限制，其成为此轮限购令中，很多居民不得已的另一选择。比如北京师范大学房地产研究中心教授董藩就曾在微博上阐述类似观点："由于限购限贷，许多真实的需求受到伤害，一些人被逼无奈又去购买小产权房，小产权房交易回升。"华远地产董事长任志强也表达类似观点，"被限购的需求总要找个出口释放。"②

3. 相关制度安排失效是该需求产生的制度根源

众所周知，国家对农村房地产权制度安排的最终考虑有两个③：一是与国家的农业战略和国计民生相关，国家担心小产权房的大量交易会导致大量的耕地流失，进而危害国家的粮食安全。二是宅基地使用权是农民基于集体成员的身份而享有的福利保障，它解决了农民的基本居住问题。国家担心小产权房买卖一旦开禁，将导致农村的不安和社会的动荡。事实上，小产权房自由买卖并不必然意味着耕地的减

---

① 季雪：《"小产权房"的问题、成因及对策建议》，《中央财经大学学报》2009 年第 7 期。
② 参见姚江波《小产权房面临生死劫》，《腾讯财经》2012 年 2 月 13 日。
③ 王贝：《我国小产权房问题的由来与本质》，《四川经济管理学院学报》2009 年第 4 期。

少:一方面,在法律禁止小产权房买卖的情况下,由于地方政府肆意征地,我国的耕地保护形势却越发严峻;另一方面,如果加强土地用途管理和规划,小产权房的修建和出卖都不是任意的,那么国家加强耕地保护的目标是能实现的。同时,改革开放至今,我国的经济社会已经得到长足发展,农民的生活水平已向小康迈进,很多农民家庭的主要收入来源于外出经商或务工所得,如果此时依然强化和固守农民住房的社会保障属性,显然也不尽合理。

同时,城市房地产权制度改革从某种意义上讲重新实现了人们"居者有其屋"的梦想,特别是国有土地的有偿使用制度改革,实现了从行政手段到市场手段配置土地资源的方式转变,土地的资产功能越来越得以显化。这些制度变化给农村房地产权带来了强烈的示范效应。政府(特别是地方政府)作为行政权力的行使者,代表国家行使土地征用权,它除了要实现公共利益目标外,其本身也希望通过征用价格"剪刀差"获得土地的增值收益;农民作为理性经济人也希望追求其自身利益最大化,在土地收益分配中占据主动。这就形成了政府与农民的博弈关系。许海燕通过分析发现:不管地方政府采取何种行动策略;对农民而言,采取开发小产权房是其全面的严格的优势策略;不管农民采取何种行动策略,对政府而言,采取禁止并征地的行为是其全面的严格的优势策略。因而双方博弈的纳什均衡是(农民:开发;政府:禁止并征地;结局:冲突)。这正折射出现阶段解决我国小产权房问题的两难困境。①

(三)城镇居民对农村建设用地需求的经济学分析

居民对住宅的需求本质为"效用需求",同样,城镇居民对农村建设用地住房需求也可以用效用理论进行论证。对于购买农村建设用地住房(主要是小产权房,下面分析以此为例)的城镇居民来讲,住宅和其他消费品及其劳务一样构成其效用函数的基本要素。我们可以把购买小产权房的城镇居民总效用看成由一般消费品及劳务和住房所构成,其效用公式为:$U = U(X, Z)$,其中,U 为居民家庭总效用,

---

① 许海燕等:《利益博弈视角下小产权房的经济学思考》,《经济体制改革》2008 年第 5 期。

X 为住房效用；Z 为一般消费品和劳务效用（见图 4-3）。

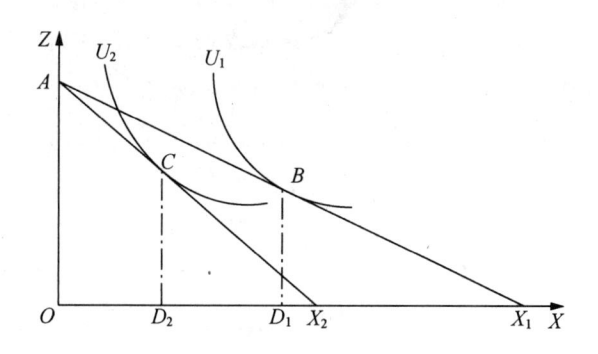

图 4-3 农村建设用地住房需求效用曲线

假定这部分居民开始的无差异曲线为 U_1，其预算约束线为 AX_1，因此其最佳住宅与消费品组合点为 B，在这一点可以满足这部分居民总效用最大化。而如果其他消费品或劳务价格下降，或者当农村建设用地地租价格上升时，相应的预算约束线就表现为向左移，由 AX_1 转化为 AX_2，并与另一假定的无差异曲线 U_2 相切于 C 点，此时，居民也可满足总效用最大化。与两切点 B、C 相对应，在 B 点，其所需要的农村建设用地住房效用为 BD_1；在 C 点，其所需要的农村建设用地住房效用为 CD_2。如果把这两种情况单纯得纳入到农村建设用地住房价格变动与需求变动关系中，可以发现，城镇居民对农村建设用地住房的需求曲线是向右下方倾斜的斜线，它体现了农村建设用地边际效用递减、农村建设用地需求与价格反向变动的两个市场规律。

三 就地城镇化对农村建设用地的直接需求

（一）就地城镇化对农村建设用地的需求概述

伴随着中小企业的大量集聚、因农村宅基地流转而引致的人口集聚，基础设施等公共配套服务逐步完善，以"专业镇群"为特征的"乡村小工业集群"，改变了中国城市化发展的传统发展路径，部分地方出现了农民就地自主城镇化的探索。比如，在浙江湖州和广东顺德等地区，城镇建设用地总面积中约有 80% 为集体建设用地。在珠江三角洲地区，高度工业化和正在形成的"大都市连绵带"所引致的对农村建设用地需求更是大量增加。① 尤其是北京郑各庄,就为我们呈现了一个农村建设用地资本化推动农民自主化的经典个案。

第一,通过集体土地资本化发展非农产业。随着集体工业——鸿福集团发展规模的扩大,已吸收大量非本村人进入企业。由于他们不是本村人,不能享受福利化的宅基地制度的恩惠,但又不能将他们推向商品房市场。于是,就在原村办企业的加工厂、老村的大队部和农业公司所占的 6 亩土地上修建住宅楼。第一批住宅楼入住取得了很好的效果,上楼村民和员工以预付款方式进行订购。所取得的 500 万元预付款成为企业的周转金,在首都机场、汉威大厦等工程中,净赚了 2000 万元。以此为基础,加快产业园区建设,大力发展第二、第三产业,实现"产业兴村"的目标。

第二,通过旧村改造实现土地集约利用。遵循不让老百姓吃亏的基本原则制定旧村改造中关于村民拆迁安置的详细规定。到 2007 年旧村改造完成,共有 391 户的旧房被拆除,570 户本村村民被安置住上新楼。通过农村居民集中居住,在改善农民居住条件和村庄面貌的同时,宅基地 70% 流转出来形成待开发农村建设用地,为壮大集体工业提供了广阔的土地空间。

第三,制定合理规划,为就地小城镇建设提供科学依据。1996 年,本村制定自己村庄的第二个规划——《郑各庄 21 世纪生态庄园》。该规划依据北京市及昌平区总体规划布局和功能定位,结合本村所处的地理位置以及具有的人文特征、资源特点和未来产业发展方向等因素,遵循可持续发展的主导思想,将郑各庄 288.7 公顷村域,规划为生活居住、科技产业、教育科研、旅游休闲和商业服务五大功能。2005 年,北京市规划委员会正式批复的《郑各庄片区平西府组团控制性详细规划》。它对村域内 4331.3 亩土地做了详细规划,除保留 73.5 亩农业用地外,大部分土地规划为集体建设用地。具体功能布局为村民及企业配套住房用地 646.8 亩,高档住宅用地 494 亩,工业用地 355.95 亩,教育科研用地 533.59 亩,商业文化娱乐用地

---

① 卢吉勇:《农村集体非农建设用地流转创新研究》,硕士学位论文,南京农业大学,2003 年,第 12 页。

161.55亩，绿色产业用地833.66亩，其他公共用地11734.25亩。①1998—2009年，社区人口从1400余人增长到37000人，村级资产从3600元增加到50亿元，经济总收入从3500万元增加到30亿元。②近年来，郑各庄在基础设施、公共服务、人居环境、产业支撑、资源配置和功能定位等方面基本实现了城市化。

(二) 就地城镇化对农村建设用地需求的根源

第一，随着我国加强了对土地征用和农地转用审批的管理力度，城镇土地供应数量受到上级政府土地供应计划的严格控制。在此情况下，政府通常将土地利用指标首先用于大中城市的发展，而用于小城镇发展的土地指标所剩无几。如果要使我国城市化水平达到60%，那么要转移4亿—5亿农村人口，这些人口无论进入哪一类城镇，都需要解决用地问题。我国现在执行的是限制城市扩张、保护耕地的政策，保护耕地的政策与城市化政策本身就有矛盾。我国宏观上没有更多可供地的资源，而农村即使5亿多农民进城，原来的宅基地和耕地怎么办？退耕、退村、退田需要一个过程，起码需要10年时间，这就和耕地占用发生了矛盾。

第二，土地作为小城镇建设的载体和基本条件，土地供给与保障的状况，直接关系小城镇建设的发展空间、发展潜力和发展方向。小城镇建设首先面临资金缺乏的问题。如果通过旧城、旧村改造来满足城市化所需土地，我们同时必须解决成本问题。一块空地，住进去以后，没有其他更多的成本。但如果是旧城、旧村改造，那么搬迁的成本无疑会平摊到新征地、新进镇的企业身上。相反，农村建设用地流转引入市场机制，对流转地块实行公开拍卖，获得的部分收益用于小城镇建设和改造，从而促进城镇化水平的提高。成都市三道堰镇在小城镇建设上就遇到这类问题：由于镇上的国有土地资源非常有限，而且来源多属于划拨，需补交出让金，运作成本太高；农转用指标和新增建设用地指标能落到镇上的少之又少，要将农村集体土地征为国有也会遇

---

① 刘守英：《集体土地资本化与农村城市化——郑各庄高速成长的秘密》，《中国制度变迁的案例研究》土地卷，中国财政经济出版社2011年版。

② 程世勇：《城市化进程中的农村建设用地流转：城乡要素组合与财富分配结构的优化》，经济科学出版社2012年版，第110页。

到巨大阻力而影响社会稳定。于是在现实和法律的夹缝中，三道堰镇在农村集体土地上兴建经营性住房，以此吸引开发商投资，这样既解决了旧城改造的资金源头，也聚集了人气和推动了地方经济发展。

四 农村建设用地直接需求的结构分析

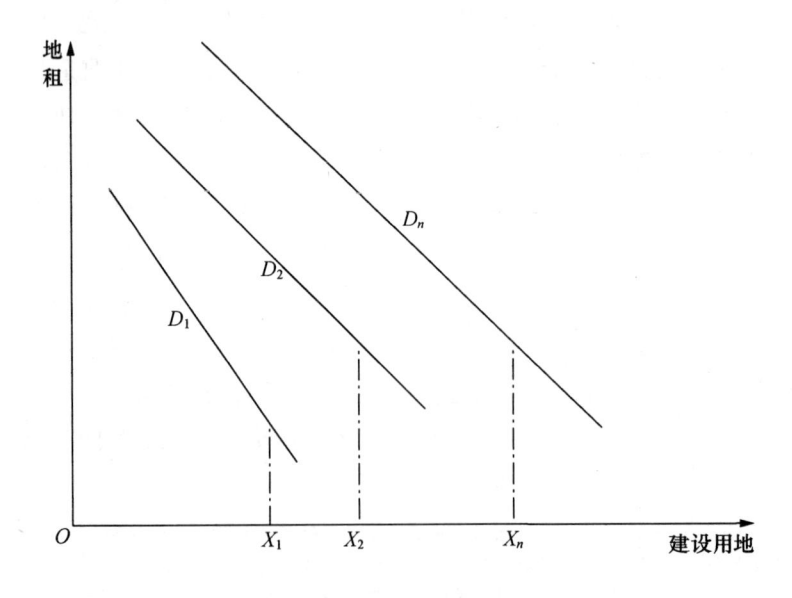

（一）中小企业和城镇居民对农村建设用地的总需求

综上所述，农村建设用地直接需求源自中小企业产业发展、部分城镇居民居住以及就地城镇化发展三个方面。实际上，就地城镇化是中小企业到农村开办企业和部分城镇居民到农村购房居住的结果，就地城镇化对农村建设用地的需求是以中小企业和城镇居民对农村建设用地需求为基础。因而，中小企业和城镇居民对农村建设用地需求之和就近似构成了对农村建设用地的总需求（见图4-4）。在农村建设用地市场中，假设整个土地市场总需求 D_n 主要由中小企业对农村建设用地需求 D_1 和城镇居民对农村建设用地住房需求 D_2 组成。而从两者为主的农村建设用地需求曲线的性质和状况来看，农村建设用地市场总需求 D_n 也是一条右下倾斜的直线。其中，$OX_1 + OX_2 = OX_n$，即农村集体及其成员以外的需求主体对农村建设用地总需求等于个体需求之和。

图4-4 中小企业和城镇居民对农村建设用地的总需求

(二) 中小企业和城镇居民对农村建设用地的总需求的结构分析

假定：(1) 非农村集体及其成员对农村建设用地只能用于两种用途，即中小企业对农村建设用地需求 D_1 和城镇居民对农村建设用地住房需求 D_2；(2) 在一定时期内，农村建设用地供给能力已定；(3) 需求对象为抽象范畴，不涉及具体的建设用地资源形态和土地附属品，农村建设用地资源均质性。于是，非农村集体及其成员对农村建设用地需求 $D = D_1 + D_2$。如图 4-5 所示，可以发现，D_1 和 D_2 是此消彼长的关系。

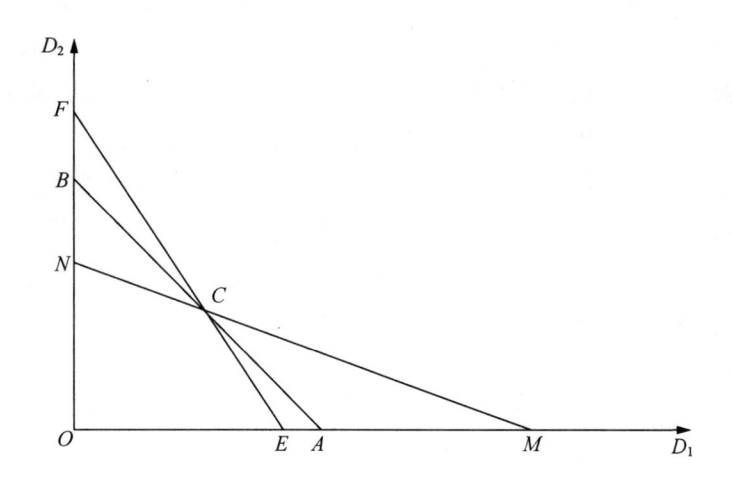

图 4-5 中小企业和城镇居民对农村建设用地的总需求的结构

在图 4-5 中，横坐标 D_1 和纵坐标 D_2 分别表示中小企业对农村建设用地的直接需求和城镇居民对农村建设用地的直接需求。可以发现，有三条连接横纵坐标的直线：(1) 居于中间的是直线 AB，它是农村建设用地总量约束线；(2) 居于上端的是直线 EF，它是农村地区资源环境约束线；(3) 居于下端的是直线 MN，它是法律政策约束线。这三条约束线与横坐标、纵坐标的交会点，与地区经济社会发展水平、生态环境质量以及土地管理制度等因素密切相关。农村建设用地需求正是受到这三条约束线的限制，同时各类约束之间又相互作用，使得对农村建设用地的需求总量被控制在一定的区间。

从土地总量约束线 AB 来看，在一定的时间和空间内，农村建设用地供给数量是既定的。在图中，直线 AB 作为约束线的意义在于：如果没有需求约束，那么对农村建设用地的直接需求 D_1 和 D_2，就可能在任何价格水平条件下得到满足。正因为有约束线 AB 的制约，即使在 $D_2 = 0$ 时，农村建设用地需求 D_1 最大的需求量也不会超过 OM；同样，即使在 $D_1 = 0$ 时，农村建设用地需求 D_2 最大的需求量也不会超过 OF。

从内部结构来看，需求线斜率（以下用 tan 表示）值的大小，可以直接揭示出需求 D_1 和需求 D_2 在农村建设用地总需求量中所占比重：如果 tan > 1，表明城镇居民对农村建设用地的直接需求大于中小企业对农村建设用地的直接需求；如果 tan < 1，表明中小企业对农村建设用地需求大于城镇居民对农村建设用地的直接需求。

从资源环境约束线 EF 来看，tan > 1，表明生态环境因素对中小企业对农村建设用地需求产生重要影响和约束。《中国大百科全书》（环境科学卷）对资源环境的定义为："客观存在的物质世界中与人类、人类社会发展相互影响的自然环境因素的总和，主要是指大气、水、土壤、生物和阳光……自然资源是自然环境中可以用于生活和生产的物质。资源是环境的组成因素，二者本身就处在紧密联系的资源环境系统之中。"资源环境是人类生产生活赖以存续的基础。正如马克思在《1844年经济学哲学手稿》中指出"没有自然界，没有感性的外部世界，工人什么也不能创造。它是工人用来实现自己的劳动、在其中展开劳动活动、由其中生产出和借以生产出自己的产品的材料"的那样，经济活动是人类开发利用资源环境以满足各种需要的活动，它以生态环境为场所，以环境中的"有用"物质即自然资源为劳动对象。人类生产生活对资源环境施加了广泛而深刻的影响，正如马克思在《关于费尔巴哈的提纲》中指出的"环境的改变和人的活动的一致，只能被看作是并合理地理解为革命的实践"那样。各种有害排放如果超过环境容纳和自净能力，那就可能导致资源破坏、环境污染，乃至生态系统的恶性循环。在中小企业对农村建设用地需求中，工业生产必然对农村资源环境产生重要的影响。因此，工业生产用地必须限定在特定的区域内。比如，成都市郊区三道堰镇，基础设施完善且是重要的交通枢纽，境内有国家级二级公路郫彭路纵贯南北，沙西线横跨全镇，以及连接沙西线和三道堰城区的水乡大道，中心位置突出，交通十分便捷，商贸活跃。但同时，其地处成都市母亲河府河上游，岷江的两大支流——徐堰河、柏条河两大河流是全国水质最优的河流，也是西南最大的自来水厂——成都市自来水六厂的水源提供地，承担着成都市90%以上的供水。因此三道堰镇不能发展工业。当然，居民生活也会对环境产生影响，如生活垃圾和居住拥挤等，但相对来说，这种影响较小，且可以随着社会文明进步而消除。

从法律政策约束线 MN 来看，$tan<1$，意味着法律政策因素对于城镇居民对农村建设用地直接需求的影响更明显。国家在法律政策层面对于这类需求的确很严厉，特别是对小产权房需求一直都持反对立场：1998年《土地管理法》修订时删除了1988年《土地管理法》第四十一条规定。2004年国务院《关于深化改革严格土地管理的决定》提出："禁止城镇居民在农村购置宅基地。"同年11月，国土资源部《关于加强农村宅基地管理的意见》提出"两个严禁"："严禁城镇居民在农村购置宅基地，严禁为城镇居民在农村购买和违法建造的住宅发放土地使用证。"2007年12月，《国务院办公厅关于严格执行有关农村建设用地法律和政策的通知》再次申明"三个不得"："农村住宅用地只能分配给本村村民，城镇居民不能得到农村购买宅基地、农民住宅或'小产权房'。"从各地实践来看，在制定政策时大都没有违法这一立场。而对于中小企业对农村建设用地需求主体身份等来说，虽然相关政策法规也作了明确规定，但大都没有真正执行。比如，《关于严格执行有关农村建设用地法律和政策的通知》中对集体建设用地的管理和使用进一步规范，严格明确了集体建设用地的使用范围、流转范围等，规定使用集体土地进行非农业建设的只能有"乡镇企业、乡（镇）村公共设施和公益事业"三种类型，而按照《中华人民共和国乡镇企业法》规定，"乡镇企业必须是农村集体经济组织或者农民投资为主，在乡镇（包括所辖村）举办的承担支援农业义务的企业"。但在实际操作中，在农村建设用地投资的中小企业涵盖农村地区的一切工业活动，既包括乡、镇、村办的集体企业，农民组办、联户办和个体办的企业，也包括其他投资主体兴办的工业企业。

而这类企业的生产目的也不一定就是支援农业、以工补农。从这一点来看，法律政策因素对城镇居民对农村建设用地住房需求的影响要强于中小企业对农村建设用地需求的影响。

从图4-5可以看出，农村建设用地总量、资源环境和法律政策三种约束力量共同作用于农村建设用地直接需求。三种约束力量之间互相作用，建设用地总量和资源环境受到地方经济社会发展因素影响，共同构成农村建设用地流转的物质基础，法律政策是农村建设用地流转的制度环境，任何创新行为都不能越过法律政策的"红线"。事实上，这三种约束力量存在强度差异。也就是说，一个地区农村建设用地总量多，总量约束小，但该地区往往经济发展水平较高，资源环境面临的压力较大，资源环境约束性也较大，为了保护耕地、强化土地用途管制，法律政策约束性也较大；如果地区经济发展水平较低，资源环境面临的压力较小，资源环境约束性较小，土地用途管制相对较松，法律政策约束性较小，但农村建设用地总量少，总量约束偏大。可见，在图4-5中，在两种用地需求和三种用地需求约束的结构里，对农村建设用地的直接需求就只能局限在 ONCE 所围成的区域内。

第三节 农村建设用地市场均衡及效率研究

一 农村建设用地直接供给研究

（一）农村建设用地直接供给的历史回顾

1. 全面禁止供给阶段

在改革开放以前，土地资源配置主要依靠国家的行政命令和指令性计划。农村建设用地的自由流转受到全面禁止，其仅限于所有权人之间且完全依靠行政权力进行划拨和平调。[①] 这一供地模式一直延续到20世纪80年代。1982年《宪法》强调："任何组织或者个人不得

---

① 黄小虎：《新时期中国土地管理研究》（下），当代中国出版社2006年版，第188页。

侵占、买卖、出租或者以其他形式非法转让土地"。同年,《国家建设征用土地条例》规定,"农村社队不得以土地入股的形式参与任何企业、事业的经营","买卖、租赁或变相买卖、租赁土地的,没收其非法所得"。1986年《土地管理法》规定:"任何单位和个人不得侵占、买卖或者以其他形式非法转让土地"。

2. 自发供给阶段

为了进一步推动乡镇企业发展,1984年,农村集体土地使用权的流转开始逐步引入市场机制。① 1985年,中共中央、国务院《关于进一步活跃农村经济的十项政策》提出,"允许农村地区性合作经济组织按规划建成店房及服务设施自主经营可出租",从政策上为农村建设用地直接供给创造了条件。1988年4月,《宪法》第二条规定:"土地的使用权可以依照法律的规定转让"。1988年《土地管理法》第二条,相应增加了"国有土地和集体所有的土地的使用权可以依法转让。土地使用权转让的具体办法,由国务院另行规定"的条款。到此时,土地流转才在法律上被正式认可,这也使农村建设用地实现了从全面禁止流转到允许有限范围内流转的转变。1990年,《城镇国有土地使用权出让和转让暂行条例》颁布实施,国有土地市场逐步建立。

然而,国务院并没有专门规定农村集体土地流转的实施办法。1992年11月,国务院出台《关于发展房地产业若干问题的通知》,对农村建设用地采取了关闭市场的态度,明确规定:"集体所有土地,必须先行征用转为国有土地后才能出让。农村集体经济组织以集体所有的土地资产作价入股,兴办外商投资企业和内联乡镇企业,须经县级人民政府批准,但集体土地股份不得转让。"但是,由于我国农村经济局面逐渐好转,乡镇企业用地和农民个人建房用地迅速增加,而土地资产属性日益显现,土地价值也逐渐被人们重视。在利益驱动下,数量庞大的农村建设用地(包括乡镇企业用地、村民宅基地等)开始自发流转。这一时期农村建设用地直接由市场供给的规模有多大已经无法统计,但从当时发布的相关规定看,农村建设用地流转相当

---

① 邹玉川:《当代中国土地管理》(上),当代中国出版社1998年版,第120页。

普遍，在数量规模不断扩大时，发展出转让、入股、联营、出租和抵押等多种流转形式，形成了庞大的"隐性"市场。特别是城乡结合部，以及经济发展较快、地理区位较好的小城镇和农村集镇，成为农村建设用地流转盛行的集中地，珠江三角洲、长江三角洲等地区更为活跃。由于缺乏具体的制度设计，农村建设用地流转陷入了缺乏指导的无序混乱状态。①

3. 逐渐规范供给阶段

农村建设用地的自发、大规模流转逐渐为中央和地方各级政府所重视。1996年，在国家土地管理局支持下，苏州市颁布了《苏州市农村集体存量建设用地使用权流转管理暂行办法》，开始对无序的集体非农建设用地使用权流转进行规范管理。被中央政府给予厚望，在国土资源部直接领导下，安徽省芜湖市进行农村建设用地流转试点。对芜湖试点方案国土资源部做出如下批复："芜湖市农民集体所有建设用地使用权流转试点是国土资源部批准的第一个农民集体所有建设用地使用权流转的试点，试点的成功与否直接关系到我国农民集体所有建设用地制度的改革"。"通过农村集体所有建设用地流转的试点，探索在社会主义市场经济和贯彻新《土地管理法》确立的各项制度的条件下，农民集体所有建设用地流转的条件和形式，管理方式和程序，以及土地收益分配制度等，从而建立起农民集体所有建设用地流转的运行机制和管理模式。"

与芜湖相比，广东的农村建设用地流转更注重政策法规导向，强调市场机制的运行。2003年6月，广东省下发了《关于实行农村建设用地使用权流转的通知》（粤府〔X2003〕51号），规定符合一定条件的农村建设用地使用权，可以出让、转让、出租和抵押，并享有与城镇国有土地使用权同等的权益。2005年6月，广东省颁布了《广东省集体建设用地使用权流转管理办法》，这是我国首部以省级地方性规范指导农村建设用地直接入市的法规，明确了农村建设用地使用权可以出让、出租、转让、转租和抵押。尤为重要的是，《办法》赋予了农村建设用地和国有土地的同等地位，农村建设用地除不能用

---

① 邹玉川：《当代中国土地管理》（上），当代中国出版社1998年版，第140页。

于房地产开发外,它和国有土地基本是"同地同价":"集体建设用地使用权出让、出租的最高年限,不得超过同类用途国有土地使用权出让的最高年限。"(第十三条)"集体建设用地使用权出让、出租用于商业、旅游、娱乐等经营性项目的,应当参照国有土地使用权公开交易的程序和办法,通过土地交易市场招标、拍卖、挂牌等方式进行。"(第十五条)"集体建设用地使用权转让发生增值的,应当参照国有土地增值税征收标准,向市、县人民政府缴纳有关土地增值收益。"(第二十六条)这被视为"新中国历史上的第四次土地流转改革"。[①]

与地方创新试点同步,中央政府也颁布相关政策法规对农村建设用地流转进行规范和引导。2004年10月,国务院下发《关于深化改革严格土地管理的决定》,禁止擅自通过"村改居"等方式将农民集体所有土地转为国有土地,禁止农村集体经济组织非法出让、出租集体土地用于非农业建设,禁止城镇居民在农村购置宅基地。并提出:"在符合规划的前提下,村庄、集镇、建制镇中的农民集体所有建设用地使用权可以依法流转",这无疑为集体建设用地流转的规范管理提供了有力的依据。2006年,国务院下发了《关于加强土地调控有关问题的通知》,在禁止通过以租代征等方式使用农民集体所有农用地进行非农业建设的同时,允许在"符合规划并严格限定在依法取得的建设用地范围内,农民集体所有建设用地使用权流转"。同年,国土资源部下发《关于坚持依法依规管理,节约集约用地,支持社会主义新农村建设的通知》,批准稳步推进城镇建设用地增加和农村建设用地减少相挂钩的改革试点,明确提出:"要适应新农村建设要求,经部批准,稳步推进城镇建设用地增加和农村建设用地减少相挂钩试点,集体非农建设用地使用权流转试点,不断总结试点经验,及时加以完善。"

在2007年年底,国务院办公厅下发《关于严格执行有关农村建设用地法律和政策的通知》,明确规定,在《土地管理法》没有重新

---

① 马世领:《广东农地新政:新中国第四次土地流转改革》,《中国经济周刊》2005年9月30日。

修订前，使用农村建设用地的只能有"乡镇企业、乡（镇）村公共设施和公益事业"三种类型，并且明确乡镇企业必须是"承担支援农业义务的企业"；可以发生流转的农村建设用地只能是："符合土地利用总体规划并依法取得建设用地的企业发生破产、兼并的情形时，所涉及的农民集体所有建设用地使用权方可转移，其他农民集体所有建设用地使用权流转，必须是符合规划、依法取得的建设用地，并不得用于商品住宅开发。"2008 年，党的十七届三中全会提出："逐步建立城乡统一的建设用地市场，对依法取得的农村集体经营性建设用地，必须通过统一有形的土地市场、以公开规范的方式转让土地使用权，在符合规划的前提下与国有土地享有平等权益。"2009 年 3 月，国土资源部出台的《关于促进农业稳定发展农民持续增收推动城乡统筹发展的若干意见》要求："在城镇工矿建设规模范围外，除宅基地、集体公益事业建设用地，凡符合土地利用总体规划、依法取得并已经确权为经营性的集体建设用地，可采用出让、转让等多种方式有偿使用和流转。以后，根据各地集体建设用地出让、转让等流转实践，总结经验，再推进其他符合条件的集体经营性建设用地进入市场。""各地要按照公开、公平、公正的市场原则，健全完善市场配置集体建设用地的价格形成机制。充分依托已有的国有土地市场，加快城乡统一的土地市场建设，促进集体建设用地进场交易，规范流转"。"要按照'初次分配基于产权，二次分配政府参与'的原则，总结集体建设用地流转试点经验，出台和试行集体建设用地有偿使用收益的分配办法"。并表示："国土资源部将下发农村集体建设用地使用权出让和转让办法，对集体建设用地有偿使用的原则、范围、操作程序、收益分配管理进行明确规定。"

2015 年 1 月，中共中央办公厅和国务院办公厅联合印发了《关于农村土地征收、集体经营性建设用地入市、宅基地制度改革试点工作的意见》，标志着我国农村土地制度改革即将进入试点阶段，提出"建立农村集体经营性建设用地入市制度"的任务："完善农村集体经营性建设用地产权制度，赋予农村集体经营性建设用地出让、租赁、入股权能；明确农村集体经营性建设用地入市范围和途径；建立健全市场交易规则和服务监管制度。"2015 年 2 月 27 日，十二届全国人大常委会第十三次会议通过了《全国人民代表大会常务委员会关于授权国务院在北京市大兴区等三十三个试点县（市、区）行政区域暂时调整实施有关法律规定的决定》，授权国务院在特定地区暂时调整实施《土地管理法》第四十三条和第六十三条、《城市房地产管理法》第九条有关"集体建设用地使用权不得出让等的规定"。"在符合规划、用途管制和依法取得的前提下，允许存量农村集体经营性建设用地使用权出让、租赁、入股，实行与国有建设用地使用权同等入市、同权同价。"

这样，全国各地逐渐探索出了各具地方特色的农村建设用地直接供给市场。但是，各地城乡建设用地市场还处于相对割裂状态：城市国有土地市场规则较为完备，土地市场相对公开、透明，而农村建设用地市场大多处于自发、隐性状态，缺乏明确的法律依据和规则。[1]纵观几十年的历程，我国对农村建设用地的直接供给流转经历了一个先松后紧再放松的过程，其最终目标是在坚持土地集体所有制前提下，逐步放松政府管制，打破国家土地垄断，最终建立城乡统一建设用地市场。

（二）农村建设用地直接供给的经济学分析

农村建设用地作为一种特殊的商品，有与其他一般商品不同的特殊供求形式（见图4-6）。由于自身供应数量有限和相对位置固定，农村建设用地供给数量有一定限度，农村建设用地供应量不可能超过一定限度的土地供应面积总量，如图4-6中的渐近线 L_1 和 L_2。在第一阶段，由于农村建设用地需求较弱，供给曲线为 S_1，其供给极限为变为渐近线 L_1；随着社会经济发展、人口增加和城市化水平提高，农村建设用地需求在不断增加时，农村建设用地的供给量也从 S_1 增加到 S_2，其供给极限为变为渐近线 L_2。一般来说，影响农村建设用地供给数量的因素包括存量建设用地、农地转用的增量和农村集体的供给意愿三个方面。

---

[1] 钱忠好等：《我国城乡非农建设用地市场：垄断、分割与整合》，《管理世界》2007年第6期。

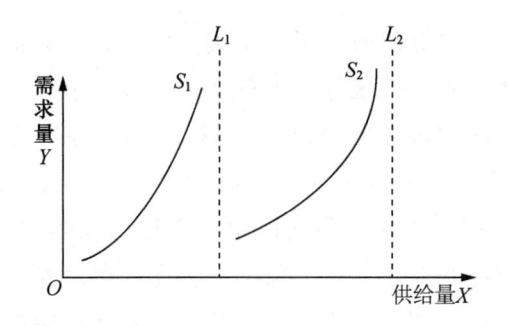

图 4-6　农村建设用地供给曲线

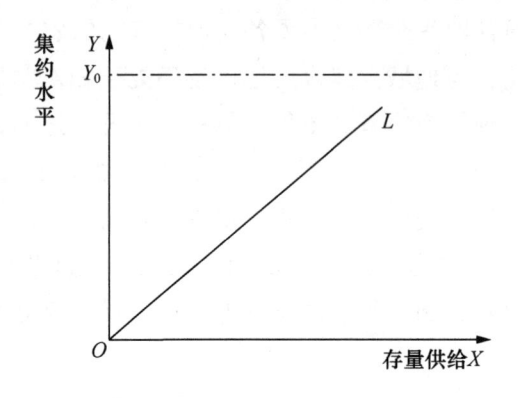

图 4-7　农村存量建设用地供给

1. 农村存量建设用地的供给分析

农村存量建设用地供给主要通过农村建设用地的集约化利用来实现。在图 4-7 中，直线 OL 表示随着土地集约水平的提高，越来越多的存量建设用地将会实现市场化流转。其中，集体建设用地流转量 $OL = f(X, Y)$，其中，OL 与存量建设用地数量 X、土地集约化水平 Y 成正比关系。这意味着，存量建设用地越多、土地集约化水平越高，用于流转的农村建设用地也就越多。在图 4-7 中，$Y = Y_0$ 是土地集约水平极限，因此，存量建设用地不可能在保持农村原有基本的生产生活规模下无限制地被用于流转。

一般来说，农村存量建设用地集约利用主要发生在宅基地、农村公共用地和原有乡镇企业用地三个方面。

正如第一章所论述的那样，迄今为止，我国的城镇化存在一个悖论——城镇化推进的同时，农村宅基地没有随着农民进城而缩小，反而有所扩大以致浪费严重。因此大量布局零散、占地较大的农村宅基地必然成为今后土地节约利用整理的对象，这部分土地经过整理，一方面，可转化为农地，并节约出相应的建设用地折抵指标进行市场化交易；另一方面，可以将整理并节约出的建设用地用于直接流转。当前，农村建设用地浪费现象的一个集中表现就是，农村宅基地在农村人口向城镇流动过程中被"两栖"占用。有效地解决这种"两栖"占地情况便能大大提高农村宅基地集约利用水平。郭文华测算表明：如果按照2020年全国城镇化水平达到60%的发展目标计算，即使不考虑人口自然增长因素，农村宅基地占用面积可以缩减为914.6万公顷，占用全国土地面积可以由1.7%下降到0.96%。[1]

农村公共用地也存在很大的集约利用空间。廖洪乐的研究表明，自20世纪90年代中期开始的农村中小学撤并和撤并乡（镇）村以来，很多农村公共用地都处于闲置状态。1990—2005年，全国乡镇数减少大约2万个，村委会大约减少10万个，农村初中数量减少2万多所，农村小学也相应减少了38万所。90年代以前几乎每个村都有1所小学，但是，到2005年，两个村才有一所小学，甚至很多乡（镇）只有一所中心小学。如果以每所小学占地0.27公顷计算，仅减少的38万所小学就可以腾出大约10万公顷的农村建设用地，这相当于1983—1996年国家基建年均占用的耕地面积。[2]

随着我国社会主义市场经济体制的不断完善，乡镇企业与发展初期相比，不论在所有制关系、区域分布还是产业构成方面都随之发生了很大变化。其在产业用地方面更是发生重要变化，即由原来"乡村办企业、自己用土地"的模式，转变为产业用地流转、所有权与使用权分离、通过招商引资兴办企业的模式。在北京市农村集体产业用地总量中，集体经济组织自用的产业用地所占部分的比重不足10%，其

---

[1] 郭文华：《中国城镇化过程中的建设用地评价指数探讨》，《资源科学》2005年第5期。

[2] 廖洪乐：《我国农村土地集体所有制的稳定与完善》，《管理世界》2007年第11期。

余用地都已经流转。其中以出租形式最为普遍，占流转总量的90%以上。据有关部门对城郊8个乡镇调查，2005年，引进企业的总收入和上缴税金分别占乡镇经济总收入和上缴税金总量的97.8%和99.3%。另据近郊区对绿化隔离地区80个村的调查，村级收入中出租厂房场地租赁收入占40%。正是由于这些地区乡镇企业的投资主体多元化和产业结构逐步优化升级，使得其占用的农村建设用地必然发生流转。①

2. 农地转用后的农村增量建设用地的供给分析

农村增量建设用地是通过农地转用实现。在图4-8中（假定农村土地仅由农用地和建设用地两类组成），直线 XY 为土地总量约束线，在一定的时间内和一定的区域内，由于农村土地总量有限，农用地和建设用地的数量存在此消彼长的关系。从含义上看，如果没有土地总量约束，两类土地任何一方都可以实现任何水平上的数量，正因为有这条约束线的制约，使得农用地 X，即使在 $Y=0$ 时，最大的土地量也不会超过 OX；相反，农村建设用地 Y，即使在 $X=0$ 时，最大的土地量也不会超过 OY。在直线 XY 的不同阶段代表双方的不同比例。图中 A、B 两点表明不同的土地类型比例。在 A 点，$OY_1 > OX_1$，表明农村建设用地数量多于农用地，沿着直线逐渐下移，农用地数量逐渐增多，在 B 点，$OX_2 > OY_2$，这表示农用地数量多于建设用地。

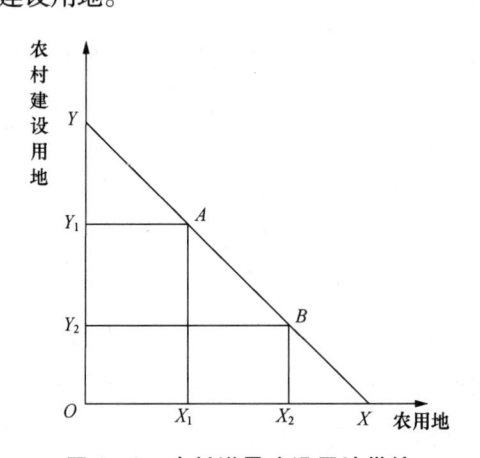

图4-8 农村增量建设用地供给

---

① 张强：《论发达地区农村工业化模式转型与集体建设用地流转问题》，《农村经济》2007年第3期。

在现实情况下，农用地转化为非农建设用地，既不同于农业土地内部利用方向的改变，也不同于城市建设用地内部用途之间的转换，而是两种在土地利用效率和集约程度差别很大的土地使用方向的改变。由于非用地相对农业产值具有高回报特点，农村集体和农户通过利润的核算，其可以获得比农业用地使用更高的预期收益，因此，单从经济效益角度看，在没有政府干预的情况下，农地转用为建设用地的增量供应几乎没有什么阻力。[①] 在图中表现为可以无限地往 OY 靠拢而为农村建设用地市场流转提供充足供给。目前出台的流转办法大多都允许增量建设用地入市流转，比如，苏州市在1996年的流转规定中严禁增量建设用地入市流转，2002年修订后却允许新增建设用地入市流转。但增量建设用地入市流转控制不好，很容易导致大量农用地被转用而影响我国粮食安全。[②] 事实上，由于农村建设用地中大部分都是宅基地，占用宅基地还需要拆迁安置，占用难度很大，反正占用农村建设用地和农用地都是违法的，相比之下，不如直接占用农地。比如，双流蛟龙工业港建设就占用2平方公里的农用地，郫县三道堰小产权房建设就占用了300亩的农用地。后来双流县国土局将蛟龙工业港占用农地列入"2005—2020年土地利用总体规划"，用了宝贵的计划内指标将其变性，而郫县用20万/亩的"挂钩指标"将三道堰小产权房建设占用土地的性质由农用地变为集体建设用地。事实上，很多农用地非法入市问题都没有得到很好的解决，因此，对增量建设用地入市流转我们应当慎重，否则，这可能导致将集体建设用地流转视为"农地"可以直接"入市"，给我国的耕地保护带来巨大的负面影响。

3. 农村建设用地的供给意愿分析

农村集体土地所有者的建设用地使用途径包括自用和入市流转。在对这两种途径进行选择时，农村集体会以效用最大化为原则。假定

[①] 陈煜红：《重庆城市建设用地合理供应规模研究》，博士学位论文，重庆大学，2009年，第26—27页。

[②] 万江：《政府主导下的集体建设用地流转：从理想回归现实》，《现代法学》2010年第3期。

农村集体拥有建设用地总量为 S，自用的土地数量为 S_1，而入市供给为 S_2，农村集体自用土地可以直接获得效用，而市场流转供给土地则是为了获得地租，从而消费其他商品，这构成了农村集体配置建设用地时的预算约束条件。其自用土地和流转土地的效用满足程度为 $U(S_1, S_2)$，其中，$S_1 + S_2 = S$。

就土地自用 S_1 来看，包括宅基地自住和自办企业。随着城镇化进程的加速，城市周边特别是城乡结合部农民凭借多样化的商品和劳务收入，已经从传统的温饱型过渡到富裕型，农民逐步摆脱农业耕种职业，身份转型为城市居民，宅基地大量闲置。因此，长期以来农村宅基地固定居所的保障功能弱化。而进入城市的农民在宅基地保障功能弱化的同时，对宅基地使用权流动性等相应的资产性功能的需求增加。对他们来讲，关键在于宅基地资产形态的货币化问题。但是，长期计划时期形成的宅基地使用权凝固化了，这和城市地价房价攀升形成巨大反差，农民持有宅基地的持有成本不断增加，他们转出宅基地使用权的愿望强烈。①

就自办企业来看，如果由于农村集体经济组织缺少管理经验和企业经营资本，也就是说，占用这部分土地的资产价值下跌，使得农村建设用地资产效用目标没有实现最大化，农村集体就需要调整自己的土地利用结构，减少自用数量而相应增加建设用地对外市场供给量，这样可以实现以较小风险获取稳定收益；如果农村集体预期建设用地流转价格上升，其可能会减少流转数量而暂时增加自用数量。因此，对应于不同的收益考量，农村集体相应地确定自用和直接入市供给土地的数量。进一步说，如果农村建设用地供给收益上升对出租土地的数量所产生的替代效应大于收入效应的话，农村集体的土地供给曲线就具有正的斜率；反之，农村建设用地供给量将随着土地收益的上升而呈递减趋势。

---

① 程世勇：《城市化进程中的农村建设用地流转：城乡要素组合与财富分配结构的优化》，经济科学出版社 2012 年版，第 129—130 页。

二 农村建设用地市场均衡及效应分析

（一）基本前提

1. 集体土地与国有土地逐步实现"同质、同价、同权"，土地供给主体多元化

在现实情形中，几乎不同土地供给者都可以将一定数量的建设用地用于新增的交通、商业、住宅和工业用地，且这些土地之间的替代性很高。因此，除作为国有建设用地供给主体的政府外，农村建设用地直接入市的主体，既有乡（镇）、村、组集体经济组织等集体土地所有者，又有乡镇政府和村民委员会等政府和村民自治组织，也有乡（镇）、村和农民个人等集体土地使用者。

2. 土地需求者选择更加灵活

虽然不同地方政府供给的土地存在差别，但是这些土地之间的替代性很高，且一个地方政府无法阻止农民集体进入市场。因此，只要存在建设用地供给高额利润，就会有集体土地进入市场。土地供给者和用地者的相对地位除了受到可以供给相同（似）土地的地区数量的影响，还受到土地需求者流动性的影响，因为用地者可以找到若干具有相似条件的地区来满足其用地需求。当土地需求者的流动性较强时，不同供给者之间的竞争就相对充分，供给者垄断定价的能力较弱。

3. 农村建设用地入市时的价格水平问题

一方面，农村建设用地入市有着较大的成本：因放弃了土地资源的使用权而失去相应的生活生产保障，比如，成都温江在全国率先提出"双放弃换保障"，农民自愿放弃土地承包经营权和宅基地使用权的，将实现农民身份的根本变更，这涉及"农转非"的费用是相当可观的。同时，到目前为止，农村建设用地入市要么是一些地区试验性的做法，要么就是地下的隐性交易，没有被国家在法律层面所认可，风险很大。农村建设用地入市初始价格应是在较高的水平。

另一方面，由于缺乏相应的市场信息，入市初始价格也不可能太高，征地补偿标准常常成为买卖双方的谈判基准，只要实际补偿比征地补偿高，协议就容易达成。因此，我们假定入市价格水平选定在土

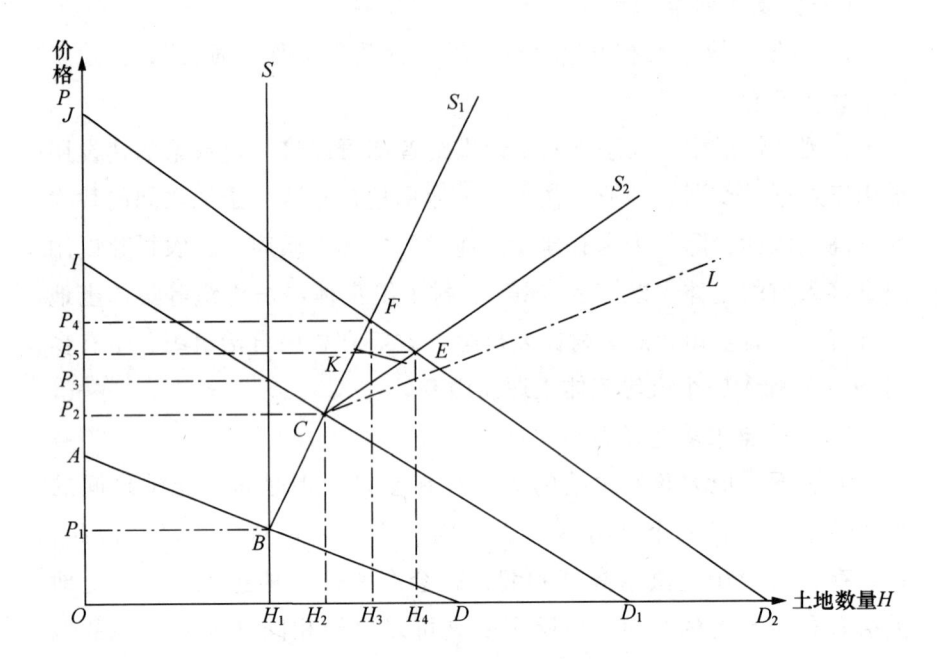

地需求 D_1 时的均衡价格水平 P_2（见图 4-9）。

图 4-9 农村建设用地市场效应分析

4. 农村建设用地入市的数量问题

假定农民对土地市场需求信息全然不知，那么农民农村建设用地供给量主要由入市时的价格水平决定，即只要高于价格 P_2，都会增加建设用地供给量 H_3H_4。当然，正如前面所述，农村建设用地供给数量也有限度，供应量不会超过一定限度的面积数量，即渐近线 L。也就是说，农村建设用地的供给线是往右上方倾斜，而不会是一条平行于横坐标的水平线（见图 4-9）。

（二）农村建设用地市场均衡

农村建设用地作为一种特殊的商品，也受一般商品供求规律的制约。对于纯粹农村建设用地市场，我们可以建立一个二维坐标图，在图 4-10 中，农村建设用地需求曲线 D 是随价格或地租变动右下倾斜，土地价格越高，建设用地需求量越少；供给曲线 S 则是随价格水平变动右上倾斜，土地价格越高，建设用地供给量越多。农村建设用地供给数量受制于供给渐近线 L 的约束。供给曲线和需求曲线的交点决定了农村建设用地市场的均衡数量与均衡价格水平。

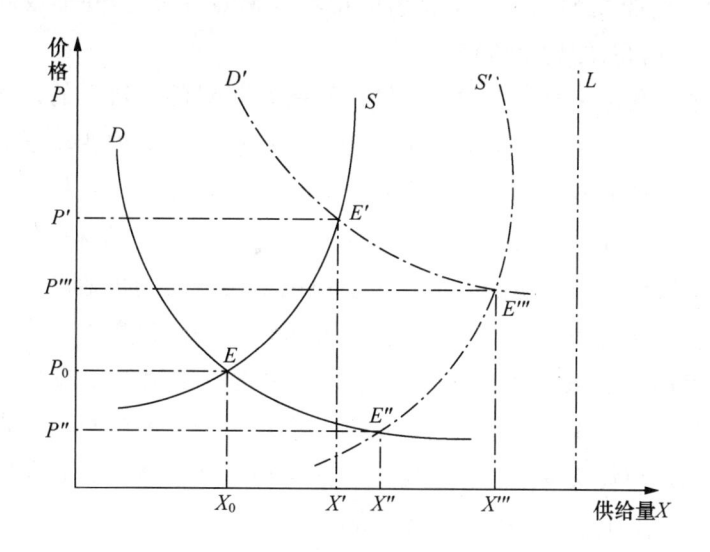

图 4-10 农村建设用地供求均衡

在图 4-10 中,农村建设用地市场在 E 点实现均衡,土地均衡供求量为 X_0,均衡价格为 P_0,此时农村建设用地市场保持相对稳定。一旦农村建设用地供求关系或价格水平发生变化,农村建设用地市场均衡将被打破。其情形大致可分为三种情形:(1)农村建设用地供给不变,需求发生变化;(2)农村建设用地需求不发生变化,供给发生变化;(3)农村建设用地供求量同时发生变化。

第一种情形表现为农村建设用地供给不变,需求曲线转变为 D',新的土地均衡点为 E',建设用地均衡数量为 X',其价格由 P_0 上升到 P';反之,农村建设用地需求下降时,土地价格也趋于下降。因此,在农村建设用地供给不变的情况下,需求曲线 D 的变动将带来用地价格的同向变动。

第二种情形表现为农村建设用地需求不变,而供给曲线由 S 扩大为 S',新的土地均衡点为 E'',建设用地均衡数量为 X'',其价格由 P_0 下降到 P''。因此,在农村建设用地需求量不变的情况下,供给曲线 S 的变动将带来用地价格的反向变动。

第三种情形表现为农村建设用地供求量都发生变化，土地的均衡数量和价格变化难以确定。就图中情况来看，农村建设用地在需求曲线 D' 和供给曲线 S' 的情况下，新的市场均衡点在 E'''，并形成新的土地均衡数量和新的均衡价格。

总之，农村建设用地的市场供求平衡是相对的、暂时的，而其不平衡是绝对的。在这种动态平衡过程中，市场依据这种变动也大致使农村建设用地的波动范围框定在一个区域内。在图中，农村建设用地供求均衡量在 X_0—X''' 之间，价格波动在 P'—P'' 之间。值得注意的是，由于农村建设用地资源的有限性，土地供给曲线受到供地渐近线 L 的束缚，农村建设用地供给量不可能没有极限，而土地需求量会随着社会经济发展不断被激发出来。因此，农村建设用地供不应求是绝对的、普遍的，而供过于求是暂时的、个别的，由此我们可以判断，农村建设用地市场交易量会逐步增加，而土地价格总体上是上升趋势。

（三）农村建设用地市场效应分析

随着农村建设用地直接入市，国有土地市场将会受到巨大冲击，并将改变既有的市场均衡模式。在图 4-9 中，S_2 为农村建设用地入市后的土地供给总曲线，S_1CS_2 所形成的夹角就是农村建设用地供给的增长率。在土地需求 D_2 的条件下形成新的市场均衡量 H_4 和均衡价格 P_5，由此带来的建设用地供给增量为 H_3H_4。[①]

1. 农村建设用地市场的正效应

（1）转变土地资源配置方式，缓解土地供求紧张局面。中国现行限制甚至禁止农村建设用地入市流转的制度体现了原有静态的计划配置方式。这种由政府主导的土地供给和交易导致资源配置的无效率，没有体现出农村建设用地作为资源要素的应有价值。农村建设用地流转入市，致使建设用地市场存在国家和集体两个供给主体，用地者除

[①] 由于农村建设用地面临三类限制：第一类是划拨用地的入市限制；第二类是对允许入市的农村建设用地用途限制，尤其是禁止在集体土地上修建商品房；第三类是《宪法》"城市土地属于国有"的规定，其实质是对农村建设用地地理位置的限制。（北京大学国家发展研究院综合课题组：《还权赋能：奠定长期发展的可靠基础》，北京大学出版社 2010 年版，第 180 页。）因此，农村建设用地入市价格和国地价格是有一定差距的。当然，正如图 4-10 所示，我们假设两者的流转价格处于同一水平。

了从国有土地一级市场获取土地，也可以通过农村建设用地流转的方式获得土地。这样，在国家和农村集体之间形成了一定程度的竞争关系，政府独家供地的垄断局面被打破。在图 4-9 中，农村建设用地入市将大幅增加土地供给，国有与农村建设用地叠加后 S_2 的供给弹性将大于仅有国有土地供给 S_1 时的弹性。我们可以通过土地市场的价格信号来引导土地资源的配置。只要价格水平高于 P_2，在新的需求推动下，就会有源源不断的农村建设用地入市供给，这大大缓解了我国土地供求的紧张局面。这样，农村建设用地作为生产要素市场中的一种特殊商品，实现了由农业部门向其他第二、第三产业各部门流动并实现竞争性配置，土地资源的价值通过市场得以体现和增长。这样，供求机制、竞争机制和价格机制这三大市场机制共同发挥作用，为优化土地资源配置奠定了基础，并有利于实现农村集体在土地资源配置过程中参与的公平性。[1]

事实上，如果没有 H_3H_4 的农村建设用地增量入市，为满足各项建设对土地的需求，国家将通过征收相应数量的集体土地来增加土地市场的供给，而这将增加建设占用耕地的潜在威胁。因此，从农村建设用地流转避免征地程序、降低耕地被占的风险来看，农村建设用地流转有助于"缩小征地范围，规范征地程序，完善对被征地农民合理、规范、多元保障机制"。

（2）提高农民土地收益，改进社会福利分配格局。由于不改变土地集体所有，农民基于成员资格享有建设用地权利，并以此获取土地收益。如图 4-10 所示，在农村建设用地进入市场后，因扩大了土地供给，在需求 D_2 的条件下形成新的均衡价格 P_5，低于原有的均衡价格 P_4。由此新增福利为三角形 FCE 的面积，其中，用地者可增加新的消费者剩余为三角形 FKE 的面积，而农民集体则可以得到的生产者剩余为三角形 KCE 的面积。

以北京宋庄为例。随着北京土地价格上涨，宋庄越来越受到全国知名艺术家青睐，宋庄镇政府 2006 年把宋庄规划为中国十大文化产

---

[1] 张梦琳：《农村集体建设用地流转对资源配置的影响评析》，《中国人口·资源与环境》2011 年第 6 期。

业集聚区之一。在城市化和当地文化产业的带动下，当地地价和房价迅速上涨。1996—2006年，宋庄农民宅基地房年租金涨了15倍。高租金使得自发性宅基地交易成为常态。村里一些已经不从事农业生产的原住民，由于担心宅基地长期闲置所造成的收益损失，便以相对较高的价格把房屋和土地使用权一并转让给了当时想定居于此作画的画家。通过交易，合约双方的经济福利都得到了提升。事实上，在后来包括李玉兰和马海涛争端在内的调解中，当事双方基本是在尊重原先私人合同的基础上，对潜在利益进行明确界定：画家可以继续在其所购房屋居住，直至国家实施拆迁。拆迁时的补偿费、地上物的补偿款、拆迁费用、区位补偿款归艺术家所有（即后文所论证的级差地租Ⅰ、级差地租Ⅱb等）；而对宅基地土地补偿款归村民所有（即后文所论证的绝对地租等）。可见，宅基地交易行为虽然违背国家法律制度规定，但同城乡分割状态下宅基地使用权禁止流转相比，仍然是一种福利的帕累托改进，双方的经济福利都得到提升。[①]

进一步研究可以发现，调整供给曲线 S_2 的平缓度即弹性大小可以使使用者和农村集体的福利分割产生相应变化。当供给弹性变小，即入市供给曲线比较陡时，说明农村建设用地入市的速度比较缓慢，从而产生的社会福利绝对量也比较少，但大部分为土地供给者农民集体所有，即三角形 KCE 面积在 FCE 中的比重增大；当供给弹性变大，即农村建设用地入市的速度比较快，产生的社会福利绝对量虽然比较大，但大部分为用地者占有，即三角形 FKE 面积在 FCE 中的比重增大。

从图4-9可以看出，地方政府通过原来垄断土地市场所直接获取的土地收益丧失，大部分被分割给农村集体了。但是，通过对农村建设用地流转进行积极介入和加强管理，地方政府可以从农村建设用地流转中收取相关税费，以及分享用地企业带给地方的间接收益。2005年，在北京农村建设用地流转中，据有关部门对城郊8个乡镇调查，引进企业的总收入和上缴税金分别占乡镇经济总收入和上缴税金

[①] 程世勇：《城市化进程中的农村建设用地流转：城乡要素组合与财富分配结构的优化》，经济科学出版社2012年版，第127—129页。

总量的 97.8% 和 99.3%，在这些企业就业的本地劳动力占劳动力总量的 20%，有的甚至达到 50%。① 在成都市农村建设用地流转中，2007 年，蛟龙工业港分别为青羊区和双流县带来了 11 亿元和 4 亿元的地区生产总值，占两地区生产总值的 10% 以上，青羊园区缴纳税款 4008 万元，其中地税 881 万元，双流园区缴纳税收则高达 11580 万元，其中，地税 3244 万元。据此估算，蛟龙工业港当年就为两个区县创造了 1.5 亿元的财政总收入，其中包括 4100 万元的地方税收。②

因此，相对于国家征地来说，农村建设用地入市流转实现了地方政府、用地需求者、农村集体（农民）的共赢。农村建设用地流转可以实现帕累托改进，即制度变迁和创新为人们提供了一种新的机会，使人们可以获得更多的收益而没有人在此过程中受损，或者可以说是一种卡尔多改进，即制度改进过程中受益总量大于受损总量，以致受益者能够对现实的和潜在的受损者进行补偿，使之不受损害。因此，农村建设用地入市流转的结果是社会总效用（福利）增加。③

2. 农村建设用地市场的潜在风险

（1）可能导致土地供求失衡。农村建设用地流转的资源配置效应优化不仅需要土地市场供求数量均衡，还需要土地供给结构合理，形成整体协调、有利于城乡经济社会程序发展的土地利用布局。农村建设用地入市流转后，政府对土地市场的干预和调控可能失效，从而出现农村建设用地市场的供求失衡。第一，出现供求数量失衡。由于农村建设用地入市后的土地供给曲线的弹性比征—供地曲线更大，使得市场价格小量的上涨都会引发较大量的农村建设用地入市。而这会带来两个严重后果：一是农村集体将会有更大的激励将集体建设用地入市流转，甚至可能会严重危及耕地保护。二是由上述分析可知，农村建设用地入市所带来的社会福利绝对量的多少是由一定阶段土地入市

---

① 张强：《论发达地区农村工业化模式转型与集体建设用地流转问题》，《农村经济》2007 年第 3 期。

② 北京大学国家发展研究院综合课题组：《还权赋能：奠定长期发展的可靠基础》，北京大学出版社 2010 年版，第 89 页。

③ 张梦琳：《农村集体建设用地流转的资源配置效应及政策含义》，《中国土地科学》2008 年第 11 期。

的速度决定的，入市速度越快，数量越大，所产生的社会福利绝对量也就越大。但是，农民集体福利所占的比例逐渐下降，福利绝对值甚至可能趋于减少。第二，出现供求结构失衡。由于农村建设用地既可以用于工业、商业，甚至住宅建设，在缺乏规范管理情况下，农村建设用地流转可能出现不同土地用途供给的数量结构不平衡和空间结构的布局失当。①

（2）可能会出现土地收益分配失衡。一方面，从地域分布来看，不同地区经济社会发展水平有差异，农村建设用地流转市场所处经济社会自然环境、土地产权权能、土地供求信息等因素均有较大差距，这直接对建设用地价格水平从而对由此带来的收益水平、社会福利增量带来直接影响。

另一方面，在地方政府、农村集体和农民三者之间存在土地收益分配失衡的可能性。地方政府对农村建设用地流转介入和干预深度不同，直接影响地方政府和农村集体（农民）土地收益分配的比例。如果地方政府深度介入，甚至主导农村建设用地流转，那么，农村集体、农民获益就较少。反之则相反。农村建设用地流转实现了农村集体和用地者两个微观配置主体的直接交易，农村集体经济组织成为土地流转收益的既得者。而农民获得的土地收益主要来源于农村集体经济组织所获收益的分成。因此，归农村集体的土地收益如何分配到农民手中，这存在很大变数。如何避免以往在征地制度下，由于权力"寻租"而导致大部分土地收益被截留的现象，就显得十分迫切和重要。②

可见，在农村建设用地入市流转问题上，不能认为入市越快、入市量越多，就越能保护农村耕地和增加农民集体的社会福利。因此，国家应在土地产权、法律法规和税收制度等方面入手，加强农村建设用地流转的宏观调控，规范流转过程，利用法律、经济和财政等手段来加强国家对农村建设用地市场的调控力度。

---

① 张梦琳：《农村集体建设用地流转对资源配置的影响评析》，《中国人口·资源与环境》2011年第6期。

② 同上。

第五章　我国农村建设用地流转收益分配研究

建立合理的收益分配机制是农村建设用地流转机制运行的关键。我国农村建设用地流转日趋普遍，但与国有土地有偿出让相比，农村建设用地流转价格偏低，流转收益分配不规范。党的十八届三中全会明确要求："建立城乡统一的建设用地市场……建立兼顾国家、集体、个人的土地增值收益分配机制，合理提高个人收益。"针对农村建设用地流转价格及收益分配问题，学者们围绕产权制度、市场机制和宏观调控等方面展开研究并取得重要成果。但是由于学科特点和研究范式的差异，这些研究往往缺乏共同的研究基础而相互抵牾。本书在分析我国农村建设用地流转收益分配现状的基础上，从马克思地租理论的基本观点出发，论证农村建设用地地租的构成及特征，阐述农村建设用地流转价格的地租构成，提出农村建设用地地租收益归属的设想。

第一节　我国农村建设用地流转收益分配现状

一　农村建设用地流转收益及分配概述

（一）农村建设用地流转收益

亚当·斯密在《国富论》中，将收益定义为"那部分不侵蚀资本的可予消费的数额"，把收益看成是资本的增值。王佑辉认为，农村建设用地流转过程中的土地收益应该采取扣除法，也就是全部土地收益，应先扣除土地开发成本（包括投资利息与正常的投资平均利润）、政府税收和行政规费等，剩余部分则应全部归于农村集体经济组织。[1]但是，这种界定方法是从经济学的角度出发，将流转收益范围界定在相对狭义范畴，难以将土地收益在流转收益、应得收益和土地纯收益三个层面上体现出来。笔者认为，"收益"一词本来就是包含收入和利益的内涵，其本身并不特指纯收益，农村建设用地流转收益是土地出让方将一定年限内的用地使用权，通过出让、转让、出租等方式让渡给受让方，受让方支付的相应对价，即"土地出让金"或"土地租金"（胡存智）[2]，包含土地出让价款、租金、转让金，以及相关的税费等。

（二）农村建设用地流转收益分配主体

农村建设用地流转收益分配机制实际上要解决的就是流转收益分配给谁及如何分配的问题。在农村建设用地流转收益分配主体界定及各自承担的角色问题上，学者们有不同的理解。李延荣认为，农村建设用地流转收益分配关系的参加者，主要是土地的所有者和土地使用者，而土地增值收益，应以税的形式归属于全体社会成员，由国家代为收取。但笔者认为，地方政府既不是农村集体土地的所有者，更不是集体土地的使用者，从法理上讲，是不能直接参与农村建设用地流转地租收益的分配过程的。否则，很可能导致农村集体土地供求失衡，这不仅会侵害农村集体土地所有者和使用者的合法权益，而且会直接影响到农村建设用地市场配置机制的形成。[3] 在卢吉勇等看来，农民集体、村民和国家政府因承担相应的权益义务，三方均能参与农村建设用地流转收益分配，而国家收益主要应由市、县、乡三级政府为代表。[4]

笔者认为，农村建设用地流转收益分配主体主要涉及地方政府、

---

[1] 王佑辉：《集体建设用地流转制度体系研究》，博士学位论文，华中农业大学，2009年，第78页。

[2] 胡存智：《从产权制度设计和流转管理，推进集体建设用地改革》，《国土资源导刊》2009年第3期。

[3] 李延荣：《集体建设用地流转要分清主客体》，《中国土地》2006年第2期。

[4] 卢吉勇、陈利根：《集体非农建设用地流转的主体与收益分配》，《中国土地》2002年第5期。

农村集体和农民，其分配关系具体表现在三个层次：

（1）从理论上讲，出让农村建设用地使用权所获得的市场对价是农村建设用地流转收益，应当为出让方——农村集体（农民）作为权利所享有。这涉及农村建设用地流转收益分配的第一个层次问题，即农村集体作为土地所有者和土地使用者的收益分配关系，其实质就是农村集体土地使用权的出租与承租问题。

（2）农村建设用地流转并非完全的市场行为，国家因素——尤其是地方政府较深介入用地流转各个环节，地方政府凭借对建设用地流转市场的管理以及市场运行的调控，有强烈参与收益分配的愿望和动力。这涉及农村建设用地流转收益分配的第二个层次问题，即农村集体和地方政府之间的收益分配关系。农村集体对建设用地拥有占有、使用、处分和收益的权利，地方政府主要基于提供投资服务和以管理者身份获取部分土地收益。

（3）农村集体作为农村建设用地的所有权人在获得用地流转收益时，应当如何在集体内部成员之间进行使用和分配，如何将收益落实到每个农民？这涉及农村建设用地流转收益分配的第三个层次问题，即集体作为土地所有者在取得相应流转收益后，应该处理好在农村集体成员之间的利益分配关系。如何使每个农村集体成员都能公平分配到其应得的土地流转收益，这是农村集体作为土地所有者应当承担的重要职责。

（三）农村建设用地流转收益在主体间的分割

假定农村集体利益和农民利益是一致的，那么，农村建设用地收益分配主体可大致界定为地方政府和农村集体，在既定的土地利益中，农村建设用地流转收益分配关系如图5-1所示。

在图5-1中，纵坐标为地方政府所获土地收益，横坐标为农村集体所获土地收益。$Y_E X_E$线为土地收益分配线，不同阶段双方有不同比例。图中A、B两点表明不同的土地收益分配比例。在A点，$OY_1 > OX_1$，表明地方政府获益较多，笔者认为，在传统的政府征—供土地的市场方式下，土地收益绝大部分归政府所有，集体和农民利益受到严重损害。进一步看，农民利益受损主要体现在农民应得的土地收益比例过低，失地农民的就业和社会保障等问题没有得到妥善解决。

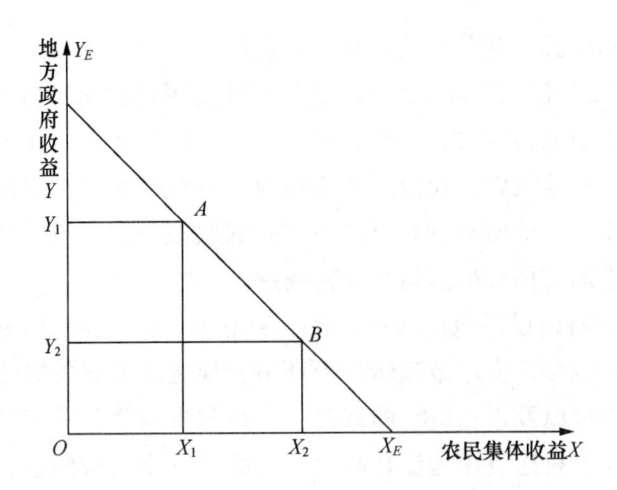

图 5-1 地方政府、农村集体土地收益分配关系

沿着用地收益分配线逐渐下移，在 B 点，$OX_2 > OY_2$，这表示农村集体获益较多。这主要是由于随着农村建设用地直接入市，农村集体和农民的收益分配比例正在逐步上升，而地方政府获益逐步减少。政府利益受损主要表现在土地资产流失以及基础设施建设所引致的损失，还有就在于土地用途控制、耕地保护和生态环境保护等方面的利益也在很大程度上受损（特别是中央政府和省级政府）。在各地实践中，农村集体收益和地方政府收益比值，从芜湖地区的 2∶8 到安阳地区的 4∶6，从苏州地区的 3∶7 到南海地区和锦江区的农村集体收益占绝对大头而地方政府只收取部分税收。结合图 5-1，表现为从 Y_E—X_E 的滑行过程和逐渐过渡的特征，这也体现了地方政府从土地经营者的角色向公共服务提供者和市场交易规范者的角色的转换。OX_E 和 OY_E 表明土地收益完全被地方政府或者农村集体独占。一般来说，土地收益分配只能沿着 $Y_E X_E$ 这条土地收益分配线滑行，而不可能出现 X_E 和 Y_E 这两种极端的情况。

二 各地农村建设用地流转收益分配现状

收益分配是农村建设用地流转的核心问题，合理的收益分配是农村建设用地顺利流转的重要保障。目前，各地在农村建设用地流转试点与实践过程中，大都根据不同情况制订了不同的用地收益分配方案。

(一) 安徽芜湖的分配方案

安徽出台了《农民集体所有建设用地使用权流转实施细则》(2000年)。该细则第十条规定:"土地流转增值收益,实现四级超率累进收益率。"第十一条规定:"土地流转收益和土地增值收益,充分考虑土地所有者的合法权益以及市、县(区)、试点镇人民政府对基础设施的大量投入,按土地所有者、试点镇、县(区)、市 2:5:2:1 进行分配。"2002年改为由县(区)、乡(镇)、农民集体按 1:4:5 进行分配。

(二) 河南省的分配方案

河南出台了《河南省农民集体所有建设用地使用权流转管理若干实施意见》(2003年)。该意见第十四条规定:"集体建设用地使用权流转发生增值的,土地增值收益中的10%归当地人民政府;其余90%归土地所有者和土地使用者,具体分配比例由市、县(市)人民政府确定。政府所得收益中60%归乡镇政府,40%归市或县政府,纳入财政专户,实行收支两条线管理,主要用于对集体建设用地流转的管理。"

(三) 广东省的分配方案

广东出台了《广东省集体建设用地使用权流转管理办法》(2005年)。该方案更偏重市场化,农村建设用地流转收益主要留在农村。办法第二十五条规定:"集体土地所有者出让、出租集体建设用地使用权所取得的土地收益应当纳入农村集体财产统一管理。其中50%以上应当存入银行(农村信用社)专户,专款用于本集体经济组织成员的社会保障安排,不得挪作他用。"地方政府所得只有根据交易双方按规定向土地行政主管部门申报价格收取有关税费,第二十六条规定:"集体建设用地使用权出让、转让和出租的,应当向土地行政主管部门申报价格,并依法缴纳有关税费。集体建设用地使用权转让发生增值的,应当参照国有土地增值税征收标准,向市、县人民政府缴纳有关土地增值收益。"

(四) 江苏苏州的分配方案

江苏出台了《苏州市集体建设用地使用权流转管理办法》(2009年)。该办法第三十九条规定:"集体建设用地出让、租赁所取得的土地收益,主要归集体土地所有者所有,但应向政府缴纳不高于流转合同价款15%的土地收益。集体土地出让、租赁政府收益部分,由各市和乡镇二级分成,具体收缴办法和分配政策由各市、吴中、相城、高新区、工业园区各自研究确定。"第四十条规定:"集体土地所有者出让、租赁集体建设用地使用权取得的土地收益必须纳入农村集体资产统一管理,并应设定土地收益专户。"

(五) 成都市的分配方案

成都出台了《成都市集体建设用地使用权流转管理办法》(2007年)。该方案更注重收益均衡性和农民可持续生计。第三十七条规定:"集体建设用地使用权流转取得的总收入在扣除县、乡各项投入以及按规定缴纳税费后,收益归农村集体经济组织所有。农村集体经济组织取得的流转收益应当纳入农村集体财产统一管理,实行专户存储,优先用于农民的社会保险。具体使用和管理按省、市有关农村集体资产管理的规定执行。"具体来看,该市锦江区将土地流转收益经过农投公司、农锦公司扣除相应成本后再由村级集体股份公司进行股权分配,收益分配最后具体落实为50%的农民社保、40%的公司发展基金和10%的现金分红。另外,锦江区除了贯彻成都市《关于计提建设用地使用权初次流转收取公共基础设施和公用事业建设配套费及耕地保护基金的通知(试行)》精神,按照成交价的10%收取公共基础设施和公用事业建设配套费1%—2%的耕地保护基金外,还要求按照国有土地流转的标准收取营业税和契税,同时还涉及交易服务中心收取服务费的问题。

在各地农村建设用地流转收益分配实践中,农村集体和地方政府都参与了用地收益分配。总体上看,农村集体是用地流转收益的主体,为了实现建设用地价值而推动用地流转,实现了对建设用地使用权的处分权,最终实现用地流转收益。农村集体收益中包含农民个体的收益,由于各地经济发展水平、基层治理能力、社会习俗等方面的差异,农村集体与农民个体的收益分配比例有较大差异,但农民个体利益在总体上得到相应体现和保障。

三 我国农村建设用地流转收益分配存在的问题

从上述分析可知,在我国各地实践中,对有关收益分配的规定和做法差别很大。各地在农村建设用地流转收益分配的实践中,大都根据不同情况尽量做到兼顾国家、农村集体和农民的利益;大部分地方实行用地收益的专款专用:土地开发整理和小城镇设施建设、集体经济组织可持续发展、农村社会保障体系建设等。但是农村建设用地流转相关方利益协调及其均衡问题没有很好地解决,主要表现在以下几个方面。

(一) 农村建设用地流转收益分配缺乏保障

各地农村建设用地流转大多由地方政府或村委会主导,农民缺乏参与主动决策的机会和能力,农民对用地流转收益分配的知情权和参与权无法得到保障。各地农村建设用地流转的相关法规一般都没有制定建设用地流转收益的分配细则,没有专门的用地流转收益分配管理机构,更没有形成用地流转收益分配的监督机制。

(二) 农村建设用地流转收益区域差距巨大

由于历史发展和地区条件差异,我国各地农村建设用地流转规模大小、市场建设水平、用地价格高低等,都呈现极大的不平衡。总体来看,珠三角、长三角等沿海发达地区,农村建设用地流转市场较为成熟,用地价格较高,农村集体和农民获取的土地流转收益较多,而广大的中西部地区差距甚大。这种差异导致东部、中部、西部地区农村集体和农民在用地收益方面的区域差距拉大。另外,从区域内部来看,农村建设用地流转收益差距也十分显著,从区位因素看,农村建设用地距离中心城市越近,增值空间就越大,距离越远,增值空间就越小,正如有学者指出的,农民群体已经严重分化为5%的城郊农民和95%的非城郊农民。[①]

(三) 农村建设用地流转收益分配缺乏理论依据

从各地实践看,农村集体作为土地所有者和地方政府及农民间的用地收益分配边界不清晰,用地收益分配比例也很不一致。农村建设用地收益分配比例往往取决于各主体的利益博弈和地方政策,对于市县、乡、村之间及农村集体内部如何进行收益分配和各自分配比例等,都没有统一的标准。从根源上讲,这是由于农村建设用地流转收

---

① 石小石、白中科:《集体经营性建设用地入市收益分配研究》,《中国土地》2016年第1期。

益分配缺乏必要的理论支撑。尤其是对于农村建设用地来讲,其流转所涉及的主体十分复杂,因此,从理论上看研究农村建设用地流转价格的本质、研究用地收益分配的逻辑框架,就显得尤为迫切。

第二节 农村建设用地流转价格的地租模型

地租是土地权利在经济上的实现形式,是土地市场价格的内在决定因素,更是土地收益分配的内在依据。同样,地租理论可为研究农村建设用地流转价格的本质及其主要决定因素提供一个具有较强解释力和逻辑一致性的分析思路。

一 农村建设用地地租的基本形式

（一）理论基础

1. 土地产权理论

由前面分析可知,土地产权是一束权利,而土地所有权居于核心地位,是土地产权权利束中最充分的一项物权。马克思指出:"土地所有权的前提是,一些人垄断一定量的土地,把它作为排斥其他一切的、只服从自己个人意志的领域。"[①] 而土地收益权是土地所有者依法基于所有权获得经济利益的权利。农村集体作为农村土地资产的法定所有者,在农村建设用地所有权和使用权分离的情况下,要求实行土地有偿使用,其以土地所有者的身份通过地租的形式获得土地收益是当然之举。

2. 地租理论

农村集体获得土地收益的最直接形式就是因为让渡使用权而获取地租。正如马克思所说:"这个货币额,不管是为耕地、建筑地段、矿山、渔场、森林等等支付,统称为地租。这个货币额,在土地所有者按契约把土地租借给租地农场主的整个时期内,都要支付给土地所有者。因此,在这里地租是土地所有权在经济上借以实现即增殖价值的形式。"[②] "地租表现为土地所有者出租一块土地而每年得到的一定

---

① 马克思:《资本论》第三卷,人民出版社 1975 年版,第 695 页。
② 同上书,第 698 页。

的货币额"①，地租源于土地所有权和使用权的分离。任何社会，只要存在土地所有者和不拥有土地的使用者，后者在土地利用中有剩余价值被前者占有，就会产生地租现象。

（二）农村建设用地地租的主要形式

在《资本论》中，马克思立足于农业生产，将农业地租作为地租的普遍形式，详细论证了农业级差地租和农业绝对地租的本质及其运动规律，而对涉及非农建设用途的地租问题，只是提出："至于建筑上使用的土地，亚当·斯密已经说明，它的地租的基础，和一切非农业土地的地租的基础一样，是由真正的农业地租调节的。"② 本书立足马克思地租理论，基于以下假设构建农村建设用地地租模型：（1）农村建设用地所有权和使用权分离；（2）农村土地流转市场机制比较完善；（3）生产资本能稳定实现土地超额收益并至少获取平均利润。本书主要研究源于农村建设用地条件好坏而产生的级差地租和由农村建设用地所有权垄断而产生的绝对地租（见图 5-2）。

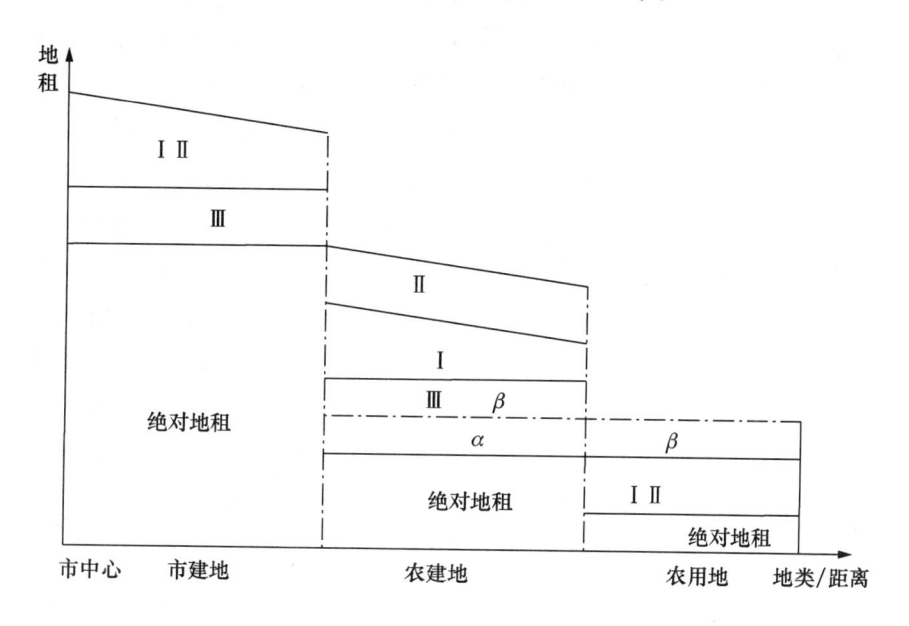

图 5-2 农村建设用地地租的基本形式

---

① 马克思：《资本论》第三卷，人民出版社 1975 年版，第 702 页。
② 同上书，第 871 页。

二 农村建设用地绝对地租

绝对地租理论是马克思主义经济学的重要内容：农产品市场价格高于生产价格的差额是绝对地租的来源；农业资本有机构成低于社会资本平均构成是绝对地租形成的必要条件。至于非农建设用地绝对地租问题，马克思没有系统地阐述。目前，我国学术界主要针对两个问题展开研究：城市绝对地租是否存在以及来源如何？[①] 当农业资本有机构成提高到社会平均构成以后，绝对地租是否存在和来源如何？[②] 对于农村建设用地绝对地租问题，学界还未有涉及。

（一）农村建设用地绝对地租存在的前提条件

1. 农村集体土地所有权是农村建设用地绝对地租存在的内在条件

在马克思看来，在资本主义社会，"租地农场主不支付地租就能按普通利润来增殖他的资本这一事实，对土地所有者来说，决不是把土地白白租给租地农场主并如此慈善地给这位营业伙伴以无息信贷的理由。这样一个前提，意味着土地所有权的取消，土地所有权的废除。而土地所有权的存在，正好是对投资的一个限制，正好是对资本在土地上任意增殖的一个限制。"[③] 否则，"所有这些情况都意味着土地所有权的废除，即使不是法律上的废除，也是事实上的废除"。[④] 因此，只要土地私有产权存在，绝对地租必然存在。在当代中国，随着社会主义土地公有制的确立，绝对地租是否丧失存在的社会基础呢？农村建设用地绝对地租是否依然存在呢？马克思曾说过：凡是土地私有制（事实上或法律上）不存在的地方，就不支付绝对地租。有人据此就认为，社会主义中国不存在绝对地租。事实上，马克思关于"土地私有制"不存在，继而绝对地租就不存在的论断，是相对于共产主义社会而言。恩格斯在《论住宅问题》中明确指出：同样，消灭土地私有制并不是消灭地租，而是要求把地租——虽然形式发生变化——转交给社会。所以，由劳动人民实际占有全部劳动工具，绝不排除保

[①] 杨继瑞：《绝对地租产生原因、来源与价值构成实体的探讨》，《当代经济研究》2011 年第 2 期。

[②] 杨学成：《绝对地租来源与形成新解》，《当代经济研究》1996 年第 5 期。

[③] 马克思：《资本论》第三卷，人民出版社 1975 年版，第 846 页。

[④] 同上。

存租赁关系。事实上，只有在马克思所设想未来社会中，全社会实行单一的生产资料公有制，土地所有者阶层不复存在，绝对地租当然也就消失了。

然而，在我国现阶段，虽然消灭了土地私有权，但并未建立单一的土地公有制，还存在国家和集体两种不同类型的土地所有权。而绝对地租的产生直接依赖于土地所有权本身，它与土地所有权之间具有必然联系，故而绝对地租并未在我国消失。就农村建设用地来说，《土地管理法》第七条明确规定了两种不同的土地所有权形式，"城市市区的土地属于国家所有。农村和城市郊区的土地，除由法律规定属于国家所有的以外，属于农民集体所有……"农村建设用地属于农村集体所有，第十条、第十一条和第十三条分别就农村建设用地"三级所有，队为基础"的所有权安排模式、产权确认和产权保护作出进一步规定。虽然农村建设用地所有权制度安排尚存在诸多矛盾与困境：所有者缺位的问题、管理者的权限过大的问题等，但农村建设用地的集体所有权是客观存在的，它和国家所有权在立法初衷和原则上处于对等地位。

总之，我国农村建设用地所有权的客观存在决定其必须实现全部的经济要求，即除获得级差地租外，还应占有绝对地租，即使最劣等建设用地也不例外，这关系到农村建设用地所有者产权在经济法权上能否充分实现，关系到农村建设用地能否真正实现有偿使用和按市场配置。

2. 农村建设用地使用权市场化是绝对地租现实存在的外在因素

如果说所有权是农村建设用地绝对地租存在的内在条件，那么所有权和使用权分离以及使用权市场化是绝对地租现实存在的外在条件。

马克思曾说，"在地租全然消灭的场合，土地所有者和资本家是同一个人"，他"可以把资本投在土地上而不付地租"，因为绝对地租往往以"执行职能的资本和土地所有权的分离作为前提"。[①] 如果所有权和使用权完全同一，则农村建设用地绝对地租就无法真正实

---

① 马克思：《剩余价值学说史》第二卷，人民出版社1975年版，第407页。

现。依照《土地管理法》，农村建设用地所有权与使用权可以依法分离，"农民集体所有的土地，可以依法确定给单位或者个人使用……"（第九条），第四十三条对农民农村建设用地所有权和使用权分离的形式做出一般性规定：集体企业建设用地使用权、村民宅基地使用权、乡村公共设施建设用地使用权以及公益事业建设用地使用权。对于集体企业建设用地使用权的获取主体，第六十条做出了灵活规定，除集体成员外，其他非集体成员可以以入股和联营等形式共同举办企业。

在市场经济条件下，农村建设用地使用权实现市场化是绝对地租实现的另一外在因素。没有农村建设用地使用权的市场化，即使所有权与使用权分离，也不能真正实现绝对地租，因为"单纯法律上的土地所有权，不会为土地所有者创造任何地租。但这种所有权使他有权不让别人去经营他的土地，直到经济关系能使土地的利用给他提供一个余额度"。[①] 长期以来，我国农村建设用地使用权未实现市场化，绝对地租也未真正实现。以1962年《农村人民公社工作条例修正草案》为起点，我国农村建设用地使用权长期处于"无偿使用，禁止流转"的阶段，直到20世纪80年代末，农村建设用地开始尝试"有偿使用，自发流转"，从90年代中期开始至今，由国务院相关机构牵头在试点区探索"规范流转"的路径，在总结各地经验的基础上，2004年，国务院下发《关于深化改革严格土地管理的决定》指出，"在符合规划的前提下，村庄、集镇、建制镇中的农民集体所有建设用地使用权可以依法流转"，这无疑为我国农村建设用地使用权市场化流转提供了有力依据，也增强了农村建设用地实现绝对地租的现实性。

总之，农村建设用地使用权实现与所有权分离且实现市场化是绝对地租现实存在的重要环节。但我们更要强调，不论哪种情况，只要农村建设用地所有权存在，那么农村建设用地绝对地租就存在且永不消失。

[①] 马克思：《资本论》第三卷，人民出版社1975年版，第853页。

（二）农村建设用地绝对地租的来源与形成

1. 农村建设用地绝对地租不能通过产品市场价格高于生产价格的余额实现

关于农业绝对地租来源，马克思提出三个命题。

第一，一般情况下，其来源在于农产品市场价格高于生产价格的余额。"因为有了土地所有权的限制，市场价格必须上涨到一定的程度，使土地除了生产价格外，还能支付一个余额，也就是说，还能支付地租。"[①]

第二，从本质上看，在农业低资本有机构成的前提下，绝对地租是农产品价值超出生产价格的余额的全部或一部分，"农业上一定量的资本，同有社会平均构成的同等数量的资本相比，会生产较多的剩余价值，即推动和支配较多的剩余劳动（因此一般地说，也就是使用较多的活劳动）"。[②]

第三，在资本有机构成提高到接近于社会平均资本构成时，绝对地租的实现有三种途径：在农产品按价值出售的前提下，"土地所有者只好自己雇人耕种这些土地，或者在租金的名义下，把他的租赁者的一部分利润甚至一部分工资刮走"。[③] 或者"只能来自市场价格超过价值和生产价格的余额，简单地说，只能来自产品的垄断价格"。[④] 学者们将其总结为"两权结合论"、"利润和工资扣除论"和"垄断价格论"。[⑤]

可以发现，上述三个命题蕴含这样一个思路：在资本有机构成低于社会平均构成时，农产品价值高于生产价格，市场价格在生产价格与价值之间波动以实现绝对地租；在资本有机构成逐步提高后，农产品价值将等于或低于生产价格，绝对地租还是依靠市场价格高于生产价格的方式实现，农产品市场价格高于生产价格的余额是绝对地租实现的唯一来源。可见，资本有机构成的高低并不是绝对地租存在的必

[①] 马克思：《资本论》第三卷，人民出版社1975年版，第859页。
[②] 同上书，第857页。
[③] 《马克思恩格斯全集》第26卷第2册，人民出版社1972年版，第448页。
[④] 马克思：《资本论》第三卷，人民出版社1975年版，第863页。
[⑤] 杨学成：《绝对地租来源与形成新解》，《当代经济研究》1996年第5期。

要条件。

　　这样，按照马克思的论断，农村建设用地绝对地租也遵循同样的规律：产品市场价格高于生产价格的余额是绝对地租实现的唯一源泉。由图 5-3（a）可知，生产价格（生产价格＝成本价格＋平均利润，如没有特殊说明，下同）直线 S 代表产品供给曲线，向上平移 R 个单位至 S_1，R 代表绝对地租量。可以发现，市场价格 P_1 高于生产价格 P 产生的余额为面积 S_{P_1BCP}，而 S_1 和 S 围成的面积 S_{EBFG} 才是绝对地租量，S_{P_1BCP} 和 S_{EBFG} 在一般情况下是不能相等的。[①] 仅有在极端情况下，如图 5-3（b）所示，当且仅当需求无弹性，而供给弹性无限大的时候，农村建设用地绝对地租才是由产品市场价格高于生产价格的余额产生，大小表现为面积 S_{P_1ABP}。事实上，在现代市场经济当中，很难有商品能同时满足需求无弹性和供给弹性无限大的苛刻条件，可以说，由产品市场价格大于生产价格的途径是难以实现农村建设用地绝对地租的。

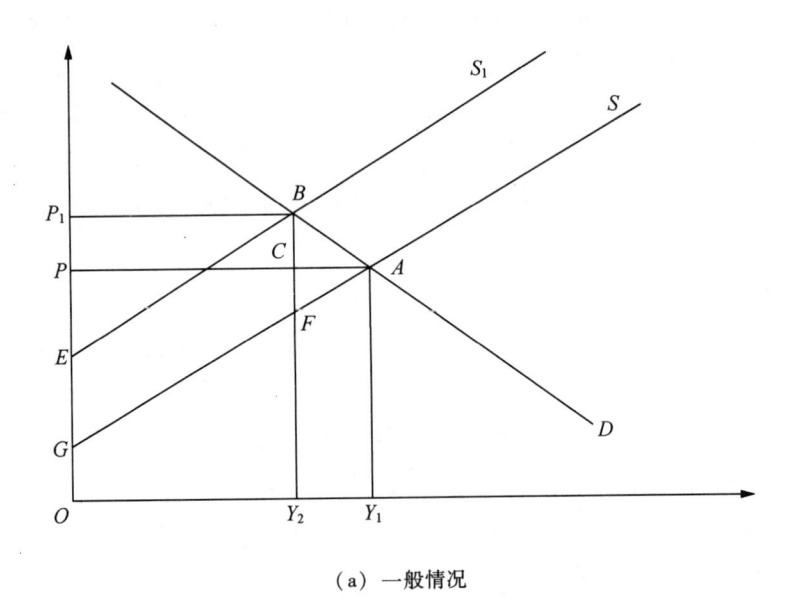

(a) 一般情况

[①] 余瑞祥：《级差地租论——对马克思地租理论的新说明》，《经济评论》1999 年第 3 期。

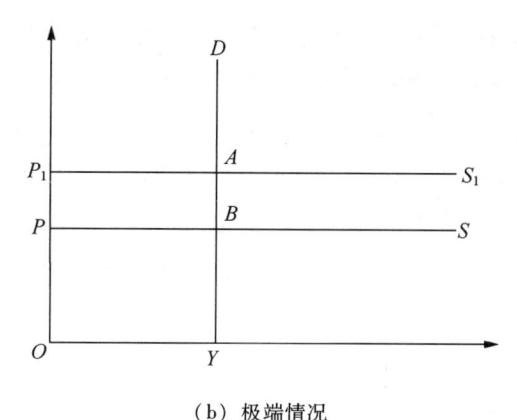

第五章　我国农村建设用地流转收益分配研究　　193

(b) 极端情况

图 5-3　两种极端情况

2. 农村建设用地绝对地租不是源于产品价值高于生产价格的余额

绝对地租"成了商品价值的一部分,更确切地说,成了商品剩余价值的一部分",而且在马克思看来,在农业资本有机构成低于社会平均构成的前提下,土地私有权垄断阻碍资本自由进入农业,农业部门中产品价值大于生产价格的超额剩余价值不参与利润的平均化过程而滞留在农业部门,"不过它不是落入从工人那里把它榨取出来的资本家手中,而是落入从资本家那里把它榨取出来的土地所有者手中"。[①] 最终转化为农业绝对地租。

对于非农建设用地绝对地租,马克思同样认为:这部分剩余价值,甚至在一切工业企业中被拦截,因为不论什么地方,都要为使用地皮(工厂建筑物、作坊等所占的地皮)付地租,因为即使在可以完全自由占用土地的地方,也只有在多少是人口稠密和交通发达的地点才建立工厂。[②] 笔者认为,对于农村建设用地来说,这一论断是否合理和准确值得商榷:如果农村建设用地资本有机构成等于或高于社会资本平均构成,那么,产品价值与生产价格的差额这个意义上的绝对地租便不存在;如果农村建设用地资本有机构成低于社会资本平均构成,从理论上讲,产品价值大于生产价格的差额是存在的,那么这个

---

① 马克思:《资本论》第三卷,人民出版社 1975 年版,第 870 页。
② 《马克思恩格斯全集》第 26 卷第 2 册,人民出版社 1972 年版,第 365 页。

差额能否转化为绝对地租呢？事实上，随着工业化和城市化发展，越来越多的产业直接使用农村建设用地并实现产业转移，其产品供给往往是买方市场或局部买方市场：一是产品需求价格弹性有限，且随着家庭收入的增长有下降趋势；二是随着科技进步和资本有机构成的提高，产品的有效供给会不断增加（这也意味着产品价值和生产价格之间的差额不断缩小）。这样，产品不会按照价值出售，绝对地租也就不能通过产品价值与生产价格的差额实现。还应看到，在当代社会，土地和资本一样可以实现自由流动，部分产业多创造的剩余产品价值虽不能被资本流动平均化，但仍有可能随着地权流动而实现平均化。正如马克思所说的那样，即使是农业绝对地租，只要不等于农产品的价值超过它们的生产价格的余额，这个余额的一部分总会加到所有剩余价值在各单个资本之间的一般平均化和按比例的分配之中去。一直到地租等于价值超过生产价格的余额，这个超过平均利润的全部剩余价值，就会被排出这个平均化。可见，即使农村建设用地资本有机构成低于社会资本平均构成，产品价值超过生产价格的余额也很难转化为地租，或者说根本不存在。

从前面分析可知，农村建设用地绝对地租不能通过产品市场价格高于生产价格的余额实现，而且它并非源于产品价值高于生产价格的余额。马克思所揭示的农业绝对地租规律很难调节农村建设用地绝对地租的实现过程。

3. 农村建设用地绝对地租的来源：利润平均化前的扣除[①]

对于农村建设用地来说，不管产品价值是否高于或等于生产价格，马克思所指出的由市场价格高于生产价格的余额来实现的绝对地租均无法实现。这是否表明农村建设用地绝对地租消失了呢？当然不是，在杨继瑞看来，绝对地租好比土地所有权的"利息"，使用土地而不缴纳绝对地租，是违背市场法则的。由于土地所有权垄断，农村建设用地使用者必须从其获得的剩余产品价值中剥离相应部分并以绝对地租的形式交给农村集体。实际上，由于现行法律提供的操作空间

[①] 杨继瑞：《绝对地租产生原因、来源与价值构成实体的探讨》，《当代经济研究》2011年第2期。

十分有限，农村集体在转让建设用地的时候面临巨大风险：集体要承担中央政府和地方政府查处的风险；由于法律的禁止使得土地流转没有一套有效的规则，这使得交易方契约关系不受法律保护，故而违约风险加大，经济纠纷频发。依据风险与收益对等的原则，使用者如果不支付相应的地租代价也是不合常理的。

由上面论证已知，由市场价格高于价值的途径难以实现农村集体所有者（获取绝对地租）与用地者（获取平均利润）作为整体应获得的剩余产品价值，如果两者作为整体仅获得平均利润，双方都不会如愿以偿。在马克思看来，在平均利润规律的支配下，任何资本总需要按照等量资本获取等量利润的原则来分配剩余价值。因此，从逻辑上看，农村建设用地使用者所生产和实现的剩余产品价值，应在预先扣除绝对地租后再参与利润平均化过程。对于农村集体所有者来说，"土地所有权的正当性，和一定生产方式下的一切其他所有权形式的正当性一样"，农村建设用地这一生产要素应该参与剩余产品价值的分配，只是其分配发生在利润平均化之前。

既然农村建设用地使用者需要获得平均利润，绝对地租只能在利润平均化之前扣除，那么，其实现机制和路径是怎样的呢？

4. 农村建设用地绝对地租来自产品生产价格的一部分

正如前面所论证的那样，对于农村建设用地来说，产品市场价格总以高于生产价格的方式实现绝对地租只是一种纯粹偶然。绝对地租不应该是产品生产价格之外的加价，而只能是来自产品自身生产价格的一部分。

事实上，从农村建设用地整个范围来看，土地所有权垄断普遍存在，它已不能阻止某个行业或部门的超额剩余产品价值的平均化趋势，绝对地租已经是生产价格构成的一个既定前提。也就是说，不论是什么行业或部门，只要使用农村建设用地进行生产，绝对地租都会在利润率平均化之前进行扣除，并且连同产品价值转化为生产价格。

在马克思那个时代，非农建设用地的重要性不突出，绝对地租对剩余价值分配的影响很小，所以，在其生产价格模型中，未将绝对地租包括进去，这属于科学的合理抽象。在当代中国，随着城市化和工业化的迅猛发展，农村建设用地需求量迅速扩张，绝对地租从剩余产品价值分配的额度越来越大。如果我们还固守僵化概念而忽视农村建设用地绝对地租,那就不合时宜了。笔者认为,"生产价格"除了原有的成本价格和平均利润两个部分外,还应包括绝对地租这个部分,这种"三位一体"的生产价格模型将会与现实更加吻合。

为了进一步揭示包含绝对地租在内的生产价格模型的形成机理,现列表进行说明。假定用地类型划分为农业用地与非农用地两大部分,非农用地分布在农村和城市,分别形成城市用地和农村建设用地;社会投资平均分布于农业用地、农村建设用地和城市用地;社会平均绝对地租率(绝对地租/预付资本)随着土地流动而形成,且有不断提高的趋势;剩余价值率为100%;社会资本平均构成为70C:30V;不变资本的价值一次转移到产品价值中去。表5-1分Ⅱ和Ⅰ两种情形进行分析。

表5-1　　　不同类型用地产品生产价格形成机理示意

用地类型		预付资本 ①	剩余价值 ②	产品价值 ③=①+②	平均绝对地租率 ④	绝对地租 ⑤=①×④	社会平均利润率 ⑥	平均利润 ⑦=①×⑥	生产价格 ⑧=①+⑤+⑦
农业用地		Ⅰ 60C+40V	40	140	5%	5	25%	25	130
		Ⅱ 60C+40V	40	140	6%	6	19%	19	125
非农用地	农村建设用地	Ⅰ 65C+35V	35	135	5%	5	25%	25	130
		Ⅱ 80C+20V	20	120	6%	6	19%	19	125
	城市用地	Ⅰ 85C+15V	15	115	5%	5	25%	15	130
		Ⅱ 85C+15V	15	115	6%	6	19%	19	125
社会总体用地情况		Ⅰ 205C+95V	90	390	5%	15	25%	75	390
		Ⅱ 220C+80V	75	375	6%	18	19%	57	375

从表5-1中可以发现,我们在这里所使用的"生产价格"模型与马克思所构想的模型有一定差异。由于资本有机构成的差异,不同用地产品的价值构成不同,而不同的绝对地租率又形成不同的生产价格。其中,农村建设用地资本有机构成低于和高于社会资本平均构成

时，形成不同的商品价值（135 和 120），由于不同的绝对地租率，形成不同的生产价格（130 和 125）。可以说，新的生产价格模型解决了农村建设用地绝对地租来源问题：一方面，这一模型在质上符合劳动价值论的本质要求，它揭示了农村集体参与价值分配的问题，不会导致价值创造多元化的错误；另一方面，这一模型在量上符合劳动价值论的要求，虽然某一部门的生产价格和价值不一致，但全社会的生产价格与价值在总量上是相等的。[1]

从表 5-1 中还可以看出，包括农村建设用地在内的任何类型用地的绝对地租率的上升（5%→6%），均导致资本平均利润率的下降（25%→19%）。这是因为绝对地租量是利润平均化前对剩余产品价值的扣除，这就必然导致平均利润率的下降。绝对地租率的上升和平均利润率的下降并存也是符合历史发展趋势的。

（三）农村建设用地绝对地租量的规定性

同农业绝对地租量是由农业劣等土地支付的绝对地租量来确定一样，农村建设用地绝对地租量也是由劣等建设用地支付的绝对地租量来确定的。一般来说，农村劣等建设用地是指距离城市中心地段较远、交通条件较差地带，它是计算农村建设用地绝对地租和级差地租的基础。当然，劣等建设用地标准具有相对性，一是由于不同行业对所用土地的优劣具有不同的评价标准；二是由于随着经济社会发展，当初的劣等建设用地可能逐渐转化为级别较高的土地；三是随着市场经济发展，城乡建设用地市场逐渐完善，行业产业配套逐步健全，绝对地租量也会增加，并形成新的绝对地租标准。在对农村建设用地用途有了相应的规划前提下，在实际工作中，我们可以以特定区域内最劣等农业用地全部地租量作为农村建设用地绝对地租量的衡量标准，因为建设用地往往从农业用地转化而来。农村建设用地绝对地租量有上限和下限。其下限是不能低于区域内最劣等农业用地全部地租量，上限是不能高于用地者的全部超额利润，至少能保证用地资本能获得平均利润。在上下限范围内，绝对地租量的多少由市场供求机制来调节。[2]

---

[1] 杨学成：《绝对地租来源与形成新解》，《当代经济研究》1996 年第 5 期。

[2] 王贝、衡霞：《我国农村集体建设用地绝对地租研究》，《求索》2011 年第 11 期。

由此可见，农村建设用地绝对地租是企业使用任何等级建设用地都须缴纳的最低限度的地租。价格的余额是工人新创造剩余产品价值的一部分。也就是说，在新创造的剩余产品价值中，利润平均化过程只能在预先扣除绝对地租后才能进行。这样，商品价值（W），由生产资料（C）、工资（V）、绝对地租（R）和利润（P）四个部分组成，即 $W = C + V + R + P$，剩余产品价值 $M = R + P$。相应地，平均利润率的计算公式是 $\overline{P}' = (M - R)/(C + V)$，而不是 $\overline{P}' = M/(C + V)$。由于使用农村建设用地的所有企业都要缴纳绝对地租，因此，商品生产价格 $B = C + V + R + \overline{P}$，$\overline{P}$ 为平均利润。总之，农村建设用地绝对地租是商品生产价格构成的一个既定前提，是来自商品生产价格的一部分。

有人认为，由于土地和资本一样可以在不同行业流动，从而建设用地可以形成相同的社会平均绝对地租率。实际上，除了土地资源本身的自然原因，各类土地在评价标准、供求关系和经济效益等方面存在很大差异，很难想象可以用相同地租率水平来调节土地资源利用。因此，不同区域均可能在供求关系等因素的影响下，形成不同类型的绝对地租率。

三 农村建设用地级差地租

对于非农用地级差地租问题，马克思只是一般性地强调："凡是有地租存在的地方，都有级差地租，而且这种级差地租都遵循着和农业级差地租相同的规律。"[1] 马克思认为，对于建筑地段（非农建设用地）来说，"首先是位置在这里对级差地租具有决定性的影响"。[2]

（一）农村建设用地级差地租产生的原因

农村建设用地级差地租主要由等级较高的建设用地获得的级差收益，或者在较优等级的建设用地上，用地者连续追加投资而获得的超额收益转化而来（不是由企业改进经营管理而产生的收益），而这部分超额收益须交给农村集体等，这就形成了农村建设用地级差地租。一般地，对农村建设用地地块的经营垄断，是形成级差收益的原因，

---

[1] 马克思：《资本论》第三卷，人民出版社 1975 年版，第 871 页。
[2] 同上。

而土地集体所有权的存在则是级差收益转化为级差地租的原因。

1. 由于非农建设用地经营的垄断，导致生产主体在经营中稳定地形成一定量的超额利润

在我国工业化深入推进过程中，城市原有工业和乡镇企业纷纷迁入新规划建设的工业园区，这些工业园区一般多在郊区。这些进驻产业往往以土地为重要的生产经营条件，这对地处郊区的农村建设用地产生了巨大需求。由于土地资源本身是一种越来越稀缺的生产要素，尤其是区位条件优越的农村建设用地数量就更为有限。因此，谁率先经营某优质建设用地，谁就垄断了土地经营权，进而这些用地主体就能在经营合同期限内，长期拥有较高的经营效率，也就能稳定地形成超额收益。

2. 由于土地资源经营垄断，不仅使优等条件的建设用地而且还使中等条件的建设用地也可能在生产中形成部分超额收益

当前我国城市化、工业化正在加速发展，尤其是我国正处于产业转型升级的阶段，新产业没有形成效益之前，现有传统产业的淘汰也需要有个替代时间和空间。所以，在土地资源严重短缺的态势下，一切可用之地即便是可用的处于劣等条件下的建设用地，也有经营利用上的必要性。当然，这部分属于劣等条件的建设用地，其得以使用的前提条件是必须使其使用者能够获得平均利润。因此，和农业产品类似，农村建设用地产品的社会生产价格应该由经营劣等土地的个别生产价格决定。不过，在非农业生产中，劣等地是相对而言，当一部分劣等地由于无法达到社会平均生产条件而被淘汰，新的更高社会平均生产条件又会形成，新一批的相对差一些的土地又可能被淘汰。同时，这里的土地优劣之分还要参考不同行业和用途等。

由此可见，农村建设用地级差地租的实体是产品中的超额利润。由于土地本身的差异，其劳动生产率有较大差异，在投入相同资本的情况下，所能够生产出来的产量不同，个别生产价格也不同。那些垄断了具有优等和中等自然条件的建设用地的经营者，由于他们产品的个别价格经常低于社会生产价格，在这两者之间也就会经常地形成一个差额性的超额利润。而这部分超额利润和建设用地本身的条件息息相关，建设用地所有者凭借所有权把优等地和中等地的地租定得高于

劣等地的地租，正如列宁所认为"级差地租形成和土地私有权毫无关系，土地私有权只是使用土地占有者有可能从农场主手中取得这种地租"①的那样，从而使土地产品中的超额利润以级差地租形式被集体所有者获取。

(二) 农村建设用地级差地租的类型

根据所有者和投资者主体不同，本书将农村建设用地级差地租分为级差地租Ⅰ、级差地租Ⅱ和级差地租Ⅲ。

1. 级差地租Ⅰ

按照马克思农业地租理论，并列投入不同地块的等量资本由于土地肥沃和土地位置的差别而具有不同生产率带来的超额利润所形成的地租，就是级差地租Ⅰ。因此，因区位优势、交通条件以及各种资源分布等方面的差异，投入不同建设用地的等量资本因生产率不同所产生的超额利润转化而成的地租，就是农村建设用地级差地租Ⅰ。地段位置差异带来农村建设用地级差地租Ⅰ，它对该级差地租的影响表现在两个方面：一是工业企业交通运输费用的差别，处于地段优越位置的用地者由于交通便利、接近产品市场或原材料产地，付出的运输费用较少而能获得较高的生产效率；二是商业企业的资金流通速度的差别，位置好的地段客流量多，相应带来单位资金的周转速度较快，会产生较高的利润率，这一点对商业企业尤为重要。

这样，区位差异和交通条件的不同导致运输成本、信息成本和市场影响面等方面的差别，各种资源的分布差异则导致了生产便利度的差别，这些差别都会给不同的投资者带来不同的经济收益。在区位条件、交通条件以及基础设施等方面占优的地方，投资主体经济效益好并获得超额利润，而这种超额利润实质上就是由农村建设用地级差地租转化而来的。

和农业级差地租Ⅰ相比，农村建设用地级差地租Ⅰ的最大特点在于：地段优势是级差地租Ⅰ的决定性因素，这种优势主要不是由土地的自然因素形成，而是由对土地的长期投资累积形成。通过土地投资、人才、资金、管理和技术等各种要素完全与土地资源结合并隶属

---

① 《列宁全集》第5卷，人民出版社1984年版，第103页。

于土地，并能长期保存和永续利用。进一步说，这种地段优势是土地的自然地理位置、交通地理位置和经济地理位置在空间上有机组合而成。

2. 级差地租Ⅱ

在马克思看来，在同一块土地上由于连续投资取得高于劣等地的生产率而带来的超额利润所形成的地租，就是级差地租Ⅱ。在已有的同一块农村建设用地上，由农村集体、地方政府和企业等连续追加投资能改变该地的生产效率并产生级差收益，这就形成农村建设用地级差地租Ⅱ。级差地租Ⅱ以级差地租Ⅰ为基础。我们假设：建设用地 A 和 B 皆为生地，除了存在距离或交通成本差异外，其他条件相同；市场需求决定了距离最远土地 B 的总成本（150）为市场愿意支付的成本。那么，生地 A 可以获得级差地租Ⅰ=40（见表5-2）。在这里，追加投资对级差地租Ⅱ的形成起着决定性作用，它包括一级开发和二级开发，并由此形成级差地租Ⅱa 和级差地租Ⅱb。

表5-2　　农村建设用地级差地租Ⅱ的两种形式：Ⅱa 和Ⅱb

地块情况	运费	计入运费的生产成本	投资主体	追加投资	产品	个别总生产成本	社会总生产成本	级差地租Ⅰ	级差地租Ⅱ
A（一级开发）			集体或地方政府	100	熟地	100	150	0	Ⅱa=50
A（二级开发）			用地企业	120	生产性用地	120	150	0	Ⅱb=30
A（过度投资）			用地企业	160	生产性用地	160	150	0	Ⅱb=-10
A（生地）	10	110		0	生地	110	150	40	0
B（生地）	50	150		0	生地	150	150	0	0

（1）级差地租Ⅱa。一级开发主要是从整体层面对生地 A 进行投资开发，由农村集体或地方政府出资，对村集体内部土地资源进行整合的过程。比如，对用地进行"五通一平"、"七通一平"等改造过

程。再如，在 20 世纪我国经济转型过程中，乡镇企业曾经红极一时，农村集体作为企业投资人和创办人，也是建设用地产权所有者，地租和企业利润保留在农村集体内部。后来，乡镇企业大量倒闭，"以地生财"便成为壮大集体经济的重要选择，原乡镇企业用地通过土地出租、厂房出租和土地入股等方式进行流转。在原乡镇企业不发达地区，主要通过归并宅基地、提高容积率等方式整理土地，把农户原有宅基地整合置换到地理位置优越的地段。通过对农村建设用地进行前期的基础设施投资，努力缩小其与同等区位的国有土地的价差，在满足村镇建设规划和土地利用规划的前提下，将节约的农村建设用地流转进行市场化流转，通过建设用地出租或厂房出租于旅游、服务、商业和工业等项目，以此获得规模性的资产收益。[1]

这样，通过拆迁、安置、补偿和进行基础设施建设，增加农村地区交通运输能力，发展通信设施，改善宏观环境，使生地变为熟地。由此带来 $\mathrm{II}\,a = 50$ 的收益。应当注意的是，一级开发具有极强的地租扩散效应。向地块 A 及周边进行投资，不仅增加地块 A 的级差地租，由于该项投资功能会扩散到相邻土地，这也会提高相应地块的级差地租水平，即所谓外部辐射地租。[2] 本书将在随后作较为详细的阐述。

（2）级差地租 $\mathrm{II}\,b$。二级开发主要是微观层面的投资开发，是指用地企业通过农地流转市场取得熟地 A 的使用权，继续对其追加投资进行深度开发，使之成为合格的生产性用地和生产场所。比如，在先前短缺经济和交通不发达条件下，城郊非农用地者大都发展劳动密集型、资源密集型产业，往往只需要经过简单的产业投资和结构调整，就能获得不菲的级差地租。当前，随着交通条件的改善、劳动力成本上升和买方市场的形成，使得城郊用地者单靠临近城市的区位优势便能获得级差收益的局面基本结束。对于城郊农村建设用地使用者，他们发展的出路在于把区位优势与规模优势、技术优势、特产优势发挥

---

[1] 张洪松：《两种集体建设用地使用权流转模式的比较分析》，《理论与改革》2010 年第 5 期。

[2] 杨勇：《集体建设用地价格形成机制研究》，硕士学位论文，四川大学，2006 年，第 9—10 页。

第五章 我国农村建设用地流转收益分配研究

出来。① 这就要求用地者利用城市产业升级和大规模城市建设的有利时机，稳健地引进新技术、新装备和先进的管理经验，加快规模经济建设进程，形成包括科研、生产和市场营销一体化的产业体系，摆脱历史形成的梯度落后状态，完成向现代化城郊工业的历史转变。所有这些包括人才、资金、管理、技术等在内的资源优化过程，都需要农村建设用地使用者连续追加投资，通过长期的积累投资优势来提升产业品质，最终形成城郊农村建设用地产业的全新的比较优势。这样就形成了农村建设用地级差地租 Ⅱ b = 30 的收益。用地者这部分投资所形成的级差地租，在租期内归属于投资者自身。

需要说明的是，由于受到结构功能、建筑技术等因素的限制，如果需要在生产性用地 A 上继续实现相同层级的功能，企业需要追加更多的投资（160），但这已经高出了市场愿意支付的成本，企业只能获得收益 Ⅱ b = -10，这意味着企业愿意选择距离更远的农村建设用地。因此，"追加投资"必须在社会必需量的范围内。超过必需量的追加投资不仅不能获得平均利润，甚至连自身也不能得到补偿。而且，"追加投资"的配套必须合理，在结构与功能上必须协调，否则，即使在社会必要量的值域内，也不能得到必要补偿，土地收益也不会达到该地区的平均水平。这样，在相对较好的建设用地上追加投资，即使连续投入资本的报酬略有下降，但只要高于劣等建设用地的报酬，相关方都会有利可图，就会对其进行追加投资，并由此产生农村建设用地级差地租 Ⅱ b。② 事实上，这也符合土地集约利用的大趋势。

需要注意的是，级差地租 Ⅰ 和级差地租 Ⅱ 存在很强的融合性，从理论上看，因区位优势、交通条件以及各种资源分布等方面的差异，投入不同建设用地的等量资本因生产率不同所产生的超额利润转化而成的地租，我们称之为农村建设用地级差地租 Ⅰ。在同一块建设用地上，由土地所有者、使用者或者其他组织连续追加投资改变了原有建设用地的生产率，由此带来的级差地租便是农村建设用地级差地租

---

① 于静涛：《关于城郊经济发展中级差地租的几个问题》，《税务研究》2004 年第 6 期。

② 杨继瑞：《中国城市地价论》，四川大学出版社 1996 年版，第 120—122 页。

Ⅱ。为了将级差地租Ⅰ和级差地租Ⅱ进行分割，潘永强曾提出"初次投资"（第一次投资）和"追加投资"的概念，并认为：级差地租Ⅰ在量上等于不同地块初次投资所生产产品的个别生产价格低于社会生产价格的差额，级差地租Ⅱ在量上等于某地块追加投资所生产产品的个别生产价格低于社会生产价格的差额。[①] 可以发现，"等量资本"、"初次投资"和"追加资本"很难进行准确界定。因为，我们不可能具体地分清一块土地上一定数量的资本投入中各个资本之间的具体界限以及由此产生的不同结果。我们甚至不能否认产生级差地租Ⅰ的"初次投资"或"等量资本"也可以细分为"连续投入的各个资本"，且这些连续的"追加资本"也会产生不同的生产率，正如马克思所说的："实际上会化成一个平均数，在这个平均数上，不同的投资的作用已经不再能够辨认和区别……它们会表现为在新条件下充分耕种土地所必要的每英亩资本总量的变动，并且在资本总量中，各个连续的投资及其各自的作用已经不可区分地混在一起。"[②]

3. 级差地租Ⅲ

《土地管理法》第四条规定："国家实行土地用途管制制度。"我国对农地非农用途转用进行严格管制，管制的核心是规划建设用地指标及其分配。国家通过自上而下编制土地利用总体规划，根据中央政府预测确定的耕地保有量和经济社会发展所需建设用地量，确定建设用地指标并层层分解，对于被占用耕地按照"占一补一"原则确保耕地总量动态平衡。这样，农用地很难直接用于非农用途，但农村建设用地却不需要获得建设用地指标，就可以直接用于非农建设，好像它天然包含了农用地转为建设用地这一无形的"生产要素"。由于农村建设用地流转受到限制，农村建设用地作为资产产期处于停滞状态，与规划用途直接关联的"生产要素"在农村建设用地传统供给过程中未能显化出来。但是，随着农村建设用地流转推进，这一无形的"生产要素"所体现的价值必然会显化出来，并包含在用地流转的总价款

---

① 潘永强：《正确认识级差地租量的规定及其变动趋势论》，《理论前沿》2009 年第 22 期。
② 马克思：《资本论》第三卷，人民出版社 1975 年版，第 796 页。

中。本书把这种由于国家管制而产生的以建设用地指标形式存在的相对于农用地而产生的管制增值，称为农村建设用地级差地租Ⅲ。①

（三）农村建设用地级差地租的模糊性

虽然本书尝试将农村建设用地级差地租进行精确界定，但对农村建设用地而言，其等级差异的形成因素具有综合性，是土地物质和土地资本共同作用的结果。因此，各种类型级差地租是作为一个总体表现出来的，我们很难对各种级差地租量截然区分。所以，各种级差地租存在整体性和模糊性，对农村建设用地价格的贡献水平和各主体的地租收益分配更存在模糊性。

1. 农村建设用地等级差异源于综合性因素

对于纯粹农业地租而言，马克思曾这样指出："真正的地租是为了使用土地本身而支付的，不管这种土地是处于自然状态，还是已被开垦。"② 这就是说，纯粹意义上的地租是为农地所有权而支付的对价，即使"为投入土地的资本以及作为生产工具的土地由此得到的改良而支付的利息，可能形成租地农场主付给土地所有者的地租的一部分，但这并不构成真正的地租。"③ 本书赞同周诚（1996）提出的"土地二元论"，在他看来，经过人类劳动实践加工改造后的土地，便成为由土地物质和土地资本所构成的有机整体。在实践和研究中，我们既可以将其作为整体来分析，也可以分开来分析这两个组成部分。④

同样，农村建设用地区位农村建设用地及其等级差异的最直接根源。而农村建设用地区位是自然地理条件、政治经济地理位置和交通地理位置在空间地域上的有机结合。三种地理位置有机联系，形成了一定的土地区位，经济地理位置和交通位置对农村建设用地区位的影响尤其显著。故而，农村建设用地及其等级差异是自然条件、经济社会发展等各种因素综合造成的，是土地物质和土地资本共同作用的

---

① 周立群、张红星：《从农地到市地：地租性质、来源及演变》，《经济学家》2010年第12期。

② 马克思：《资本论》第三卷，人民出版社1975年版，第698页。

③ 同上。

④ 周诚：《正确理解马克思关于土地构成的观点》，《中国土地科学》1996年第7期。

结果。

正如马克思所指出的那样:"租地农场主为了获得经营土地的许可而以租金形式支付给土地所有者的一切,实际上都表现为地租。这种贡赋不论是由什么组成部分构成,不论是由什么来源产生,都和真正的地租有一个共同点:对一块土地的垄断权,使所谓土地所有者能够去征收贡赋,课取租税。"[1] 类似地,农村建设用地级差地租的构成反映了农村建设用地本身的历史变迁与构成。农村建设用地级差地租由土地资本的利息和土地物质所要求的真正的地租所组成。也就是说,除包括纯粹意义上的地租外,农村建设用地级差地租还包括一些其他因素:第一,土地资本投入及其利息收益。"如果土地改良的效果比较持久,那末,在租约期满时,人工增进的土地的不同肥力,就会和土地的自然的不同肥力合在一起,因此,地租的评定也就会和不同肥力的各级土地的地租的评定合在一起。"[2] 这部分土地使用者所投入土地资本的折旧和利息,一旦土地租约到期,就归农村集体所有者所有。第二,产业平均利润和工人工资的部分扣除。"在租金里面,还可能有一部分,在一定场合,可能全部(也就是在完全没有真正地租的时候,因而在土地实际没有价值的时候)是平均利润的扣除,或正常工资的扣除,或同时是这二者的扣除。利润或工资的这个部分在这里以地租形式出现,因为它不象平常那样归产业资本家或雇佣工人所有,而是以租金形式付给土地所有者……但实际上它们都形成土地所有者的收入,是他的垄断权在经济上的实现,和真正的地租完全一样。"[3] 随着社会发展,在土地日渐稀缺的情况下,农村建设用地使用者可能被迫付出较高的地租代价,而自己仅可能获得平均利润甚至略低于平均收益水平的利润,相应地,劳动工人的工资收益也可能被压低到正常收益水平以下。

2. 农村建设用地投资具有扩散性

一方面,当地方政府投资于具有强烈空间特征的产业时,这将使

---

[1] 马克思:《资本论》第三卷,人民出版社1975年版,第704—705页。
[2] 同上书,第760—761页。
[3] 同上书,第705页。

其直接投资的地段地块与周边农村建设用地在生产函数上形成许多共有变量，包括地理位置接近、生产条件共享和规模收益增加等，从而能相对改善和优化毗邻农村建设用地的区位。另一方面，当地方政府在连续追加投资下将使某区域（包括农村地区）发展成经济的增长极或发展轴时，这就相当于地方政府投资提供的是公共产品服务，这将产生强烈的扩散效应，使包括农村地区在内的不同行业和部门分享到专业化分工协作的好处，从而使本地区包括广大农村地区，都将获得普遍性的级差收益。例如，一些地方在小城镇发展过程中，全力运作郊区农村建设用地并使其变为市场经济中的"黄金地段"，地方政府抓住搞好环境建设作为培育级差地租的这一前提，将做好规划、实现建设用地利用结构的优化作为促使级差地租增长的基础，并将市场化竞争作为实现级差地租的有效途径，再将已经实现的级差地租用于再投资转以培育新的级差地租，继而把搞旺人气、搞活地气和招来财气有机结合形成良性发展。[1]

对于国有土地的相关经济现象，许多学者已经投入一定的关注度。这种投资不仅会增加直接投资地块的级差地租，也会提高相邻地块的级差地租。杨勇认为，宗地以外的大型基本建设（如道路、商场、剧院、公园、工厂等）会对宗地产生辐射作用，从而使得宗地的地租有所增加，即产生外部辐射地租。[2] 张立彦把这种地租称为宏观地租，认为这种地租是从全国范围内城市之间比较而论的地租形式，反映了不同区位、不同规模和不同性质的城市之间在用地水平上的差异，反映城市间不同用地效益的一个整合概念。具体来看，城市宏观地租，是由区位级差地租、功能级差地租以及规模效益级差地租构成，而区位级差地租是城市宏观级差地租的主体。[3]

这样，地方政府向一定区域建设用地及周边进行投资，不仅增加

---

[1] 于静涛：《关于城郊经济发展中级差地租的几个问题》，《税务研究》2004年第6期。

[2] 杨勇：《集体建设用地价格形成机制研究》，硕士学位论文，四川大学，2006年，第9—10页。

[3] 张立彦：《中国政府土地收益制度研究》，中国财政经济出版社2010年版，第46页。

该地块的级差地租，而且会扩散到相邻建设用地，这就间接提高相邻建设用地的级差地租水平，我们称之为外部辐射地租。本书认为，这类地租收益应由地方政府以土地增值税回收。

四 农村建设用地流转价格构成

从劳动价值论角度看，土地是自然物，而非人类创造，不包含人类的劳动价值，因而也就没有价值。没有价值的土地为什么成为买卖对象并具有价格呢？从根本上讲，土地是一种垄断财产，它能满足人类需要的特殊的使用价值，在生产过程中，农村建设用地作为不可或缺的生产要素一经投入劳动，就可以用于提供产品和服务，由此产生地租。因此，谁垄断了农村建设用地，也就垄断了土地收益，即农村建设用地地租。这种收益作为一种恒久的收益流，随着集体建设用地权利的转移而转移，即农村建设用地产权安排的真实内涵是这种权利所带来的权利人利益。[1] 这种地租收益，随着相对需求的增加而导致稀缺性增强而逐步提高。正如张五常所说，凡有价格的物品都是稀缺的、不足够的。

事实上，正是因为地租产生，继而才有了所谓的土地价格。正如马克思所说："实际上，这个购买价格不是土地的购买价格，而是土地所提供的地租的购买价格，它是按普通利息率计算的。"[2] 故而，当土地所有者要求地租收入或把地租要求权利转让给他人时，他自然要求付出或索取相应的代价，这是土地价格。即使是对于已经过劳动改造过的农村建设用地，正如"即使在已耕地的价格上面，人们支付的也只是未来的地租"。[3] 所以，农村建设用地价格是建设用地地租的资本化，"土地价格不外是资本化的，因而是提前支付的地租"。[4]

在农村土地流转市场，农村集体将建设用地使用权当作商品让渡，实质是出让地租的索取权，而用地企业支付地租主要通过流转价格的形式实现。依据前面对农村建设用地地租构成的研究，结合 2006 年国务院办公厅《关于规范国有土地使用权出让收支管理的通知》中

---

[1] 毕宝德：《土地经济学》第4版，中国人民大学出版社2003年版，第201—202页。
[2] 马克思：《资本论》第三卷，人民出版社1975年版，第703页。
[3] 同上书，第753页。
[4] 同上书，第911页。

关于土地出让价款的构成——征地和拆迁补偿支出、土地开发支出、支农支出、城市建设支出和其他支出。本书认为，对照我国征地—供地的既有补偿方式和出让价款的支出方式，农村建设用地流转价格由两部分组成：土地基本价格和地上附着物价格，其中，土地基本价格是地租的资本化（见表5-3）。[①]

（一）农村建设用地绝对地租的资本化

农村建设用地绝对地租是企业支付给集体的最低限度的地租，用以维持农村集体和村民最基本的生存需求。一方面，这部分价格相当于征用（收）农村集体土地所发生的基本费用，如土地补偿费、安置补助费等。另一方面，相当于补助被征地农民社会保障支出、保持被征地农民原有生活水平补贴支出以及计提土地收益基金。这两个部分可视为农村建设用地绝对地租。从理论上看，基本绝对地租量是由劣等建设用地支付的地租量确定的，这类土地主要位于距离城市中心地段较远、交通条件较差的地带。进一步说，这种劣等建设用地的地租量应等于临近地段农业用地的全部地租量，因为建设用地由农用地转用而来。如图5-2所示，农村建设用地绝对地租量的下限不能小于临近农业用地所支付的农业绝对地租和农业级差地租之和，其上限不能大于企业的全部超额利润。

表5-3　　　　农村建设用地价格构成和地租收益归属

地租类型	价值实体	归属	地租类型	价值实体	归属
绝对地租	土地补偿费、安置补偿费	农村集体、农户	级差地租Ⅱb	开发费用	业主
级差地租Ⅰ	地段差价	农村集体、其他主体	级差地租Ⅲ	指标收益	农村集体、其他主体
级差地租Ⅱa	开发费用	农村集体、地方政府	其他	附着物（住房）	农户

关于农村集体和村民最基本的生存需求保障方面，国家相关法律

[①] 李秉濬：《土地经济理论的核心是地租理论》，《中国土地科学》1995年第6期。

政策给予了高度重视。比如，在《关于加强土地调控有关问题的通知》中明确要求，征地补偿安置必须以确保被征地农民原有生活水平不降低、长远生计有保障为原则。而按照《土地管理法》及实施办法，安置补偿、土地补偿和拆迁补偿都有明确的规定。因此，通知提出，被征地农民的社会保障费用，按有关规定纳入征地补偿安置费用，不足部分由当地政府从国有土地有偿使用收入中解决。但是，在现实中，以土地补偿费和安置补偿费等形式存在的农村建设用地绝对地租并未得到应有的重视。比如，在征地过程中，国家对包括农村宅基地在内的农村建设用地的相关补偿很难补偿到位。《土地管理法》规定："征收其他土地的土地补偿费和安置补助费标准，由省、自治区、直辖市参照征收耕地的土地补偿费和安置补助费的标准规定。"（第四十七条）从各地《土地管理法》的"实施办法"来看，四川省规定："征用其他土地的安置补助费，按征用耕地安置补助费的一半计算⋯⋯征用其他土地的土地补偿费，按征用耕地的土地补偿费的一半计算。"广东省规定："征用宅基地和未计征农业税的土地，不付给安置补助费。"可见，不少地方在征地过程中，往往因为已经对房屋等附着物进行赔偿，就减少甚至取消绝对地租的补偿。

（二）农村建设用地级差地租Ⅰ的资本化

这部分价格属于农村建设用地的地段差价。它不像其他商品的市场价格那样，可以有成本价格作为定价的基础，也不像其他类型地租那样，可以有参照补偿或参照成本作为定价基础。取决于土地位置和市场供求差异，有很大的变动空间，在农村建设用地地租中起重要作用。在具体的出让过程中，位置差价因出让方式和出让用途而明显不同。这相当于农村集体自身获取的位置差价"溢价"和基层政府完善土地使用功能的配套设施建设支出以及基础设施建设支出。因此，在有偿出让农村建设用地时，级差地租Ⅰ的市场价格估量，比起其他商品和地租的定价估量要困难得多。所以，这部分价格的市场依赖性十分突出。这就决定了农村建设用地流转主要不宜采取协议交易方式而应更多采取"招拍挂"方式出让。①

---

① 李秉濬：《土地经济理论的核心是地租理论》，《中国土地科学》1995年第6期。

(三) 农村建设用地级差地租Ⅱ的资本化

这部分价格相当于农村建设用地开发建设费用，主要包括集体、地方政府和企业所支出的基础设施投资开发费用和后续投资建设费用。所花费的道路、供水、供电、供气、排水等基础设施开发费用和土地平整费用。包括前期土地开发性费用以及按照财政部门规定与前期土地开发相关的费用等。建设用地土地开发是为提高土地质量和价值所进行的投资、改造和开发活动，有利于提高农村建设用地利用的经济社会效益。这些投资费用投入建设用地并与之合并，改变了原有土地的状况，使之适合于工业生产和商业流通的需要，并有助于区域整体功能的形成与发挥。起初，因土地资本而收取的投资费用的折旧与利息，只能纳入租金的范围，不是"真正的地租"。但通过追加投资，被改良了的农村建设用地就已经不是原来的土地，而是具有一定功能和一定级差的土地，好像这些土地天生就具有这种优越的"自然属性"。在租期内，"一旦投入的资本分期偿还，这种化为利息的地租也就会变成纯粹的级差地租"。① 这部分费用相对固定且其数量有限，我们往往可以用一个地区一定时期的征地—供地的前期开发费用的平均水平来测算。

(四) 农村建设用地级差地租Ⅲ的资本化

这部分价格的实质是农村建设用地指标出让价格。当前，我国正处于工业化、城镇化快速推进的关键时期，地方政府往往陷入两难选择：既要严格保护耕地，又要筹措建设用地指标用于经济发展。"十一五"规划以来，我国每年建设用地需求都在80万公顷以上，而每年土地利用计划下达的新增建设用地指标仅有40万公顷，这已经严重束缚了我国经济社会的发展。② 与此同时，农村建设用地数量巨大，浪费严重。为实现城乡建设用地的协调利用，2004年，国务院出台《关于深化改革严格土地管理的决定》，做出"城镇建设用地增加和农村建设用地减少相挂钩"的决定。各地纷纷探索建设用地指标增减

---

① 马克思：《资本论》第三卷，人民出版社1975年版，第848页。
② 国家土地督察成都局调研组：《让"挂钩"发挥更好的效应》，《中国土地》2010年第9期。

挂钩的流转模式，农村建设用地指标出让价格屡创新高。成都市在2006—2008年批量实施了15个城乡建设用地增减挂钩项目，农村建设用地指标平均出让价格达到15万元/亩，最高甚至达到60万元/亩。①

(五) 住房为代表的地上附着物价格

住房为代表的附着物价格不属于地租范畴，因为它并没有为实现某种土地功能而有机融进土地。② 与建设用地不同，住房是劳动产品，有独立使用价值，它的价格不是地租的资本化，而是自身价值的货币表现，它不受地租机制的调节，而是受生产价格机制所调节。住房价格补偿是以按其成本价格加平均利润的生产价格为基础，根据其折旧程度和价值转移程度进行扣除。

这样，农村建设用地流转价格＝土地基本价格＋地上附着物价格。其中，土地基本价格＝绝对地租的资本化＋级差地租Ⅰ的资本化＋级差地租Ⅱ的资本化＋级差地租Ⅲ的资本化。土地基本价格是土地流转价格的基础，绝对地租、级差地租Ⅰ、级差地租Ⅱ和级差地租Ⅲ四种地租共同成为农村建设用地流转价格的决定性因素。地租一旦变化，农村建设用地流转价格也必然发生变化。

第三节　基于地租模型的农村建设用地流转收益分配研究

农村建设用地地租收益归属，涉及三个层面的问题：一是完成土地市场流转，用地者向农村集体支付对价；二是将土地收益按照一定的比例在农村集体、用地者和地方政府之间分配；三是农村集体所获土地收益在集体和农户之间进行合理分配。第一个层面的问题在第四章已经阐明，本书这里研究后两个层面的问题，主要研究农村建设用

---

① 北京大学国家发展研究院综合课题组：《还权赋能：奠定长期发展的可靠基础》，北京大学出版社2010年版，第65—66页。

② 李秉濬：《土地经济理论的核心是地租理论》，《中国土地科学》1995年第6期。

地收益分配的总体框架、农村集体内部的收益分配、地方政府土地收益的实现。

一 农村建设用地流转收益分配的总体框架

我国实行的是公有制为主体的经济制度和社会主义市场经济体制，土地集体所有制作为土地公有制的一个重要方面，其涉及的利益分配应兼顾维护集体所有者权利、调节级差收益、保护用地者的生产积极性等要求。因此，农村建设用地地租收益分配应坚持依法合规、分配与积累并重、兼顾各方利益、贡献与收益对等原则，正确处理国家、集体和企业各方的合理利益（见表5-3）。

（一）农村建设用地绝对地租的归属

农村建设用地绝对地租产生的基础是土地所有权垄断，应归属农村集体（村民）。具体地，比照《土地管理法实施条例》的精神，土地补偿费应归农村集体所有，用于发展生产，确保土地收益能投入到经济发展、基础设施建设和公益事业进步中。

安置补助费，应进行严格限制，用于安排因土地流转而造成的多余劳动力的就业和不能就业人员的生活补助和社会保障等。首先是专款专用；其次是根据不同的安置情况，合理使用款项，具体来说，如果这部分需要安置的人员应由农村集体统一安置的，那么，款项应支付给农村集体；如果这部分人员需要由其他单位予以安置的，款项应支付给安置单位；如果自行安置的，则款项支付给被安置人自己。虽然这条规定过于抽象以至于造成征地补偿费用的分配十分混乱，但我们可以借鉴本条规定的精神并加以改进，即"征地拆迁补偿费用"全部归农户所有。

（二）农村建设用地级差地租Ⅰ的归属

农村建设用地级差地租Ⅰ主要是由于经济条件、交通条件以及各种资源分布等方面的差异造成地段收益的级差。这种地段差异是长期以来各主体参与、各要素投资长期累积的结果，包括地方政府对辖区政策投入的无形投资，也包括各种有形要素投资，虽经过一定时期因提取折旧等方式得到补偿，但其功能形态的一部分融合于土地资源并继续发挥作用。这些差别都会对不同的投资者带来不同的经济收益，在区位条件、交通条件以及基础设施等方面占优的地方，投资主体经济效益好并获得超额利润,而这种差异和土地使用者自身的努力无关,因此应主要归农村集体所有。这部分收益是否就完全归属于农村集体经济组织呢? 回答是否定的。因为农村集体获得这部分级差收益是以农户放弃这部分级差收益为代价的,也就是说,农户放弃建设用地的使用权是有机会成本的,因此,这部分位置差价应该拿出一部分来划归农户自身。同时,农村建设用地级差地租Ⅰ除主要划归农村集体外,也应考虑其他主体,尤其是地方政府的适当收益。

(三) 农村建设用地级差地租Ⅱ的归属

在农村建设用地级差地租Ⅱ的两种形态中,Ⅱb是企业在微观层面追加投资、由建筑容积率不同等原因而形成的,在租约期间应为企业直接占有。Ⅱa是农村集体或地方政府在整体层面投资所形成的,由于这种投资有很强的地租扩散性,所以不应只要求在某一块或某一次农村建设用地流转中全额收回,而应分摊在相邻土地和几次流转交易中逐步收回。当然,在租约期满后,包括宏观层面和微观层面的投资要素已融入土地中,级差地租Ⅱ的两种形式都转化为级差地租Ⅰ,主要归农村集体所有。

(四) 农村建设用地级差地租Ⅲ的归属

按照收益分配原则,农村建设用地级差地租Ⅲ应归属于农村集体。但由于农业用地转用管制的存在,位置较好的农村集体可以专有地出让建设用地并获得稳定的高额收益,而大量的农村地区只能毫无选择地为保护耕地和粮食安全做贡献,这就造成了不同用途土地所有者和使用者的不公平。从促进社会和谐发展角度看,级差地租Ⅲ——建设用地指标出让收益的分配要能惠及这些农村地区。在图5-2中,级差地租Ⅲ的总量由 α 和 β 所构成,如果不考虑利益兼顾,其全部都归农村集体所有,如果考虑耕地利用的外部性,我们应考虑将 β 这部分级差地租转移给其他农村地区。[1] 其实现方式可采用税收方式予以统筹,后文将详细阐述。这样,该地区农用地地租收益 = 绝对地租 + 级差地租Ⅰ + 级差地租Ⅱ + β。

---

[1] 周立群、张红星:《从农地到市地:地租性质、来源及演变》,《经济学家》2010年第12期。

虽然本书尝试立足于马克思地租理论范式,将农村建设用地价格构成及土地收益归属进行较为明晰的界定,但各种类型的地租是作为一个总体表现出来的,我们很难对各种地租量截然区分。因为,在现实社会经济生活中,农村建设用地土地物质和土地资本所表现的土地价格形态都是客观存在的,但二者是结合在一起并形成一个有机整体的。正如马克思所认为的那样:"一块已耕土地和一块具有同样自然性质的未耕土地相比,有较大的价值。投入土地的经过较长时间才损耗尽的较长期的固定资本,也大部分是,而在某些领域往往完全是由租地农场主投入的。但是,契约规定的租期一满,在土地上实行的各种改良,就要作为和实体即土地不可分离的偶性,变为土地所有者的财产。"① 加上不同经济主体的土地投资效应存在着外部性和融合性,很难准确分清土地收益的归属。所以,各种地租对农村建设用地价格的贡献水平和各主体的地租收益分配存在模糊性。

但是,上述模型可以为我们划分地方政府、用地者、农村集体和农户之间的土地收益归属时提供一个大致的分析框架,力求做到利益兼顾、合理划分,以保持各方的积极性。这种尝试为我们把握农村建设用地价格的本质和分配土地收益提供了一个有益的分析思路。②

二 农村建设用地流转收益在集体内部的分配

(一) 农民应共享农村建设用地流转收益

农民是农村土地问题所指向的焦点和落脚点。在农村建设用地流转过程中,在与农村集体、地方政府、用地者之间的利益博弈中,农民常常处于弱势地位,他们的个体利益存在被侵犯的现象。因此,切实保护农民利益,确保农民能真正参与农村建设用地流转收益的分配,最终实现用地流转福利最大化和合理化,是农村建设用地流转机制是否成功的一个重要标志。《物权法》第五十九条规定:"农民集体所有的不动产和动产,属于本集体成员集体所有。"故而,农村集体(经济组织),作为土地所有者获得了农村建设用地流转过程中的

---

① 马克思:《资本论》第三卷,人民出版社1975年版,第699页。
② 王贝:《农村集体建设用地地租地价与收益分配研究》,《经济体制改革》2014年第5期。

部分收益,包括部分绝对地租、部分级差地租Ⅰ、部分级差地租Ⅱ和部分级差地租Ⅲ,应当让集体全体成员共享。事实上,土地收益分配在涉及产权边界时,村民传习已久的"公平"逻辑也是不可忽视的。一般来说,"公平"逻辑是围绕农村集体土地财产及其收益分配需要普遍遵循的一项基本原则。① 而对于农村集体土地及收益而言,公平原则表现为"人人有份,机会均等",即每一个村民都有权得到一份属于自己的土地收益。

(二) 农村建设用地流转集体收益的内部分配

农村建设用地流转收益在集体内部的分配实际是一个自治问题,从流转收益中应拿出多少投入到集体公共事业的发展,农民应在集体的流转收益中获得多少等,都应由村民通过民主决策机制制订具体方案。首先,保障农民对农村建设用地流转收益的知情权;其次,保障农民对用地流转收益的监督权;最后,保障农民对用地流转收益分配方案的参与权。②

在健全民主决策机制的基础上,应当合理分配农村集体的流转收益,原则上应专款专用,主要用于无地或少地农户的安置补偿、农村基础设施建设和公益事业发展等方面,这样可以为农村集体所有成员谋求源源不断的收益。③ 一方面,应确保收益中相当的一部分能用于农村的社会保障,包括医疗保险、养老保险和失业保险等。当前,我国大多数农村地区的经济发展水平比较落后,农民的生产和生活还缺乏必要的保障条件,农业生产和生活所面临的风险难以回避。农村集体通过流转建设用地所获得的收益恰好可以投入到对农民自身的保障和发展中,这对推动农村社会保障体系的建立将能起到关键作用。另一方面,要确保将一部分土地收益投入到集体公益事业的发展和乡镇基础设施的建设上来,使农民集体获得流转收益,真正做到为农民服务,为发展农村经济服务。

---

① 折晓叶、陈婴婴:《产权怎样界定?》,《社会学研究》2005 年第 4 期。
② 杨雅婷:《农村集体经营性建设用地流转收益分配机制的法经济学分析》,《西北农林科技大学学报》(社会科学版)2015 年第 2 期。
③ 黄姗:《集体建设用地使用权流转问题研究》,硕士学位论文,华侨大学,2007 年,第 47 页。

在四川省都江堰市金陵二组的农村建设用地流转过程中，当地基层政府和村委会做了非常到位的工作，一是在广泛宣传动员的基础上，土地确权兼顾各方利益，比如，由于各户既有宅基地和林盘地的面积不均匀，如果按实际占地计算土地收益将会失去公平，为此他们专门设计出这样的平衡方案：村民从原来的土地中节约出140平方米，免费获得人均40平方米的新房；不足140平方米的，将自家自留地交给其他被占地的农户；多余140平方米的则由组里按5000元/亩的价格给予补偿。二是认真贯彻村民议事会制度，任何重大问题都交由组员代表大会讨论。在土地收益的分配上，坚持产权分配为基础，以占地34.04亩土地范围，以青苗补偿费、安置补偿费和缴纳社保等费用共计17万元/亩的标准，由天马镇政府全部统一支付给失地农民。当然，也兼顾公平，在可供分配的亩均16万元收益问题上，其中的21%在二组内部按照全部人数人均分配（也包括18户未参与流转的农户），最后49%的收益在参与金陵花园项目的60户成员中分配。

（三）健全农村建设用地流转集体收益的用途管理

健全农村集体收益用途管理是有效保护农民权益的重要环节。这种用途管理主要体现在两个方面：一是强调将用地流转收益纳入农村集体财产统一管理；二是明确农村集体的流转收益专项用于农民权益保障。[①] 实践中各地对农村集体流转收益用途管理大都进行了专门规定。比如，《苏州市集体建设用地使用权流转管理办法》第四十条规定："集体土地所有者出让、租赁集体建设用地使用权取得的土地收益必须纳入农村集体资产统一管理，并应设定土地收益专户。"《成都市集体建设用地使用权流转管理办法》第三十七条规定："农村集体经济组织取得的流转收益应当纳入农村集体财产统一管理，实行专户存储，优先用于农民的社会保险。具体使用和管理按省、市有关农村集体资产管理的规定执行。"《广东省集体建设用地使用权流转管理办法》第二十五条规定："集体土地所有者出让、出租集体建设用地使

---

① 杨雅婷：《农村集体经营性建设用地流转收益分配机制的法经济学分析》，《西北农林科技大学学报》（社会科学版）2015年第2期。

用权所取得的土地收益应当纳入农村集体财产统一管理。其中的50%以上应当存入银行（农村信用社）专户，专款用于本集体经济组织成员的社会保障安排，不得挪作他用。"这一规定具有较强的操作性和强制性，能有效遏制集体收益使用过程中容易滋生的滥用、挪用等问题。

三 地方政府参与农村建设用地流转收益研究

实行社会主义土地公有制的初衷是为了破除土地私有制带来的对社会公平和正义的损害，是为了按照全社会的利益对土地资源进行配置。比如，在一些城郊农村因为区位优质获得高额土地收益的同时，大量的边远农村由于远离城市工商业中心，难以直接获得土地增值收益，但他们却为保护耕地和粮食安全做出了巨大的贡献。从防止收入差距扩大、促进社会和谐发展角度看，合理的建设用地收益分配制度也应该能惠及这些农村地区。另外，随着征地制度改革力度的加强，农村建设用地直接入市将逐步取代征地制度，成为城市化过程中工商业土地利用的主要方式。那么，地方政府通过征地所获收入将逐步减少，地方财政也会受到很大冲击必然面临转型。因此，地方政府的收益问题就显得尤为重要，其参与用地流转收益分配的方式主要有两种：一是直接在流转收益中获取地租收益；二是以税费方式获取收益（见表5-4）。

表5-4　　　　　　　地方政府土地收益分配

角色	地租收益	土地税费
土地所有者（乡镇集体经济组织）	绝对地租、级差地租Ⅰ、Ⅱa	
土地管理者		收税、收费
土地直接投资者	级差地租Ⅱa	

（一）地方政府获取地租收益

1. 作为建设用地所有者获取地租收益

如表5-4所示，基层政府代表乡镇集体经济组织以土地所有者身份，对建设用地进行直接投资，在土地出让前进行"七通一平"等土地开发，应参与绝对地租、级差地租Ⅰ、级差地租Ⅱa的分享。

2. 作为建设用地投资者获取地租收益

基层政府作为土地直接投资者积极改善土地利用条件，对本辖区进行产期的规划制定和进行大量基础设施建设。一方面，交通和基础设施的改善改变了土地的社会经济地位和相对位置，大大带动了土地增值。在成都市锦江区三圣乡，东西向的成龙大道，南北向的绕城高速使本地区担负着衔接成都中心城区和东部龙泉卫星城的城市化对接的通道作用。以人居、商贸和运动等为主题的城市用地沿着这几条主要交通干线楔入这片城乡结合部。另一方面，地方政府新兴产业规划也会带动土地增值。根据《成都市土地总体利用规划（1997—2010年）》，成都市中心城区除了117平方公里的规划城市建设区外，还将有198平方公里的非城市建设用地，即所谓的"198"区域。三圣花乡就处在这个规划区内，其产业规划功能有：一是规划生态用地，用于建设森林、草地、花卉、水体和生态农业等项目，塑造成都市大景观；二是规划建设用地，用于社会保障、文化、体育、娱乐旅游等项目，形成完善的现代服务业功能。这样，随着旅游经济超越农业经济成为地方主导经济，乡村土地也在新兴经济的刺激下迅速向旅游用地转换。特别是随着本区域逐步从花卉种植经济向花卉贸易经济转型，以盆栽花卉为主的商贸基地开始兴起并扩张，与旅游用地融合共同构建乡村旅游体验和消费产业链。在"绿色"、"低碳"上升为一种生活主张和生活品质的今天，城市边缘地带的乡村旅游地无疑成了都市人群尤其是中产阶层的一种生活方式，这大大带动了三圣花乡的土地价值，比如"成都楼市开启城市边沿时代"的楼市口号就彰显了本地区土地的巨大潜质。因此，地方政府，尤其是基层政府（经济组织）参与级差地租Ⅱ和级差地租Ⅲ的分享是顺理成章的。但是，在实践操作中，地方政府的这部分收益往往没有实现，或者通过其他名目收取。比如，按照金陵二组和都江堰国土局的协议，其收取的"公共服务提留（6万元/亩）"本质上就是地方政府实现地租收益，只是换了个说法。

（二）地方政府获取税费收益

1. 地方政府应收取相关费用

作为土地管理者，地方政府在农村建设用地上往往有相当大的基础设施等配套投入，依据成本补偿原则、受益原则和效率原则，针对受益人或被管理者收取的与服务成本或管理成本相当的费用，包括规费、特许费、公共设施的使用费、工程受益费、公有资源的收费等。

推进农村建设用地流转，光靠乡镇村组、街道社区是不可能实现的，这需要各级地方政府的极力推动。比如，在成都市锦江区农村建设用地流转过程中，就遇到了前所未有的需要克服的障碍：流转成本问题、流转交易平台问题。为了解决前期巨额资金投入缺口，2007年6月，锦江区政府专门成立了"成都市兴锦现代农业投资有限公司"作为融资平台，利用区政府国有资源以及区财政担保方式对外融资后，再借资给区农锦公司用于土地整理成本费用，在集中整理出可供流转的建设用地并出让成功后，所得收入归还借资，如果收入不足以偿还借资，锦江区将拿出规划区内1970亩国有土地的配置变现收益兜底。其次，锦江区积极制定流转办法和搭建交易平台。锦江区先后制定和完善了《锦江区拍卖（挂牌）出让（转让）集体建设用地使用权规则》、《成都市锦江区集体建设用地使用权流转管理办法（试行）》、《成都市锦江区集体建设用地收益分配管理办法（试行）》等一系列配套办法。锦江区率先成立了农村土地房屋登记交易服务中心，将锦江区国土、统筹委和房管三部门相关职能进行有机整合，负责全区农村建设用地使用权的流转工作。在锦江区农村建设用地的流转过程中，在2008年的两宗流转交易中，都没有涉及费用的收取问题，而这损害了地方政府的应得收益，严重挫伤了地方政府的积极性，从而严重影响了农村建设用地流转市场的扩大。2009年4月，成都市出台了《关于计提建设用地使用权初次流转收取公共基础设施和公用事业建设配套费及耕地保护基金的通知（试行）》（以下简称《成都通知》），要求按照成交价格的10%收取公共基础设施和公用事业建设配套费。2009年8月，锦江区再次出让两宗农村建设用地使用权，交易中心就收取了10%的配套费，真正实现了农村土地出让中政府的费用收取。

2. 地方政府征收相关税额

综合国际经验，地方政府财政转型的大方向是逐步对土地和其他资源的占有和使用征收常规性税费，从而为地方政府提供长期稳定的收入来源。特别是对土地及其地上房屋所征收的不动产税（财产税）是各国普遍采取的做法，以土地为征税对象，具有位置固定不变、不会发生税基的地区转移、税源分散和纳税面宽的特点，由地方政府负责征管便于掌握和控制税源。从税收的性质来看，不动产税基本都是地方税种并成为地方财政收入的主要来源。比如，美国不动产税（房产税）由各市、镇征收，大多数归入地方政府所有，用于当地基础设施建设，这部分税额一般占地方财政收入的50%—80%，为地方政府提供了良好的为公共服务的动力。

土地税收是地方政府参与农村建设用地流转收益分配的另一种形式，也是具有调控功能的经济杠杆。当前在农村区域，相关税收杠杆主要对农用地部分，对建设用地流转过程中的收益分配未能涉及，其对于调节农村建设用地流转行为和收益分配，不能起到应有的调节作用。为了规范各级政府对于农村建设用地流转收益的分享，调节土地流转过程中的土地流转和增值收益，以及流转过程中可能出现的外部性问题（例如，前面所指出的级差地租Ⅲ的公平分享问题），当前特别需要对税法结构进行调整，以增加对于农村建设用地流转行为的税收手段。在《成都通知》中，明确要求按照国有土地流转的标准收取营业税和契税。金陵村项目中，都江堰市国土局也收取1万元/亩的契税。

（三）地方政府计提土地收益基金

参考国有土地收益基金的做法，地方政府可考虑在地方财政中设立农村建设用地流转收益基金。该基金由农村集体在每宗建设用地流转收益中按一定比例计提，在地方政府财政中设立专门账户，按照公益性基金经营和管理。该基金只能流向农村，做到"取之于农民，用之于农民"，主要用于农村基础设施建设、农业环境改善等方面。[1]《成都通知》要求按照成交价格的1%的标准收取耕地保护基金。2009年8月，锦江区在出让两宗农村建设用地使用权时，交易中心就收取了2%的耕地基金。在金陵二组项目中，都江堰市国土局也按1

---

[1] 杨雅婷：《农村集体经营性建设用地流转收益分配机制的法经济学分析》，《西北农林科技大学学报》（社会科学版）2015年第2期。

万元/亩的标准提取耕地保护基金。这样,有利于提高种地农民的积极性和实现公平。

(四) 地方政府开征增值税的设想

在现实经济活动中,农村建设用地地租不是一成不变的,而是在不断增值。根据引致增值的原因不同,土地增值可分为人工增值和自然增值。[①] (1) 农村建设用地地租的人工增值来源有两个: 一是用地者不断投入资金对土地进行改良,提高土地利用效率而导致地租增值,这部分地租增值实际就是级差地租 II 并在使用期内归用地者占有。二是国家政府投资建设带来的地租增值,这是地租人工增值的主要来源。正如哈格曼 (Hagman) 等所说的,土地增值是在排除由土地所有者自身决定引起的地价变化因素外,中央或地方政府的决定或行为引起的土地价值变化。[②] 比如: 一方面,地方政府刺激经济发展的政策和规划的出台,改变了城乡用地的性质和功能,就会促使土地增值。另一方面,交通和基础设施的改善可以改变土地的社会经济地位和相对位置,由此可以带动土地增值。(2) 农村建设用地地租的自然增值,是指由于经济社会发展变化而带来的土地增值,是土地运行的"体外增值",而经济社会发展离不开国家政府的推动作用。

在实践中,由于土地租期较长,这些土地自然增值的部分往往并入农村建设用地市场交易之中,让土地直接相关方"坐收渔利"。按照现代西方公共经济学的观点,这种现象是由于公共产品或公共服务外部性所引致的。但如果土地交易相关方不为他们带来正外部效应的公共产品支付任何代价的话,公共产品的提供成本就由纳税人支付,这相当于将社会财富从付税的劳动者手中强制转移到了土地交易相关方,显然有失公平。这与我国土地公有制蕴含的社会公正理念不相符。土地公有并非仅是一种法律表征,它应具有充实的经济利益的占

[①] 张立彦:《中国政府土地收益制度研究》,中国财政经济出版社 2010 年版,第 51 页。

[②] Hagman, D. G. and D. J. Misczynski, *Windfails for Wipeouts: Land Value Capture and Compensation*, Chicago: American Society of Planning Officials, 1978, p. 154.

有力和对这种利益的支配力等。① 因此,地方政府应该通过某种方式把农村建设用地地租增值部分,从农村建设用地市场交易中剥离出来,做到增值收益社会共享,由国家开征地租增值税予以实现。

地方政府参与农村建设用地流转收益分配有助于实现多方共赢,达到各方利益的平衡。但是,为了消除地方政府获取土地收益的经济冲动,我们应该规范地方政府收取用地流转税费的行为,或者在一定的比例区间内,随着时间推移逐步提升,或者依据不同的地区经济发展水平因地制宜地收取相关税费。

总之,农村建设用地地租和农业地租存在共性,也具有显著的差异性。运用地租分析工具,可以为我们剖析农村建设用地价格本质和分配好用地收益提供很好的思路。在实践中,我们要做好农村土地市场机制的完善工作,最终实现城乡建设用地市场的统一。与此同时,应提高地租水平以实现农村建设用地价格的合理增长,最终增加相关主体的土地收益,根据各类型地租对土地价格的贡献程度合理分配。

---

① 袁绪亚:《土地所有权——我国土地资产运行的主轴》,《河南师范大学学报》1996年第1期。

第六章 农村建设用地流转实证研究：以都江堰市金陵村二组实践为例

四川省成都市都江堰金陵村二组，在汶川地震灾后重建过程中，坚持以农民为主体，自主整理集体建设用地，跨区县出让建设用地指标，直接挂牌拍卖建设用地。本次实践实现了预期效果，也取得了值得推广的经验。

第一节 相关背景及样本选择

2003年，成都以大城市带动大农村为方针，开始了全面深入的统筹城乡改革。2004年成都市委〔2004〕7号文件明确提出："统筹城乡经济社会发展，推进城乡一体化是新形势下解决'三农问题'的根本途径。"2005年，中共成都市委办公厅成都市人民政府办公厅下发《关于推进农村土地承包经营权流转的意见》中，关于土地承包经营权流转方式包括自行协商转包、委托租赁转包、土地股份合作、土地互换经营四种方式。2006年3月，四川省首家市级农村土地承包流转服务中心在成都成立。2006年4月，四川省被国土部列为城乡建设用地增减挂钩第一批试点。2007年，国务院批准在成都设立全国统筹城乡综合配套改革试验区。2007年2月，在成都市委召开的城乡一体化工作会议中提出了"用市场化的办法来解决城乡一体化的问题"的思路。2007年7月，成都市国土资源局出台《成都市集体建设用地使用权流转管理办法（试行）》，第二条规定："成都市行政区域内，按照城镇建设用地增加与农村建设用地减少相挂钩方式，通过实施土地整理取得集体建设用地指标后所进行的集体建设用地流转；在符合规划的前提下，集镇、建制镇中原依法取得的集体建设用地流转；以及远离城镇不实施土地整理的山区、深丘区村民将依法取得的宅基地通过房屋联建、出租等方式进行的集体建设用地流转，适用本办法。"2007年8月，成都市委、市政府下发《关于推进统筹城乡综合配套改革实验区的意见》，要求："促进城乡生产要素自由流动。推进土地管理制度创新，积极推动集体土地资本化，进一步探索集体建设用地使用权流转办法和健全农村房屋所有权登记流转制度。"2008年1月，成都市委出台了《关于加强耕地保护进一步改革完善农村土地和房屋产权制度的意见（试行）》（第1号文件），明确提出要把改革的重点锁定在开展农村集体土地和房屋确权登记、推动土地承包经营流转、推动农村建设用地使用权流转和开展农村房屋产权使用权流转上，同时确定了农村产权制度改革的核心观念"农民自主，还权赋能"。同年，成都市先后出台了《成都市集体土地上房屋交易登记管理暂行办法》、《关于开展农村集体建设用地基准地价评估工作的实施意见（试行）》、《成都市集体建设用地使用权流转管理暂行办法》、《集体建设用地使用权交易规则》，并成立了农村产权交易所负责土地流转的相关交易。2008年8月国土资源部与四川省及成都市政府签署的《共同推进国土资源管理工作促进成都统筹城乡综合配套改革试验区建设的合作协议》。2008年4月，由成都市委、市政府牵头组建的成都市农村产权流转担保有限公司成立。公司除对土地承包经营权、林权等流转行为进行担保之外，还对利用宅基地、农村房屋、新居工程等抵押融资进行信用担保。部分经济基础较好的区县还成立了区县一级的服务于农村产权制度改革的担保公司，如双流县出台了《农村产权担保贷款管理暂行办法》，由县政府出资成立农村产权流转政策性担保公司。温江区组建注册资金1亿元的农村投资担保公司。

汶川地震后，成都市委有效推进灾后重建步伐，加快农村土地产权制度改革。2008年9月，中共成都市委统筹城乡工作委员会与成都市国土资源局联合颁布了《关于重灾区农户灾毁住房联建等有关事项的通知》，允许地震重灾区农民提供宅基地使用权，"联建"方提供资金共建房屋，房屋建成后由双方共同经营管理或进行利益分配。

"联建"的房屋中属于农民的部分可办理住宅产权证,"联建"方所使用土地的用途为非住宅用地不可办理住宅产权。这样,使灾区农民可以以自己的土地物权与社会资本相结合。当然,这种灾后重建的"联建"方式与现行法律法规相冲突,但它却在给社会资本和市场主体提供了可行的赢利模式的基础上,一方面吸引了大量社会资本参与联建,另一方面又使得灾区农民的住宅和生产经营设施得以恢复和重建。2008年10月13日,成都市全国第一家农村产权交易所"成都农村产权交易所"挂牌成立。成都市的土地产权交易平台主要有两种类型:一种是建立统一的农村产权交易所,将农村建设用地使用权、农村房屋所有权、土地承包经营权、集体林权统一集中到一个指定的交易市场进行交易,如温江区的"成都市温江区农村产权流转服务中心"、大邑县的"农村产权交易中心"、锦江区的"农村土地房屋登记交易中心"等;另一种是依据国土、房管、农业、林业等部门的职能,利用现有的国有土地产权交易场所,设立相应的农村产权交易平台,如双流县、都江堰市、郫县、彭州市等利用现有的国有建设用地使用权交易中心,建立了农村集体建设用地交易平台。2008年12月,成都彭州市首家农业资源经营合作社(土地银行)——磁峰镇皇城农业资源经营专业合作社正式挂牌营运。该"土地银行"类似于一个"土地储备"机构,在不改变土地用途的前提下,农民自愿把自己的耕地存入土地银行,由土地银行向存地农民支付利息,土地银行再把土地"贷"给经营大户,并收取租金,通过"零存整贷"加快农地流转,推动农业产业化和规模化生产方式的形成。2009年年底,成都市人民政府办公厅转发《市政府金融办等部门关于成都市农村产权抵押融资总体方案及相关管理办法的通知》,详细规定了关于土地承包经营权、集体建设用地使用权和农村房屋产权的抵押办法。

金陵村二组所在天马镇,位于世界文化遗产地——都江堰东南角,距成都40公里。东与彭州市接壤,南与郫县毗邻,西接聚源,北与胥家镇交界。沙西线和彭青线在此交会,成汶铁路穿越其境。天马镇东西最大跨距9.2公里,南北最大跨距8.5公里,是一个地处成都平原腹心地区的传统农业乡镇,土地平整、肥沃,农耕基础好,便于推进机械化、规模化耕作和发展绿色生态农业。其粮食产量占都江堰全年产量的10%。2010年的统计数据显示，全镇面积37.9平方公里，耕地面积34748亩，下辖13个村（社区）、147个村（居）民小组。2008年汶川地震中，该镇受损严重。国家对天马镇给予一定的资金支持和政策扶助。灾后重建中，天马镇结合"现代田园镇"的建设思路，提出并完善"拆小院、并大院，依托林盘搞重建，节约耕地谋发展"的统规自建模式，建成具有川西民居特色农民集中居住区，配套完善了道路、自来水、天然气、光纤、污水管网等基础设施。在金陵村，安置点占用集体建设用地问题牵涉面广。金陵村"两委"通过召开30余次议事会、村民代表大会，议事会最终讨论决定采取"统归自建"和"房屋布局让位于林木"的模式，既有效地保护了川西林盘的风貌，又有力地推动了土地资源的集约利用，创造性地探索出一条"不占耕地搞重建"的新路。[①]

天马镇金陵村二组，距离都江堰市区7公里，基本上是崎岖难行的土路，开车至少要45分钟。该组共有78户300多人，占地总面积达282.4亩。农民收入来源主要靠种地，没有工业或农业上的大型支柱产业。2008年人均年收入仅2000元。农民宅基地面积大，但房屋破旧，居住条件较差。外出务工人员多，耕地大多抛荒闲置或赠予他人耕种，宅基地价值更普遍不如耕地。2008年年初，二组农民阳通炳被推选为组长。以灾后重建为契机，阳通炳带领金陵村二组开始了农村建设用地流转的探索实践之路。

第二节 金陵村二组实践的主要做法

一 做好区域主导产业规划

区域经济学对主导产业的界定，它是生产要素的差别化（比较优势）在区域分工过程中导致了区域专门化生产，而区域专门化生产使经济资源向特定空间集聚，形成区域经济增长极并形成规模优势，区

---

① 周近：《"天马模式"背后的集体智慧》，《四川党的建设》（农村版）2011年第5期。

外需求是区内经济增长的动力。主导产业强调产业的后向关联与旁侧关联效应，强调产业的增长率、技术与制度创新效果，更强调主导产业的产出规模。①

天马镇作为拥有良好农业生产条件的传统农业大镇，拥有川西大林盘带（林盘地是四川居民住宅用地的一大特色，其主要包括房前屋后的空闲院坝、竹林以及菜地）。在灾后产业规划中，天马镇因地制宜，以农户集中为契机，将耕地连片规划，引入大型农业企业，使其形成地区发展的载体。天马镇依托自身资源优势，大力推进农业产业化发展，引进成都德润集团、成都金大洲公司、永兴葡萄合作社等农业"龙头"公司，实施农业规模经营，先后建成了颇具规模的优质粮油种植基地、金针菇生产基地、名优特葡萄基地、特色猕猴桃种植基地，肉牛养殖基地。天马镇出品的"松川牛肉"、"名优葡萄"、"黄心猕猴桃"、"金针菇"等已成为别具特色的农副产品品牌。同时，充分利用农村闲置废弃林盘资源较为丰富的实际，天马镇积极引进社会资金参与林盘开发，发展"林盘经济"。将全镇所有安置点打造成片，打造"川西林院民居群落休闲游"和"七头山农业生态观光游"等独具特色的乡村旅游，并逐步形成"都市农耕民俗风情休闲体验小镇"的发展思路，着力打造以"观绿、戏水、亲近自然"为主题的"万亩绿海农趣园"项目，建设以"传承、体验、寻根问祖"为主题的独具川西特色的"农耕文化博物馆"。② 金陵村二组也借此产业规划大局，着力打造兼具乡村旅游和健康服务的乡村养老产业。

二 有效整合各类资源

相比于汶川等重灾区，金陵二组所获的重建资金以及外界的捐赠物资较少。相比于青城山、都江堰及附近地区，金陵二组缺乏天然的旅游资源，很难吸引社会资本"联建"重建。"钱从何处来，人往哪里去"的问题使金陵二组面临着巨大挑战。正是本着用够用透政策、因地制宜的原则，金陵二组决定"拆小院，并大院"，采取"政府救

---

① 李新、王敏晰：《高新技术开发区主导产业的内涵》，《科技进步与对策》2008年第5期。

② 邓自著：《成都市农村土地制度改革研究——基于都江堰天马镇调研》，2011年6月1日，http：//161969.blog.163.com/blog/static/31450322201267753877176/。

助一点，建设用地增减挂钩补助一点，群众自筹一点，信贷支持一点"的策略解决重建资金来源问题，并形成一套行之有效的整合各类社会资源的模式。

《土地管理法》第四条规定："国家实行土地用途管制制度。"我国对农地非农用途转用进行严格管制，管制的核心是规划建设用地指标及其分配。国家通过自上而下编制土地利用总体规划，根据中央政府预测确定的耕地保有量和经济社会发展所需建设用地量，确定建设用地指标并层层分解，对于被占用耕地按照"占一补一"原则确保耕地总量动态平衡。随着经济社会的发展，我国工业化、城市化发展所需用地及其指标紧缺的压力不断增大。以 2010 年为例，国家给成都中心城区土地利用的计划是 1.3 万亩左右，而成都的刚性需求达到了 6.8 万亩，建设用地指标缺口达到 5.5 万亩。农村建设用地不需要获得建设用地指标，就可以直接用于非农建设，它天然包含了农用地转为建设用地这一无形的"生产要素"。随着城乡统筹及市场建设的推进，这一无形的"生产要素"所体现的价值逐渐显现出来。灾后不久，为加快重建，成都市和都江堰市出台了相关文件，提出以 15 万元/亩的价格收购灾区农村土地整理置换出的建设用地指标。

金陵村二组组长阳通炳过去一直在外边从事建筑，本想带领该组农民自己修房子，由他出钱买材料，农户投工投劳，按照 400 元/平方米左右的成本重建。若农民将来挣到了钱就还；若没钱，他也无意追要。后来，阳通炳经过四处打探政策，发现农民的宅基地、林盘地整理还田后，多出来的集体建设用地指标可以出售。一个大胆的想法在他脑子里萌生：让本组农户集中居住，把宅基地整理出来，把多余的集体建设用地指标出售，筹集重建款，解决灾后重建资金缺乏的问题。他积极与其他组协商，并向成都市、都江堰市相关部门反映二组希望获得试验权进行灾后重建的意愿，最终为金陵二组争取到了整理土地出让指标的试点机会。

经动员，该组 76 户农户中，共有 60 户参与，剩下的 18 户出于各种考虑没有参加。此外，金陵村一、村三、村四、村五、村六、村七、村十一 7 个外组共计 123 户也参加了集中重建（若无外组参与，国家拨款无法满足二组重建的需要）。2009 年年底，183 户共计 560 多人住进了集中安置小区——金陵花园。这是典型的乡村别墅式二层小洋楼，人均40平方米，设计合理、外形美观、带车库、水电气光纤四通。估算下来，金陵花园前期预算多达2257.3万元（见表6-1）。事实上，虽然政府有每亩指标15万元的承诺，但重建的前期投入却大部分是农户自筹。从筹资来源看，除国家灾后重建补助款和入住保证金318万元外，其余大部分都是借来的。其中，组长阳通炳个人垫支达到1000多万元，占金陵花园总筹资的52.14%（见表6-2）。

表6-1　　　　　　　　金陵花园造价总预算

项目类别	单价	总开支（万元）
金陵花园建房（共22680平方米）	每平方米850元	1912.8
基础、管网、道路、绿化	人均5000元	283.5
拆小区内原住居民		10
小区内土地开垦（46.13亩）	每亩3000元	12
工作经费		20
村民宅基地超标部分的补偿费（20亩）	每亩5000元	10
合计		2257.3

注：表格摘自国家发改委城市和小城镇改革发展中心：《从实践中寻找答案——对四川省都江堰市天马镇金陵村二组村民自发整理和拍卖集体建设用地的调研》，《中国土地》2011年第11期。

表6-2　　　　　　　　金陵花园筹资来源

项目类别	金额（万元）
阳通炳个人垫支款	1000多（自掏300，向银行和个人贷款700）
都江堰市国土资源局支借款	300
承包地经营权抵押贷款	300
国家灾后重建补助款	300
入住保证金（已全部退还）	18
合计	1918

注：表格摘自国家发改委城市和小城镇改革发展中心：《从实践中寻找答案——对四川省都江堰市天马镇金陵村二组村民自发整理和拍卖集体建设用地的调研》，《中国土地》2011年第11期。

三 土地整理和土地确权并举

产权制度，作为一项基础性制度，它能保护土地交易秩序，优化配置土地资源和兼顾各方利益。

从《物权法》来看，我国用益物权不动产登记对象主要有土地承包经营权、建设用地使用权、宅基地使用权等。农村宅基地使用权和农业用地承包经营权确权和颁证是不动产登记的核心内容，是健全农村土地市场的基础工程。

金陵村在土地确权中，产改工作十分细致：方案反复调整，每调整一次都重新做表格，重新统计，重新给村民做解释工作。二组来看，参与土地整理项目的组里农户每户把宅基地、林盘地都交给组里。但是受历史因素和人口变动的影响，各户现有宅基地和林盘地的面积并不均匀。如果按实际占地算，宅基地少的农户并不能从15万元/亩的指标款中得到足够的建房资金。为此，二组就组内农户土地设计了一个平衡方案：农民从原有的地中节约出140平方米，免费获得人均40平方米建筑面积的新房；少于140平方米的，将自家的自留地交给村组用于补偿被占地的农户；多于140平方米的，由组里按5000元/亩的价款予以补偿。而对于二组以外的农户来说，参与该项目的标准是每3个人要腾出1亩建设用地指标，同时将70平方米/人的承包地给二组，因为重建要占二组的地。这一方案，不仅从平衡角度考量，更注重了村民自愿。从确权程序上，二组农户用按手印的方式确认土地"权属证明来源"，其内容载明："我金陵村二组集体建设用地始建于五六十年代，经多年农户加入所形成，属农户常年居住所在地，现面积达34亩，'5·12'地震农户参与统规自建后闲置，经召开组监事会，议事会会议农户同意后，决定将该宗地确权于我组集体后进行流转。"

复垦的耕地，原属于二组的地交还给二组后平均分配，外组的地则交由各组另行处理。在征求组内村民意见的前提下，二组把整理复垦的耕地连同村民原有的承包地按全组人口统一进行了调平，调整后人均承包土地面积为0.976亩（此为产量面积亩）。目前，金陵二组已全部完成了承包地的确权颁证工作，承包地经营权证上所注明的承包期限是"长久"。①

在确立重建思路后，二组决定将本组建设用地进行统一整理。考虑到引进公司整理土地会赚取利润，二组决定自己进行整理。事实上，《成都市集体建设用地使用权流转管理办法（试行）》积极引进社会资本或者自然人参与农村土地整理，并明确规定："实施农村集体建设用地整理腾出的建设用地指标，在扣除农民集中居住用地后节余的部分，纳入市、县集体建设用地储备库统筹调配挂钩使用。集体建设用地指标储备库由市、县土地管理部门管理。"（第十条）"土地使用者可通过与储备机构协商或按市场配置资源的方式有偿取得集体建设用地指标。"（第十一条）都江堰市委、市政府当即拍板同意二组自行整理的诉求。这样，二组每亩投入3000元进行土地整理，就获得了每亩15万元的集体建设用地指标交易收益。据国土部门统计，金陵花园项目总计整理出土地150多亩，其中金陵花园安置小区占地40多亩，净节约出110亩集体建设用地。二组通过成都市国土局统一挂牌，把76亩不集中、零散的不易开发的集体建设用地指标转让给了温江区。这外挂76亩指标的收入总计是1140万元，全部用于归还重建过程中所欠债务。

四　大力推进土地流转

按照和都江堰市国土资源局最初达成的协议，金陵二组节约出的110亩建设用地指标将以15万元/亩的价格卖给成都市温江区。但二组认为，若现在以这个价格全部外卖，将来二组还是缺乏长期的产业支撑和收入来源。

为此，除卖掉76亩指标用于还债外，二组将较为集中且区位较好的34.04亩建设用地用于本组搞集体产业。首先，二组把原来规划中离金陵花园较远的一条快速公路向金陵花园方向移近，从而避免了原先建设将占用大量良田的损失，也改善了金陵花园的区位条件。其次，由于这块建设用地地处彭（州）青（城山）线与沙西线的两线

---

① 国家发改委城市和小城镇改革发展中心：《从实践中寻找答案——对四川省都江堰市天马镇金陵村二组村民自发整理和拍卖集体建设用地的调研》，《中国土地》2011年第11期。

交会的地方，二组想在这里招商建一个木材加工市场。虽然愿意来投资的老板还不少，但规划通不过。为此，都江堰市主要领导亲自拍板，"只要符合规划等条件，应当充分尊重农民根据自身发展需要做出的决定。"借成都市进行集体建设用地直接入市拍卖的改革试验机会，2010年12月25日，这34.04亩建设用地，终于走上了成都市农村产权交易所的拍卖席。经过8位买家的42轮激烈竞价，最后成都凯汇房地产公司以44.2万元/亩的价格拿下这宗土地。总成交价1504.568万元，土地使用权出让期限40年，土地用途为商业旅游，具体用于发展乡村养老。

基于第五章的分析框架，本书对这34.04亩农村建设用地的流转价格和收益分配作了相应处理（见表6-3）。

表6-3 都江堰市天马镇金陵村二组建设用地地租地价与收益归属

地租类型		数额（万元/亩）	占比（%）	归属	数额（万元/亩）	备注
绝对地租		17	38.5	村民（参与者）	17	土地补偿费、安置补偿费
级差地租Ⅱ	Ⅱa	3	6.8	市政府	3	基础设施配套费
	Ⅱb			企业		
级差地租Ⅰ		9.2	24.2	市国土局	6	公共服务提留
					1	契税
			54.7		1	耕地保护基金
级差地租Ⅲ		15		村组集体	4.8	发展集体经济
				村民（全体）	3.36	平均分配到户
				村民（参与者）	8.04	平均分配到户

注：以上数据以第五章内容为分析框架，以《从实践中寻找答案》中数据为基础整理得到。

资料来源：国家发改委城市和小城镇改革发展中心：《从实践中寻找答案——对四川省都江堰市天马镇金陵村二组村民自发整理和拍卖集体建设用地的调研》，《中国土地》2011年第11期。

通过市场流转，每亩建设用地价格高达44.2万元，这块建设用地价值剧增。若这34余亩建设用地被征用，只能得到每亩2.5万—3万元的补偿，价差达到1400多万元；如果通过指标流转，获得15万元/亩的收益以及相应农地收益，价差也多达990多万元。在土地价格构成中，占比最高的是绝对地租（土地补偿费、安置补偿费），高达38.5%。其原因在于绝对地租水平"完全不是由地租的获得者决定的，而是由他没有参与且和他无关的社会劳动的发展决定的。"随着时代进步，对有限土地的需求不断增加，地价上涨、绝对地租量提高是社会经济发展的必然结果。级差地租Ⅲ、级差地租Ⅰ和级差地租Ⅱ递减，分别占比为33.%、20.8%和6.8%。这表明：第一，随着耕地保护与经济发展的矛盾日益突出，区位条件较好的农村建设用地日益受到青睐，农村建设用地指标出让也日益活跃，价格屡创新高。第二，农村建设用地级差地租Ⅱ比例过小，一是由于追加投资数量不足；二是由于投资扩散性强而难以快速收回。

五　合理分配土地收益

金陵二组34.04亩集体建设用地拍卖所得的1504.568万元收益的分配如下。

（一）在政府收益方面

长期以来，地方政府其对本辖区制定长期规划和加强建设基础设施建设，带动农村建设用地地租增值，并为农村建设用地流转提供公开的平台和服务。正是由于对地租的增值和实现具有直接或间接作用，地方政府应该参与农村建设用地流转收益的分配。

在收取费用方面，按照金陵二组与都江堰市国土局在拍卖前达成的协议，拍卖所得低于32万元的部分全部归金陵二组所有。鉴于国土局在项目过程中提供了不少公共服务，高于32万元的部分由金陵二组和都江堰市国土局对半分成，也就是说，都江堰市国土局需要按照约6万元/亩的标准进行提留。即表6-3中都江堰市政府收取的"公共服务提留（6万元/亩）"，属于服务费收取范畴，但是，额度是否偏高有待商榷。

在收取地租收益方面，按照3万元/亩标准上交给都江堰市政府作为基础设施配套费。这属于政府收取的土地开发费用，即级差地租Ⅱa，是合情合理的。

在征收税收方面，按照都江堰市的政策，农村建设用地流转还需缴纳2%的交易契税和2%的耕地保护基金。实际上，当前农村区域的税收杠杆主要针对农用地部分，不能有效调节农村建设用地流转行为和收益分配。都江堰市国土局收取1万元/亩的契税是一种可贵的探索，但额度是否偏大，这种单一税种是否科学还有待进一步观察。另外，都江堰市国土局按1万元/亩的标准提取耕地保护基金，有利于提高种地农民的积极性和实现公平，但如何将基金落到实处还需要继续探索。

（二）在农户和集体收益方面

经过核算，金陵二组集体可供分配的收入标准约为16万元/亩，总计约544.64万元。经金陵二组组员代表大会讨论，这部分收益的分配方案是30%归村组所有，用于发展集体经济（村组集体占有4.8万元/亩）；21%在二组内部按人头平分（村民全体每人占有3.36万元/亩）；49%在参与金陵花园项目的60户成员中分配（参与村民每人占有8.04万元/亩）。另外，占用34.04亩土地的青苗补偿及缴纳社保的费用约按17万元/亩算，这部分钱交给天马镇，由镇里统一支付给因土地被拍卖而失地的农户。[1]

从土地收益归属来看，集体和村民收益共计33.2万元/亩，占全部收益的75.1%，地方政府收益占比为24.9%。其中，直接归属村民的为28.4万元/亩，占全部收益的64.3%，直接归属集体的为4.8万元/亩，仅占全部收益的10.8%。这里引申出一个问题：即如何理解"村民大集体小"的地租收益格局呢？笔者认为，可从以下两个方面来认识。

其一，形成这种收益分配格局的主要根源在于我国特殊的农村集体产权制度。在村民和农村集体之间存在成员权，集体不能背离成员的利益而存在，这既明确了村民的主体地位，也明确了集体的工具性地位。由于农村集体只是工具性存在，以及农村集体产权主体虚置严

---

[1] 国家发改委城市和小城镇改革发展中心：《从实践中寻找答案——对四川省都江堰市天马镇金陵村二组村民自发整理和拍卖集体建设用地的调研》，《中国土地》2011年第11期。

重,集体往往只是名义或者法律上的所有者。这样,农村集体土地所有权,除了受到因政府对非公益性用地的强制征用而产生的外部否定外,还受到从集体内部形成的否定,即农民长期占有并无偿使用土地。①

其二,这种收益分配格局,一方面充分保障了农民利益,这是值得充分肯定的;另一方面用于集体发展经济的积累太少,农村集体的可持续发展缺乏后劲。当初就是从产业支撑和收入来源考虑,二组才决定保留这30余亩建设用地直接用于流转以发展商业旅游和乡村养老。这种"村民大集体小"的收益分配格局是有违初衷的。

第三节 金陵村二组实践的成效及经验

一 本实践的主要成效

(一)农民分享到更多收益

通过农村建设用地流转实践,金陵村二组农民获得绝大部分土地收益和其他房产价值及增值收益。

从土地收益来看,若耕地被征收,按现行标准只能得到每亩5万—6万元的补偿;若宅基地被征收,补偿仅有耕地的一半。而在金陵二组的土地流转实践中,农民将复垦后的建设用地指标覆盖于同一块耕地上,每亩土地可拍出44.2万元的价格,即使扣去各种税费,村民也能从中得到每亩约33.2万元的土地收益,远高于在被征地情形下的收益。另外,复垦耕地在经过流转实现农业规模经营后,每年至少也可获得1100元左右的租金。目前,到金陵二组投资的社会资本越来越多,承包地的年租金也涨到了每亩1100—1200元,租期也上升到了10—20年。

从小区环境和房产价值来看,由于地方政府统一管理居民聚集点周边环境,修建道路,设置公交车等,使金陵花园的居住环境得以极

---

① 张曙光:《博弈:地权的细分、实施和保护》,社会科学文献出版社2011年版,第22页。

大改善。(1) 与搬迁前的村民房屋相比，小区房屋质量明显提升。(2) 在金陵花园规划时，更加符合农民生产生活实际，比如在户型设计上，考虑了新增人口的住房需求。在一层修建车库，以方便村民放车辆与农具甚至晒谷物。在房前屋后留出一小块空地，以便于村民种菜从而就近解决吃菜问题。(3) 小区管理和服务越来越规范。金陵村村"两委"先后制定并出台了《集中居住区管理规程》、《文明卫生户评比活动实施方案》、《文明卫生户评分细则》等规章制度。小区积极发动老党员、老干部、大学生志愿者，组建"文明劝导队"，亮出党员身份，发挥模范带头作用，对村民的日常卫生行为进行文明引导。由业主民主选举产生的业主管委会主要负责小区的治安巡逻、绿化保洁、文化娱乐、邻里纠纷调解等日常管理工作。(4) 小区房产增值明显，现在金陵花园的房子至少为 2000 元/平方米，不仅比旧村宅高出很多，甚至比天马镇镇区的房价都还要高。[①] 另外，农村建设用地流转带给农村在医疗、卫生和养老等方面更多的福利。

（二）土地使用效率得到极大提高

通过土地整理，农民住宅用地明显减少，原来 560 多人需要 150 多亩地，现在则只需 40 多亩地。这样，整理节约出的建设用地及其指标，带来了巨大的经济效应。一方面，就指标流转来看，对于买进指标的温江区，有机会进行更合理的规划建设。而对于卖出指标的金陵村二组，其耕地面积不会减少，而且由于地界、田埂的平整，新增了更多可供进行大规模经营管理的土地，有效促进了现代化农业的发展，并逐步形成规模经济。这些变化，都极大提升了土地资源利用效率的空间。[②] 另一方面，从拍卖建设用地的农村经济社会发展来看，由于土地和房产的增值吸引越来越多的社会资本前来投资，带动了当地的服务业、旅游业及农业的发展，增加了就业机会，吸引了一部分转移到城市的劳动力回流农村，一定程度上缓解了农村劳动力缺乏的现象。针对农村富余劳动力劳动技能低下的现状，金陵村党支部联合

---

① 周近：《"天马模式"背后的集体智慧》，《四川党的建设》（农村版）2011 年第 5 期。

② 张译之、刘思梦：《村集体建设用地入市调查报告———以四川省都江堰市天马镇金陵村为样本》，《中国集体经济》2015 年第 22 期。

都江堰市妇联，在金陵花园等安置点举办蜀绣技术培训班，鼓励留守妇女自食其力。另外，村里还举办其他免费农民工实用技术培训。这样，劳动力价值得到极大提升，极大地改善了土地等其他资源的使用效率。

（三）集体经济实力得到增强

以农村集体为主体进行的土地流转，应充分考虑到农民的长期收益问题。金陵二组在为集中居住的农民寻找更多的"生财之道"时，其抓手就是集体经济。从金陵二组的土地改革实践来看，从整理土地卖指标到市场流转建设用地，到将流转收益中的30%留归集体，再到搞二期建设看，无不体现了"增强集体经济实力"的目标。目前，二组已向政府提出了两份申请：一份是关于修建村民陵园的报告。申请调剂金陵二组的2亩土地作为陵园用地，一方面解决本组村民的丧葬用地问题，另一方面寄希望于殡葬业的发展前景，想通过收取维护管理费的形式获得更加长久的收入；另一份是"关于有效利用空间资源、创新集中居住模式、促进村民可持续增收"的申请，希望在金陵花园二期扩容中申请修建4层楼房，1—2层为村民自住，3—4层为集体经济组织资产用于开发经营，修建统一的社区服务中心用于统一托老，形成34.04亩拍卖地高端托老、二期3—4层中端托老、村民自住房的一部分用于低端托老的分层托老产业经营格局。[①]

二 本实践的主要经验

（一）充分发挥基层干部的示范效应

在国家任何政治活动的开展和方针政策的制定中，农村基层干部是最早的感应者，他们就像国家机体的神经末梢一样，能够随时接受行政"神经中枢"的指令。无论是国家法律的修订、社会制度的变革，还是经济体制的转型，农村基层干部能够最先体验出制度不均衡所要带来的潜在机遇。在农村土地制度创新中，农村基层干部能否发挥示范效应，往往关系到这一创新实践的成败得失。金陵村基层干部为相关项目实施充分发挥了示范效应，也为此做出了很大牺牲。正如

[①] 邓自著：《成都市农村土地制度改革研究——基于都江堰天马镇调研》，2011年6月1日，http://161969.blog.163.com/blog/static/31450322201266775837176/。

社区党支部副书记鲁湛所说的那样，重建这些年来，党支部全体成员都是"骏马"，身后始终有一根无形的鞭子在鞭策他们"快跑、再快跑"。地震前，他们大多数人家里都经营着小生意，鲁湛家开了一家家具店，治保主任张万超经营着一个修车厂。几年过去了，重建任务基本完成，而他们各自的生意却日渐惨淡，甚至"关门大吉"。[①] 在金陵二组，组长阳通炳在这场非同寻常的创新实践中发挥了非常积极的示范作用。首先，他凭借着自己对政策的了解，努力地为村民争取到了不可多得的整理宅基地和林盘地换重建资金的机会。其次，自己垫支了高额资金，才使得整个工程得以顺利实施完工。而阳通炳承受的压力也非同小可，他说："建房时，去都江堰市国土局借了一部分钱，自己垫一部分钱，银行贷一部分钱。最多的时候，共垫款上千万元。"若政府的指标换资金政策不能兑现，自己垫入的资金就完全有可能"打水漂"，也有可能因此而背上一大笔债。

（二）充分发挥政府的服务功能

社会资源的稀缺性要求分散的资源在最大程度上集中，进而实现资源的最优配置。但是，由于物品产权属性及使用功能的差别性，市场无法解决公共物品配置的问题。由政府统一规划土地资源，不仅可以提高土地利用效率，还可以集中配置基础设施建设，有效地改善农村居住环境，并实现城乡区域整体化和可持续性发展。所以，应充分发挥政府在土地资源配置上的服务功能。政府部门应提供更加公开的流转服务平台，以便于农民获取农村建设用地流转信息，并使流转办理手续更加简捷、收费标准更加统一。成都市作为国家统筹城乡试点地区，政府部门有更大的政策创新空间，不必承担过多的政治压力和法律责任，可以以新的思路和创新的理念寻求和探索出适合、高效的模式，大刀阔斧进行改革。都江堰市相关部门也对金陵二组的土地流转给予极大的支持：市委市政府相关领导直接拍板土地整理和指标跨区县流转，国土资源局支借了300万元，以及其他相关公共服务。天马镇相关部门也对该实践提供相应服务：将获取的未经加工的上市信

---

① 周近：《"天马模式"背后的集体智慧》，《四川党的建设》（农村版）2011年第5期。

息直接提供给农户，提高流转过程的透明度；让农户自主选择代表参与到整个流转过程，政府直接放权给农户，其在此过程中仅发挥桥梁作用，增强了农户的参与度与积极性；大力引导，积极宣传相关政策和改革利益作为工作重点，对于那些希望搬迁的农户，提供大力帮助和支持，建成新的聚居点。这样，使得原来不愿参加搬迁的农户，在新安置点所带来典型示范效应下，自觉自愿加入，最大限度地避免行政命令方式激化矛盾。

可见，正是政府发挥其服务功能和优势，统合社会中独立且分散的各种资源，搭建平台吸引更多对市场需求更加敏感的社会资本，鼓励以农民为主体自发进行土地整理和流转。否则，由于农民的信息量有限和市场主体意识不强，农村土地仅停留在自用层面，那么农村土地的潜在价值就得不到充分挖掘。事实上，在金陵二组的探索过程中，由于政府信息的公开程度还不够，阳通炳光是为了争取试点机会就花费了大量精力和时间。为了实现建设用地及指标成功流转，他反复和国土、规划、建设等部门进行沟通，这其中的手续非常复杂，他也没少走弯路。

（三）坚持以农民为主体

农村土地制度改革涉及面复杂，需要政府发挥协调甚至主导作用。但如果不重视农民的主体性，可能导致意想不到的后果。双流县黄甲镇闹得沸沸扬扬的村民"宁睡四年羊圈，不住楼房"的"被上楼"事件说明，政府仅有好的动机是完全不够的，更应该因地制宜，尊重农民主体性地位，避免好高骛远和冒进。在土地确权和房屋拆迁过程中，天马镇政府通过引导农户建立"131N"新型村级治理机制（即通过农户自己推举、自己组建的议事会）等办法给予农民切实解决协调问题的权力，不仅使农户可以充分利用亲缘地缘等有利条件，有效解决土地确权、补偿、互换等诸多问题，更让农户自己当家做主，充分调动了农户的积极性。在集中安置点的建设中，天马镇政府也在深入农户了解需求，聘请专家设计，充分听取农户改进意见，审核施工队，引导农户自行谈判的情况下，设计并建成满足当地需要的新居模式，让农户自行选择房屋修建结构样式和用料。

金陵二组的实践更是以农民为主体推进的。金陵村二组之所以能顺利将集体建设用地成功入市拍卖，最重要的原因就是以农民的意志为转移，在尊重农民意愿的基础上建立合理可行的入市机制。村民议事会制度为农民自主决策提供了保障，任何重大问题都交由村民集体讨论：重建方案是基于农民自愿而形成的，建房采取自愿报名，来去自愿，仅在报名时交 1000 元房屋保证金，建房后退回。金陵花园的修建也是充分考虑农民需求而完成的；每个农户手里都有承包地经营权证，期限都是永久，因此，耕地的规模化流转，也是基于农民自愿进行的；至于 76 亩建设用地指标和 34.04 亩建设用地的流转，更是在组内村民一致同意才公开出让，所得收益也都是组内农民共同分享。

(四) 合理分配土地收益

在金陵村二组的土地流转实践中，在确权环节和流转环节涉及的主体范围十分广泛。在确权环节涉及的利益关系尤为复杂，一方面，在土地整理的"拆小院，并大院"的过程中，由于存在不同组的成员资格差异、农户宅基地面积大小差异等因素，本组农户与外来农户、小院农户与大院农户之间等群体间的利益纷争如何协调十分关键。为此，二组基于 140 平方米的标准就组内农户土地设计了平衡方案。而对于二组以外的农户来说，参与该项目的标准是，每 3 个人要腾出 1 亩建设用地指标，同时将 70 平方米/人的承包地给二组；另一方面，整理复垦的耕地，原属于二组的地交还给二组后平均分配，调整后人均承包土地面积为 0.976 亩，外组的地则交由各组另行处理。相比于原有的征地制度，农民的土地权益最大限度地得到了保障。在农村建设用地流转后，农民不仅住进了宽敞明亮的别墅，土地流转收益中扣去各种税费的大部分款项都以直接和间接的方式回馈给了村民，一部分收益按照合理比例补贴给失地农民，另一部分用于发展农村养老，增加社会福利，促进经济发展。

同时，由于地方政府对本辖区制定长期规划和加强基础设施建设，带动农村建设用地地租增值，并为农村建设用地流转提供公开的平台和服务。在金陵村二组的土地流转中，地方政府也参与农村建设用地收益的分配。通过费用、地租、税收等途径，地方政府收益占比达到了 24.9%。这样，地方政府及用地企业均从本次土地流转中获益，而农民更是成为土地流转最大的受益者。

三 本实践存在的问题

（一）资金问题

任何实践创新都离不开资金的支持，而大多数地区创新资金的来源和渠道大都以财政拨款为主。金陵村二组作为一个普通的农业村组，其自身区位优势并不明显，地震前后，均难以得到中央财政的重点支持。而本组农民并不富裕，地方政府财政也不宽裕。面对灾后重建的机遇和挑战，如何获得资金支持，成为二组土地流转必须面临的首要难题。从金陵二组的实践中可以看到，以农民为主体整理和流转土地必然需要大量的前期资金垫支，若不是阳通炳自己的资金实力比较雄厚，这一耗资巨大、风险极高的项目是很难实施的。事实上，金陵二组附近的几个村组，很多农民都愿意自己整理土地和流转，但苦于缺乏资金支持而无法实施。因此，国家需要在法律制度层面、体制机制层面加大农村土地及住宅等资产的金融支持力度，大力发展农村金融市场，以有力推动更多更好的类似项目有效推进。

（二）农民的可持续生计问题

农村建设用地出让收益实际上是未来几十年的地租资本化形态，农村集体或农户当期获得收入实际是让渡未来土地使用权的收益。在我国农村社会保障体系不够完善的大前提下，金陵村二组的土地流转也面临农民可持续生计问题的困扰。虽然金陵村二组将整理出来的34.04亩的建设用地拍卖出让，吸引社会资本发展农村养老事业，但是，社会资本必定要求利润回报，这可能会抽走在该块土地上创造的收益和利润。金陵村二组也着手推进集体经营和农户经营来维持收入的可持续性。在二期扩建的过程中准备修建四五层住房，既供村民自住又可用于出租。但这里需要考虑企业经营及集体经营的市场风险问题。另外，土地流转现金一次性兑现到农民手中，如果不善经营和筹划，他们有花光吃光的风险。本书设想从土地收益中拿出30%的比例，建立本组的土地收益基金，就好比商品房的维修基金，存入专门账户，可以购买国债或者一定比例进行保守投资以获取货币的时间收益。如果农村集体需要有重大的支付事项，经由组员代表大会表决通过方能使用这笔经费。这样，通过建立土地收益基金，可以遏制部分农村集体片面追求土地收益的短期行为,建立良性的土地收益管理机制,既有30%比重的土地收益用于实业投资直接分享经济建设的成果,也有30%比重的收益用于托底,剩下的40%交由农户自己支配。

(三) 收益不均衡问题

目前,大多数地方的农村建设用地流转,是以政府为主导的市场流转,地方政府获得了绝大部分土地收益,而集体与农民获益甚少,这造成了基层政府与农民集体之间矛盾加剧。当然,也有部分地方,比如金陵村二组,农村建设用地流转以农民集体为主导,相关土地收益的绝大部分归集体和农民占有。这就造就了大批"暴发户",他们越来越呈现出"食利阶层"的特性。他们以集体土地和房产作为工具谋利,而不是靠生产或主要靠生产谋利。他们基于农村集体成员资格获得极大收益,而且是不劳而获,会使大多数劳动者产生不公平感,动摇劳动者依靠个人劳动创造财富的信心。这和社会主义国家倡导的精神文明主旋律是不相符的。可见,要实现党的十八届三中全会提出的"建立兼顾国家、集体、个人的土地增值收益分配机制,合理提高个人收益"这一目标要求,还任重道远。

第七章 我国农村建设用地流转宏观调控研究

根据党的十八届三中全会精神,建立城乡统一的土地市场,是发挥市场在土地资源配置中决定性作用的重要环节。但是,推动市场决定农村建设用地资源配置,不是不要规划和调控,而是要将政府宏观调控与市场功能有机结合,正如根据党的十八届三中全会提出的那样,"科学的宏观调控,有效的政府治理,是发挥社会主义市场经济体制优势的内在要求。"

第一节 农村建设用地流转宏观调控的必要性

一 防止农地过度非农化风险

在农村,农业用地和建设用地的界限在理论上可以分得清楚,但在实践上很难分清楚,因为地方政府和农村基层政权很难控制村民和集体的农地非农化行为。而一旦放开农村建设用地市场,在建设用地和农业用地巨大收益差距的激励下,农民和集体有将大量农用地转为建设用地的巨大冲动而发生过度农地非农化倾向。究其原因有以下几个方面。

第一,农地利用有很强的外部性特征,如生态保障功能、粮食安全功能和社会稳定功能等,而这些功能带来的外部性收益往往无法为农地所有者占有。通过农地非农化,土地所有者所获取的个体利益大大超过农地经营收益,而这却会对粮食安全和生态保护带来损失,但农村集体和农民在决定农地非农化时,不会考虑也没有能力承担这些外部性影响。

第二，对农村农地非农化行为的监督和处罚成本太高，况且村干部也有农地非农化的倾向。用一个和被监督对象有相同意愿的人去监督和处罚被监督对象，这本身在逻辑上就缺乏合理性。这样，在农村村民看来，农村土地是集体所有的，人人可以有份，人人都可以毫无忌惮地推进农地非农化。农村建设用地流转，本来是变农村建设用地的粗放使用为集约经营，如果操作不好，则可能损害耕地保护。中国有行政村70多万个，一旦都出现这种行为，那么我国的耕地保护将成为一句空话。随着耕地数量的减少、高质量耕地转为建设用地带来的整体耕地质量的下降，我国粮食安全将面临巨大风险。这也是中央政府最为担心的。

二 防止农村建设用地市场供求失衡

市场供求平衡是资源实现合理配置的有效手段，是商品供给与需求相互适应、相对一致的状态。如果商品供过于求，表明投入该领域的社会资源超过了社会需求，使得生产部分商品所耗费的人力、物力、财力得不到社会承认，造成社会劳动的浪费。如果商品供不应求，造成生产企业不注意提高生产效率、节约劳动耗费，影响企业改善经营管理，提高服务质量，这也会导致社会资源得不到充分利用或使用不当的情况。市场供求平衡包括供求数量和供求结构平衡，区域内和区域之间供求平衡。

同样，农村建设用地市场供求失衡也包括用地供求数量失衡、供求结构失衡和区域间的失衡。

第一，供求数量失衡。土地资源配置过程中，各经济主体在其经济利益上存在竞争性和排他性，使市场自身的力量不能经常保证总供给和总需求在充分利用土地资源的基础上达到平衡。这是因为市场虽然能引导土地资源的配置方向，但却难以确定合理的土地资源投入量。由于农村建设用地入市后的土地供给曲线的弹性比征地—供地曲线更大，即使市场价格小幅上涨都会引发较大量的农村建设用地入市。进一步地可能导致市场供给量大于社会最优量，结果造成土地资源配置效率的损失。

第二，供求结构失衡。由于农村建设用地既可以用于工业、商业,甚至住宅建设,在缺乏规范管理情况下,农村建设用地流转可能出现不同土地用途供给的数量结构不平衡和空间结构的布局失当。

第三,区域间的失衡。如前所述,农村建设用地流转系统的层次结构,不仅表现为区域内市场子系统,更表现为区域外更大系统。农村建设用地流转系统是一个多等级序列的系统(包括乡镇级、县级、省和国家级建设用地流转系统)。当前,农村建设用地流转存在区域间失衡的风险,包括乡镇级、县市级,甚至省级间区域总量配置失衡、区域布局失衡和区域速度配置失衡。

三 遏制土地收益分配失衡

农村建设用地流转,是由于传统的征地制度导致农村集体和农民获益太少且已经严重影响社会公平和稳定,而由农村基层基于利益抗争而逐步得到各级政府的默许或支持。但是,这种自发的缺乏制度规范的土地流转也潜藏着另一种缺乏公平以致影响稳定的危险。为此,党的十八届三中全会明确提出"建立兼顾国家、集体、个人的土地增值收益分配机制"的目标要求。

合理的土地增值收益分配应包括区域之间合理的收益分配和区域内各主体合理的收益分配。区位性是农村建设用地区别于其他商品的重要属性。比如,在城市周边地区,随着经济发展和产业集聚,中小企业和居民居住需求不断增加,这导致周边农村地区建设用地需求激增,农村建设用地能充分实现市场流转,并给农村集体和农民带来丰厚的收益,而边远地区的农村建设用地很难实现流转,当地农民很难获得相应的土地收益。另外,在农村宅基地使用中,一户多宅、超面积住宅和违法建房的现象非常普遍。在珠三角农村地区,一户拥有六七块宅基地的情况非常普遍,东莞市30万户农户,农村住宅竟达90万户,就连经济不算发达的辽宁省,根据对6个城市的调查,超过当地宅基地标准的就有14134户,超占面积达6747亩。即使通过罚款程序明确其合法性,也难以解决宅基地占有的公平性问题,因为这改变不了集体内村民的占有量不同和不同地域村民户均宅基地占有量的不同现状。"如果给了市场化出路却不堵住由行政权力把持的源头,这次变革就会成为一场权力的盛宴。"① 一旦宅基地等农村建设用地可以上市流转，将会把农村潜在的财富差距急剧放大。这样，因人们占有土地资源差异，依靠市场机制的自发作用便可能导致富者越富、贫者越贫的"马太效应"。这种单纯由市场机制决定的收益分配失衡有违社会主义公平正义。

从区域内各主体收益分配来看，地方政府、农村集体和农民三者之间存在土地收益分配失衡的可能性。地方政府对农村建设用地流转介入和干预深度不同，直接影响地方政府和农村集体（农民）土地收益分配的比例。如果地方政府深度介入甚至主导农村建设用地流转，那么，农村集体、农民获益就较少。反之则相反。农村建设用地流转实现了农村集体和用地者两个微观配置主体的直接交易，农村集体经济组织成为土地流转收益的既得者。而农民获得的土地收益主要来源于农村集体经济组织所获收益的分成。因此，归农村集体的土地收益如何分配到农民手中，这存在很大变数。

四 消除对经济宏观调控的负面影响

当前我国转型发展面临三大系统性的矛盾：快速推进工业化与建设现代农业的矛盾、区域发展的不平衡矛盾、城市化和社会主义新农村建设矛盾。因此，我国在运用主流财政政策、货币政策和产业政策以外，还谋求运用土地政策作为我国经济宏观调控的政策工具。事实上，上述三大矛盾往往是在地方政府与企业互动过程中产生，"以地根换银根"，用土地抵押贷款上项目，经济增长成为中央政府、地方政府、企业和农民集体之间围绕土地而展开的博弈。无论任何的建设项目，最终都要落在土地上，这就决定了运用土地政策对经济进行调控的可行性。正如范恒山所述，由于土地的生产要素特性，调控土地可以通过产业传导、金融传导和财政传导等方式实现对经济的宏观调控。② 2004 年 10 月，国务院颁布《关于深化改革严格土地管理决定》提出要严把"银根"和"地根"两个"闸门"，对不符合国家产业政策的建设项目一律不准批地，以遏制部分行业盲目投资和低水平重复

---

① 肖华：《农宅入市，为谁松闸？》，《南方周末》2007 年 3 月 29 日。
② 范恒山：《土地政策与宏观调控》，经济科学出版社 2010 年版，第 1 页。

建设。但是，农村建设用地流转有可能对土地政策工具的宏观调控效果带来明显冲击：由于目前这类土地流转大都处于零散、自发的阶段，流转规模不大，流转形式也比较单一，流转过程中基本没有业主用地审核，即使不符合国家产业政策的项目，地方政府也是"睁一只眼闭一只眼"甚至大力支持上马。

总之，农村建设用地流转宏观调控是建立在农村建设用地流转市场的基础之上，是政府干预土地资源配置并影响宏观经济的一种方式，是运用政府这只"看得见的手"干预农村建设用地市场这只"看不见的手"的一种方式，其作为土地资源配置的有效补充，和农村建设用地市场机制是一种配合、弥补和相互约束的关系。需要指出的是，农村建设用地宏观调控不同于一般意义的农村建设用地市场监督管理。后者侧重于建设用地市场规则、市场合约的履行，而前者侧重于引导和改善农村建设用地资源配置结构，进而影响我国经济运行态势。当然，农村建设用地流转宏观调控是建立在市场正常运行和有效监管的基础之上的，故而农村建设用地宏观调控建设用地市场监督管理有一个衔接甚至交叉的共同地带。

第二节　加强土地利用规划

一　加强土地利用规划体系建设

土地利用规划是根据国家经济社会发展目标，依据所处的自然与社会经济条件，通过限制主体一定权力，对各类土地的结构和布局进行调整或配置的中长期计划。党的十七届三中全会提出："在土地利用规划确定的城镇建设用地范围外，经批准占用农村集体土地建设非公益性项目，允许农民依法通过多种方式参与开发经营并保障农民合法权益。"党的十八届三中全会更明确要求："在符合规划和用途管制前提下，允许农村集体经营性建设用地出让、租赁、入股，实行与国有土地同等入市、同权同价。"相较前者，后者取消了"在土地利用规划确定的城镇建设用地范围外"的限定，将其修改为"在符合规划和用途管制的前提下"，这就扩大了农村建设用地流转的范围，只要符合规划和用途管制这个前提，无论城镇规划区内或区外，农村建设用地都可以与国有土地同等入市，实现同权同价。①

在我国，涉及土地利用规划的法律有《土地管理法》和《城乡规划法》（2007年）。其中，《土地管理法》编制土地利用总体规划。"国家编制土地利用总体规划，规定土地用途，将土地分为农用地、建设用地和未利用地。"（第四条）"各级人民政府应当依据国民经济和社会发展规划、国土整治和资源环境保护的要求、土地供给能力以及各项建设对土地的需求，组织编制土地利用总体规划。"（第十七条）《城乡规划法》编制城乡规划，"包括城镇体系规划、城市规划、镇规划、乡规划和村庄规划。城市规划、镇规划分为总体规划和详细规划。"（第二条）其具体内容包括："乡规划、村庄规划的内容应当包括规划区范围，住宅、道路、供水、排水、供电、垃圾收集、畜禽养殖场所等农村生产、生活服务设施、公益事业等各项建设的用地布局、建设要求，以及对耕地等自然资源和历史文化遗产保护、防灾减灾等的具体安排。"（第十八条）其中涉及农村建设用地规划的是第四十一条，"在乡、村庄规划区内进行乡镇企业、乡村公共设施和公益事业建设的，建设单位或者个人应当向乡、镇人民政府提出申请，由乡、镇人民政府报城市、县人民政府城乡规划主管部门核发乡村建设规划许可证。在乡、村庄规划区内使用原有宅基地进行农村村民住宅建设的规划管理办法，由省、自治区、直辖市制定。"农村建设用地规划需遵照《土地管理法》相关规定，"城市总体规划、镇总体规划以及乡规划和村庄规划的编制，应当依据国民经济和社会发展规划，并与土地利用总体规划相衔接。"（第五条）"在乡、村庄规划区内进行乡镇企业、乡村公共设施和公益事业建设以及农村村民住宅建设，不得占用农用地；确需占用农用地的，应当依照《中华人民共和国土地管理法》有关规定办理农用地转用审批手续后，由城市、县人民政府城乡规划主管部门核发乡村建设规划许可证。"（第四十一条第三款）

可见，《城乡规划法》有关建设用地的条款和《土地管理法》

---

① 韩松：《论农村集体经营性建设用地使用权》，《苏州大学学报》2014年第3期。

的立法精神完全一致。比如，第四十一条中涉及农村建设用地规划的内容和《土地管理法》第四十三条规定如出一辙。进一步讲，《土地管理法》和《城乡规划法》对于建设用地规划而言，都是建立在严格的计划供地和通过征收将建设用地国有化，不允许集体建设用地入市的基础上的。[①] 另外，在城镇规划区外的村庄一般没有规划或者规划随意性很大，许多村庄的规划只有宅基地规划而且往往难以管理。

总之，应加强土地利用规划体系建设，尤其是加强农村土地利用规划建设，实现城乡土地利用规划的协调。否则，由于农地随意转为建设用地，威胁粮食安全。或者，农村建设用地流转入市陷入混乱局面，影响城乡协调、区域协调和自然与经济社会发展协调。

二 加强农村建设用地规划管理

将农村建设用地纳入地区建设用地年度计划管理，对一定时期内进入市场流转的农村建设用地供给量进行规划，以实现农村建设用地流转数量的科学管制。

（一）将农村建设用地纳入建设用地总体规划和年度计划管理

当前，我国各地的规划部门没有真正对农村建设用地进行有效的规划管理，村镇级建设规划编制工作严重滞后。即使在经济社会发达的北京地区，据北京市农村工作委员会的调查，全市就有超过2/3的村庄没有编制规划。在编制建设用地总体规划和下达年度利用计划时，相关部门仅仅考虑重点项目用地和国家建设征地，农村建设用地很难纳入有效管理中。这样，造成大量农村耕地非农化并盲目进入土地市场，既定的规划目标和计划指标屡遭突破，导致整个建设用地供求市场很难得到有效控制。当前，各地都在积极探索将农村建设用地纳入统一用地计划管理中。成都市创新性提出城乡用地"一张图"模式就是一个很好的尝试。作为国土资源部确定的全国地（市）级土地利用总体规划修编试点城市，按照国土资源部的要求，成都市以1∶500城镇地籍数据库及1∶5000（1∶10000）土地利用现状调查数据库为基础，集成土地整理、城乡建设用地增减挂钩、灾后重建和新农村建设等专项规划，实现成都全域土地规划、年度计划、审批利用和登记监察的全程跟踪

---

① 韩松：《论农村集体经营性建设用地使用权》，《苏州大学学报》2014年第3期。

管理，形成"一张图"管理土地的体系。① 因此，我们今后的工作方向是，按照城乡建设用地统一管理原则，在制定科学和执行严格的建设用地年度计划的基础上，努力将农村建设用地纳入年度计划中，进而形成城乡规划和建设用地年度计划对农村建设用地的双重审核制约机制，防止无序用地和无序流转。

（二）构建农村建设用地储备制度

在农村建设用地纳入建设用地总体规划和年度计划的基础上，我们可以考虑各地的土地储备中心将农村宅基地等建设用地和住宅购买纳入业务范围。成都市在这方面就有较为成功案例可供借鉴，在锦江区由农村集体经济组织和区国有农投公司共同成立了"成都市锦江区集体建设用地储备中心"，中心根据土地利用总体规划、城乡建设产业布局规划和土地利用年度计划统一实施农村建设用地供给交易。实施农村建设用地储备制度，一是可以利用收购的宅基地供应本地符合资格的村民用于建房等，减少新增建设用地需求；二是可以依托土地储备机构在信息发布、服务、管理等方面的优势，将符合规划条件的农村建设用地经过必要开发，纳入土地储备库，根据相关规划和计划确定农村建设用地出让计划，实现国有和集体所有建设用地在土地市场上实现有序流转。

1. 土地储备机构将农村建设用地纳入业务范畴

（1）从储备来源看，纳入土地储备机构业务范畴的农村建设用地包括存量建设用地和增量建设用地。存量建设用地有：城市建设规划区范围外农村建设用地，城市规划区范围内存量建设用地，在符合规划前提下，应该保留农村集体所有的。增量建设用地主要包括农村集体和村民符合资格者申请使用的农地非农化部分，城市规划范围内，国家征用农民集体土地时，给被征地村社按一定比例预留部分建设用地。

（2）从储备方式看，储备机构对集体存量的和依法新增的农村建设用地纳入土地储备库时，土地所有权仍是农民集体所有。

---

① 严金明：《基于城乡统筹发展的土地管理制度改革创新模式评析与政策选择》，《中国软科学》2011年第7期。

(3) 从开发建设看，农村集体既可以选择自己组织实施开发，也可以委托储备机构或委托其他专门机构实施开发。在委托他方实施开发时，需要由农村集体付给开发单位报酬，这部分报酬可以在以后土地流转收益中扣除。①

2. 土地储备机构推动农村建设用地市场流转

(1) 推动农村建设用地实地流转。需要注意的是，原有土地储备是受政府委托，代表政府行使国有土地所有者权力的机构，当它为农村建设用地流转服务时，应注意防止其对农村集体所有权的侵权现象。纳入土地储备库的农村建设用地，当用地信息在土地储备机构发布后，应由用地者直接与农民集体接触谈判，在符合相关规划条件并得到审批时，交易过程可以不需要通过土地储备机构就能完成。就相关规划条件的审批问题，根据《产业结构调整指导目录》和国家产业政策、土地供应政策，国家相关机构制定和修改了《限制用地项目目录》和《禁止用地项目目录》。因此，农村建设用地流转时，也应该遵循相关规划条件。我们建议应将用地项目的类型和占地规模作为审批的前置条件，这样就可以实现土地审批和国家产业政策的结合。

(2) 推动农村建设用地指标农村集体间有效流转。正如在第二章论证的那样，以政府主导的"城乡建设用地指标流转"并非真正意义的农村建设用地流转，因为指标交易后要转化为现实的建设用地使用权必须是通过政府行使征地的方式。而且这里潜藏着一个指标的"落地困境"②：一方面，按照《宪法》精神，《土地管理法》、《物权法》等在内的法律都将国家征地限定在公共利益目的范围，党的十七届三中全会也指出今后"改革征地制度，严格界定公益性和经营性建设用地，逐步缩小征地范围"的制度目标。也就是说，经营性项目的建设用地不能再通过政府征地是执政党现阶段的政策抉择，更是依法治国的制度要求。另一方面，交易后的指标却要通过政府征地来实现建设用地的真正使用。在成都市，三道堰小产权房的合法化就是通过指标

---

① 丁火平：《集体非农建设用地流转管制制度研究》，硕士学位论文，南京农业大学，2007年，第38—39页。

② 吴义茂：《建设用地挂钩指标交易的困境与规划建设用地流转》，《中国土地科学》2010年第9期。

交易实现的，郫县以 15 万元/亩、20 万元/亩的价格向节约出指标的地区购买"挂钩指标"，这样，原来的农地获得了"挂钩指标"后变成了集体建设用地，而后仍然通过土地报征以协议转让的过程，在转变成国有土地后才真正实现合法化。而重庆土地交易所共拍卖出的 14 张地票，虽有 7 张地票落地地块已经基本确定但实际上还没有一张地票真正落地。

同时，成都市蛟龙工业港的合法化也给我们提供了一个新的思路——建设用地指标和农用地结合而转变为农村建设用地，其农村集体所有产权属性保持不变。由于蛟龙工业港在扩张过程中大量占用农用地，蛟龙集团申请使用土地利用计划中计划内指标和计划外指标，双流县国土局除了将工业港部分土地列入"2005—2020 年土地利用总体规划"外，剩余部分就通过购买"挂钩指标"实现农用地合法转用，而转用后的建设用地仍保持农村集体所有。以此经验出发，在保持农村集体土地所有权不变的前提下，拟投资经营性建设项目的用地者可以直接从其他经过整理并节约出建设用地指标的农村集体手中受让"指标"，在符合用地规划和产业规划的情况下，直接使用合法"农地转用"后的农村建设用地。也就是说，偏远地区的农村土地所有者可以通过市场直接将建设用地指标转让给城市周边农村集体土地所有者，双方可以面对面地通过讨价还价来确定建设用地指标的价格。这样，可以实现逐步缩小政府征地范围，新建区尽量不征地，特别在涉及工业用地取得时，维持原有土地的农村集体所有权性质不变，农村建设用地就可以直接入市。政府只需在科学做出并严格执行城乡统筹的土地规划和年度利用计划后，为这种农村建设用地指标的直接交易提供政策引导、信息服务及法律保护。这样，无论是转用后的建设用地还是农业用地，都依然归原土地集体所有者所有，而农地转用后的级差地租等增值部分都能在农村之间进行市场化配置，从而保证农村在更大程度上分享工业化和城市化带来的土地增值收益。①

总之，农村建设土地储备机构的角色是政府委托下的农村建设用

---

① 蔡继明：《农村集体建设用地流转的主体和利益分配》，《学习论坛》2010 年第 7 期。

地流转交易的宏观调控者、信息发布者和交易纠纷的行政调处者，成为交易中介服务机构和纠纷处理机构。

第三节　完善土地用途管制制度

土地用途管制就是国家为保证土地资源的合理利用，依法划定土地用途分区，确定土地使用限制条件，实行用途变更许可的一项强制性管理制度。①《土地管理法》第四条规定："国家实行土地用途管制制度。"用途管制是我国最严格土地管理制度的核心，主要手段为农地转用审批和征地审批，以保护耕地资源，控制建设用地总量，提高土地利用效率。在农村建设用地流转宏观调控中，用途管制主要着力点在于耕地保护和用地用途管制。

一　加强耕地保护制度

农村建设用地是农村土地的一个重要组成部分，农村建设用地流转数量多少取决于需求量，更取决于农业用地特别是粮食用地的多少。因此，我们不能就农村建设用地讨论其调控问题，而应该立足农村土地的整体性讨论。农村建设用地流转，是以18亿亩耕地保护特别是以基本农田保护为前提。

（一）完善农用地转用制度

对农村建设用地流转进行总量控制，关键在于严格限制农用地转为建设用地，对耕地实行特殊保护。耕地保护措施包括耕地占用补偿制度、农用地转用审批制度和基本农田保护制度。《土地管理法》第三十一条规定："国家实行占用耕地补偿制度。"如果经批准要占用农地进行非农建设的，要"按照'占多少，垦多少'的原则"，由占地者负责开垦与被占耕地的数量和质量相同的耕地。耕地占用补偿制度的执行，目的在于确保耕地总量不减少，实现耕地总量动态平衡。但耕地占补平衡在农村根本无法兑现。尽管《土地管理法》第四十四条

---

① 戴双兴、李建建：《建立城乡统一的建设用地市场前提、步骤及保障》，《中国特色社会主义研究》2014年第5期。

规定："建设占用土地，涉及农用地转为建设用地的，应当办理农用地转用审批手续。"即便是农村集体占用农地举办企业、进行公共设施建设抑或村民兴建住宅，也要"按照村庄和集镇规划，合理布局，综合开发，配套建设"，更要"符合乡（镇）土地利用总体规划和土地利用年度计划，并依照本法第四十四条、第六十条、第六十一条、第六十二条的规定办理审批手续。"（第五十九条）但允许集体建设用地流转后，大部分农地转为建设用地无须征收（用），农业用地非农化只能通过转用审批进行控制，对用途管制的控制力可能减弱。即使在原有的农村建设用地转用审批方面，广大农村没有认真严格编制土地利用总体规划和土地利用年度计划，所谓土地用途管制在农村就形同虚设，农村集体内部占用耕地进行非农生产更不需要办理审批手续了。

严格限制农用地转为建设用地，约束违法占地是保护耕地的应有之义。否则，将会有越来越多的农用地被用于非农建设，比如用于宅基地建房。对于农民集体和农民的违法占地建房，并可能有后续的房屋交易和宅基地流转，按照《土地管理法》第七十三条的规定，凡是不按土地利用总体规划且擅自将农业用地转用建设用地者，应"限期拆除在非法转让的土地上新建的建筑物和其他设施"，并恢复土地原状。由于法律规定太过于严厉，以至于在实践中演化为罚款、补办手续，因为稳定在地方政府看来比"一刀切"的法律更为重要。

为了限制农用地擅自转为建设用地，本书认为，应采用经济手段为主，法律手段为辅，约束农民集体违法占地用于建房及其他非农生产。一是健全机构设置，完善人员配备。按照《土地管理法》规定，土地管理机构由人民政府设置，共分为四级：国务院土地行政主管部门，省级土地行政管理部门，地（市）级土地行政管理部门，县（区）土地行政管理部门。至于乡镇人民政府，必须履行土地管理职责，但法律又没有明确规定设置专门的土地管理机构。随着农村建设用地流转趋势日益明显，国家征地数量将趋于减少，使原本由上级机关审批的占地项目，变为由下级机关审批，这使得用途管制审批的管理层级下降。乡镇级乃至于村级土地管理压力将逐步增强，从法律层面明确规定设置乡镇级土地管理机构，应该是一个必要选择，同时，在村社常驻乡镇土地管理机构下派人员也可以进行尝试。① 二是厘清"一户一宅"的内涵本质。针对"一户只能申请一宅"或者"一户只能拥有一宅"的争论，我们可以这样界定，只有符合申请资格、分户标准、申请条件的村民才能申请一处宅基地，村民合法的"一户多宅"应该受到法律保障。三是对于村民违法占地要及时发现，及早制止。对于村民违法建成的住宅，应该控制"一户多宅"，控制超面积占地建房。对于建成的住宅应视具体情况采用不同方法处理：符合资格和规划的，少量罚款并补办手续；不符合资格但符合规划的，由土地储备中心按照修房成本收购；不符合规划的，没收房屋交给土地储备中心，责成村民复垦同等面积和质量的土地后，再对符合资格村民处以罚款并返还房屋。对于超面积修房但符合资格和规划的，应按照超面积处以罚款或者征收土地资源税等。四是对于农村集体经济组织违法占地建房包括商品房的，同样要及早发现和制止。总之，无论是村民还是村干部，非法占地进行住房建设等，数量较大，造成大量毁坏的，真正做到"可以并处罚款；构成犯罪的，依法追究刑事责任。"（第七十四条）五是完善宅基地使用审批流程，按照《关于促进农业稳定发展农民持续增收推动城乡统筹发展的若干意见》精神，"在村或村民小组内部建立和完善宅基地'两图一表'制度"，"在村民公开监督下，公示宅基地申请和审批结果，公平分配宅基地。"

（二）完善基本农田保护制度

《土地管理法》第三十四条做了"国家实行基本农田保护制度"的规定，结合《基本农田保护条例》，以省、自治区、直辖市为单位，划定的基本农田保护区应当占本行政区域内耕地的80%以上。国家严格控制基本农田的占用，除能源、交通和水利等国家重点建设项目选址必须占用外，其他项目一律不能占用；上收征地审批权限，征用基本农田的，一律由国务院批准。在实践中，有的地方将鱼塘、河滩等规划为基本农田范围，出现了基本农田"上山下水"的现象，一些地方政府甚至直接在账面上编制耕地动态总量平衡，出现非农建设用地和基本农田同时增加的现象。

---

① 吴远来：《农村宅基地产权制度研究》，湖南人民出版社2010年版，第192页。

本书认为，可以从以下几个方面完善基本农田保护制度。

第一，科学规划基本农田结构。按照《关于促进农业稳定发展农民持续增收推动城乡统筹发展的若干意见》精神，将基本农田分为两个层次：第一层次为永久保护基本农田，要"落实到地块和农户"，"设立统一保护标志，建立公开查询系统，接受社会监督。"第二层次为基本农田整备区，加大区内土地整治人力、物力、财力投入，"引导建设用地等其他地类逐步退出，将零星分散的基本农田集中布局，形成连片的、高标准粮棉油生产基地。"

第二，将涉及基本农田规划调整的审批权上收至国务院或者省、自治区、直辖市。[①] 为限制地方政府随意调整规划的行为，可在立法上将规划编制审批权和规划调整审批权分开，规划编制审批权可维持现行体制不变，规划调整审批权上收以保证规划实施的严肃性。

第三，提高耕地利用的比较利益，增加基本农田保护区的整体收入和政府收入。[②] 按照现代产权理论，当私人价值小于社会价值时，对资源的滥用和组织耗散将不可避免，我们应该有效提高农民耕地价值，使私人价值等于社会价值：一是对基本农田保护实施分级管理模式，将基本农田分为中央和地方两个部分，中央在种粮大省建立国家级基本农田保护区，由中央政府直接管理和实施各类补贴。对产粮大县采取省管县方式，由省级政府进行管理和实施补贴等。二是落实官员的基本农田保护责任，对产量省和县官员政绩主要以粮食产量等指标进行考核。三是建立基本农田保护基金。根据成本和利益共享原则，各大城市和非产粮重点而经济发达的区域，应该承担起保护基本农田的责任，按照一定方式确定各自应该承担的责任，以此建立起基本农田保护基金。

二　完善农村建设用地用途管制制度

在农村建设用地流转中加强土地利用管制，明确建设用地用途，是防止土地利用负外部性发生的主动措施，是国家用以解决"市场失

---

① 李龙浩：《土地问题的制度分析》，地质出版社 2007 年版，第 250 页。

② 张曙光：《博弈：地权的细分、实施和保护》，社会科学文献出版社 2011 年版，第 132—133 页。

灵"问题和保障国家目标实现的宏观调控手段。依法取得的农村建设用地用于流转后，可以用于工业、商业、旅游业、服务业等经营性项目。原则上禁止使用农村建设用地用于商品房开发，但对于目前已经广泛存在的"小产权房"问题，需要在完善相关配套措施的基础上，逐步予以解决。①

（一）加强农村建设用地利用全过程管制

在农村建设用地流转前及流转中，应以区域土地利用总体规划为依据，就该宗建设用地利用计划进行登记和管控，通过土地登记、土地监察、建筑许可等，使土地流转满足土地利用规划和适应社会经济发展等。在农村建设用地流转后的使用过程中，应强化土地利用程度管制，即按照建设用地的规划用途和用地具体状况设定土地利用程度指标，以促进土地利用效率的提高，实现建设用地利用的社会、经济、生态效益的最大化。② 另外，应实现农村建设用地用途管制的动态管理。土地用途分区制度虽然对于保护耕地、实现区域协调起到了极大效果，但由于其重在静态管理，对规划时间内的变化情况缺少应变性，难以实现与经济发展协调匹配。故而，应处理好用途管制"刚性"和"柔性"的辩证关系。

（二）协调好各级土地用途管制的关系

应处理好宏观管制、中观管制和微观管制之间的关系。一般来说，国家和省级的土地利用总体规划属宏观指导型规划，市级土地利用总体规划属于中观控制型规划，县、乡（镇）级的土地利用总体规划属微观实施型规划。③ 农村建设用地用途规划属于微观实施规划范畴，其利用就需要坚持宏观指导型规划和中观控制型规划的管制。

---

① 中国社会科学院农村发展研究所研究员党国英指出："如果小产权房不转正，那也不一定要拆除，转正的方式是多种多样的。如果确实危害了公共利益，确实不符合政府的规划，要拆小产权房，首先要注意保护弱者的利益，要有一种机制对买房的人进行补偿，而且要让集体承担责任，在这个前提下可以考虑拆除，而且这种情况应该是比较少的。"（http://news.wehefei.com/html/201311/2692266908.html。）

② 袁枫朝、严金明、燕新程：《管理视角下我国土地用途管制缺陷及对策》，《广西社会科学》2008年第11期。

③ 同上。

(三) 创新土地用途管制技术

一方面，要利用现代科学技术，以地理信息系统作为土地用途管制的技术平台，建立县级、乡镇级、村组级土地用途管制数据库。该数据库主要管理各宗地的规划信息，包括用途、容积率、单位面积投入和产出等管制条件。① 另一方面，创造性利用古人智慧。在成都统筹城乡产权改革实验中，农村土地确权颁证是一个基础工作。为了厘清农村土地、房屋财产关系，成都部分地区以现代高科技为载体，对古代鱼鳞图进行"升级"，首创了"电子版鱼鳞图"，使土地档案进化到一个新的阶段。由于传统人工测绘成本大且准确度不高，在确权中，成都采用了现代技术，利用视频图像感知边界，在卫星图片上自动勾勒边界，如有不太准确的地方再由人工调整。在测绘图得到村民认可后，由村民确认自己的地块，签字并捺手印，再将他们的土地、房产信息转化成数字格式，详细录入系统。由于视频图像的自动传感功能，每块土地都有一个专属的"身份证号"，对应着国土档案中的"地籍号"。这样，既做到了确实维护农民权益——因为农民只要一看"鱼鳞图"就都明白自己的土地、房产、坐落、形状等信息，又促进了土地管理的规范化——"鱼鳞图"上清晰地显示着各地块的信息，农用地、宅基地、林地、土地流转情况、土地面积、经营期限等。②

第四节 加强农村建设用地价格及收益分配调控

一 加强农村建设用地流转价格调控

由于农村建设用地流转主体众多，尤其是在法律法规不健全的情况下，要么农村集体之间竞相竞争压价，要么用地者基于信息优势随意定价，导致农村建设用地流转价格偏低，造成土地收益流失。政府

---

① 袁枫朝、严金明、燕新程：《管理视角下我国土地用途管制缺陷及对策》，《广西社会科学》2008 年第 11 期。

② 黎丽：《成都首创现代版土地"鱼鳞图"》，《四川档案》2011 年第 4 期。

应加强农村建设用地价格调控,避免农村建设用地的低价流转,促进土地以合理地价规范有序运行。为此,政府应做到以下四个方面。

第一,减少对农村建设用地流转的限制,避免因为不合理限制导致土地"隐性"交易,从而使土地流转价格低于正常水平。

第二,实行最低交易价格限制,定期公布集体建设用地基准地价。比如,《成都市集体建设用地使用权流转管理办法(试行)》第三十一条规定:"区(市)县人民政府应当制定并公布集体建设用地基准地价和集体建设用地使用权流转最低保护价,并根据城镇发展和土地市场状况,对基准地价和最低保护价适时调整。"第三十二条规定:"集体建设用地使用权流转价格不得低于政府公布的该区域的集体建设用地使用权流转最低保护价。"

第三,加快农村土地评估机构的建设。土地价格评估不仅是征税和土地融资的依据,也是确定农村建设用地基准地价和流转最低保护价的前提。由于农村土地市场分散性大,交易次数少,而我国土地评估机构主要集中在城市土地评估业务范围内,因此,加强农村土地评估机构的建设也是不可或缺的重要环节。

第四,引导主体选择适宜的土地流转方式。目前对选择农村建设用地出让制还是年租制存在争议。应该说两者各有利弊,出让制优点在于可以提前一次性收取租期内的地租,交易成本低,但缺点在于难以及时获取土地增值收益。年租制优缺点和出让制形成互补关系。对农村建设用地流转,可以考虑以出让制为主,以年租制为补充,并在年租制的实施中逐步积累经验,并逐步向年租制为主体过渡。

二 加强农村建设用地收益分配调控

土地流转收益分配制度是农村建设用地流转中的关键问题,农村建设用地流转收益分配和分割应坚持公平与效率兼顾的原则。政府应加强农村建设用地收益分配方面的调控。

(一)建立产业补偿和地区平衡机制

实现农村建设用地流转的区域,其工业化、城镇化发展机会多于其他地区,应建立土地收益的地区平衡机制,在相关土地流转收益中应提取一定比例建立专项基金,用于补偿农业地区、生态保护区和工业控制类地区等。

(二) 完善政府和农村集体之间合理的土地收益分配机制

地方政府作为服务者和基础设施投资者，应当直接参与土地流转收益分配。《成都市集体建设用地使用权流转管理办法（试行）》第三十三条规定："集体建设用地使用权初次流转收益大部分归集体经济组织所有，县、乡政府可按一定比例，从流转收益中提取为城乡统筹配套建设的资金，用于农业农村发展，具体比例由区（市）县研究确定。"但是，规定过于抽象和模糊，以至于实际的收益分配过程充满了矛盾和博弈。因此，国家应该在广泛调研的基础上，结合国有土地出让收益分配的经验教训，出台关于收益分配的指导性文件等。

(三) 引导农村集体和农民之间实现土地收益的合理分配

一方面，应规范农村建设用地收益分配的民主决策程序，引导农村科学制订收益分配方案和妥善执行相关方案。另一方面，强化农村集体将所得的土地收益实行专款专用，倡导建立专项存储制度。农村建设用地出让收益实际上是未来几十年的地租资本化形态，农村集体或农户当期获得收入实际是让渡未来土地使用权的收益。可以考虑从出让价款中预留一部分资金以保证农村集体的持续发展。比如，金陵二组的亩均 16 万元的纯收益中，30% 用于集体办实业，70% 用于向农民现金支付。现金一次性兑现到农民手中，如果不善经营和筹划，他们有花光吃光的风险，这就不利于农村集体的可持续发展。本书设想从土地收益中拿出 30% 的比例，建立本组的土地收益基金，就好比商品房的维修基金，存入专门账户，可以购买国债或者一定比例进行保守投资以获取货币的时间收益。如果农村集体需要有重大的支付事项，经由组员代表大会表决通过方能使用这笔经费。这样，通过建立土地收益基金，可以遏制部分农村集体片面追求土地收益的短期行为，建立良性的土地收益管理机制，既有 30% 比重的土地收益用于实业投资直接分享经济建设的成果，也有 30% 比重的收益用于托底，剩下的 40% 交由农户自己支配。

三　对农村建设用地流转合理征税

为实现社会主义公平正义，国家可以根据地区经济发展水平、自然资源禀赋等因素，针对农村建设用地进行合理征税，通过对农村建设用地流转收益进行调节与再分配，实现区域间福利分配相对公平。

（一）调整完善土地税收制度

对于农村建设用地来说，如在保有环节课征较高税率而在转让环节课征低税，既能发挥税收调节作用，又不妨碍农村建设用地市场发展。为此，一是简并税种，合并房产税和土地使用税，按照土地用途和容积率等实行差别征税；二是调整税率，降低土地增值税税率，提高耕地占用税率。①

（二）加强农村建设用地流转征税

土地税收是地方政府作为管理者参与农村建设用地流转收益分配的另一种形式，也是具有调控功能的经济杠杆。当前在农村区域，相关税收杠杆主要对农用地部分，对建设用地流转过程中的收益分配未能涉及，其对于农村建设用地流转行为和收益分配不能起到应有的调节作用。为了规范各级政府对于农村建设用地流转收益的分享，调节土地流转过程中的土地流转和增值收益，以及流转过程中可能出现的外部性问题，当前特别需要增加对于农村建设用地流转行为的税收手段。这样，通过进行合理的税收调节，一方面控制农村建设用地流转市场的发展方向；另一方面为政府参与流转收益的分配提供了重要途径。

---

① 张立彦：《中国政府土地收益制度研究》，中国财政经济出版社2010年版，第184—185页。

参考文献

1. 马克思：《资本论》，人民出版社 1975 年版。
2. 马克思：《剩余价值学说史》，人民出版社 1975 年版。
3. 《马克思恩格斯选集》，人民出版社 2012 年版。
4. 《列宁全集》，人民出版社 1984 年版。
5. 北京大学国家发展研究院综合课题组：《还权赋能：奠定长期发展的可靠基础》，北京大学出版社 2010 年版。
6. 毕宝德：《土地经济学》第 4 版，中国人民大学出版社 2003 年版。
7. 蔡昉：《土地所有制：农村经济第二步改革的中心》，《中国农村经济》1987 年第 1 期。
8. 蔡继明：《农村集体建设用地流转的主体和利益分配》，《学习论坛》2010 年第 7 期。
9. 常绍舜：《系统科学方法概论》，中国政法大学出版社 2004 年版。
10. 陈利根：《集体建设用地流转制度的法经济学分析》，《经济体制改革》2006 年第 4 期。
11. 陈利根：《集体建设用地使用权制度：考察、评价及重构》，《国土资源》2008 年第 7 期。
12. 陈家泽：《产权对价与资本形成：中国农村土地产权改革的理论逻辑与制度创新》，《清华大学学报》（哲学社会科学版）2011 年第 4 期。
13. 陈甦：《土地承包经营权物权化与农地使用权制度的确立》，《中国法学》1995 年第 3 期。
14. 程世勇：《城乡建设用地流转：体制内与体制外模式比较》，《社会科学》2010 年第 6 期。
15. 程世勇：《城市化进程中的农村建设用地：城乡要素组合与财富

分配结构的优化》，经济科学出版社 2012 年版。
16. 陈银蓉：《集体建设用地流转的制度经济学解析》，《经济论坛》2008 年第 2 期。
17. 陈曦、邱建军：《打破土地腐败的"魔咒"》，《中国监察报》2013 年 6 月 14 日。
18. 陈煜红：《重庆城市建设用地合理供应规模研究》，博士学位论文，重庆大学，2009 年。
19. 陈志刚：《试论土地增值与土地用途管制》，《国土经济》2002 年第 4 期。
20. 陈志刚、曲福田：《农地产权制度变迁的绩效分析——对转型期中国农地制度多样化创新的解释》，《中国农村观察》2003 年第 1 期。
21. 崔建华：《社会主义市场经济》，经济科学出版社 2004 年版。
22. 戴德军：《城乡统筹语境下建立农村集体建设用地流转制度论纲》，《河南社会科学》2008 年第 9 期。
23. 戴双兴、李建建：《建立城乡统一的建设用地市场前提、步骤及保障》，《中国特色社会主义研究》2014 年第 5 期。
24. 邓自茗：《成都市农村土地制度改革研究——基于都江堰天马镇调研》，研究报告，2011 年 6 月 1 日。
25. 丁关良、周菊香：《对完善农村集体土地所有权制度的法律思考》，《中国农村经济》2000 年第 11 期。
26. 丁火平：《集体非农建设用地流转管制制度研究》，硕士学位论文，南京农业大学，2007 年。
27. 董辅礽：《中华人民共和国经济史》，经济科学出版社 1999 年版。
28. 段占朝：《"裸体"交易：农村集体经营性建设用地使用权流转的冰点》，《调研世界》2008 年第 5 期。
29. 范恒山：《土地政策与宏观调控》，经济科学出版社 2010 年版。
30. 方湖柳：《新农村建设中要加快非农建设用地制度改革》，《兰州学刊》2006 年第 8 期。
31. 房绍坤：《农村集体经营性建设用地入市的几个法律问题》，《烟台大学学报》（哲学社会科学版）2015 年第 3 期。

32. 冯果、陈国进：《集体建设用地使用权流转之客体研究》，《武汉大学学报》（哲学社会科学学报）2013年第6期。
33. 高静、唐建、贺昌政：《试论重构城镇化进程中农地转非的土地增值分配机制》，《城市发展研究》2011年第2期。
34. 高圣平：《建设用地使用权设立规则》，《中国土地》2009年第11期。
35. 高铁梅：《计量经济分析方法与建模》，清华大学出版社2009年版。
36. 管清友：《制度悖论、无组织状态和政治危机——再论农村土地"流转"的政治经济学》，《上海经济研究》2005年第2期。
37. 关锐捷：《新时期发展壮大农村集体经济组织的实践与探索》，《毛泽东邓小平理论研究》2011年第5期。
38. 国家土地督察成都局调研组：《让"挂钩"发挥更好的效应》，《中国土地》2010年第9期。
39. 谷宗谦：《论我国集体建设用地流转制度及其完善》，硕士学位论文，安徽大学，2007年。
40. 国家土地督察成都局课题组：《重庆市和成都市全国统筹城乡综合配套改革试验区土地制度创新调研报告：探索科学发展之路——西南地区土地管理热点问题调研》，中国大地出版社2008年版。
41. 国家发改委城市和小城镇改革发展中心：《从实践中寻找答案——对四川省都江堰市天马镇金陵村二组村民自发整理和拍卖集体建设用地的调研》，《中国土地》2011年第11期。
42. 郭罕卓：《农地制度安排与村民集体行动》，《财经研究》2009年第5期。
43. 郭清根：《"小产权房"现象中政府职能缺失和处置对策》，《河南社会科学》2008年第9期。
44. 郭文华：《中国城镇化过程中的建设用地评价指数探讨》，《资源科学》2005年第5期。
45. 韩松：《论农村集体经营性建设用地使用权》，《苏州大学学报》2014年第3期。

46. 贺瑜：《建设用地区域配置的帕累托改进》，《国土资源科技管理》2008年第5期。
47. 胡存智：《从产权制度设计和流转管理推进集体建设用地改革》，《国土资源导刊》2009年第3期。
48. 胡乐明：《新制度经济学》，中国经济出版社2009年版。
49. 黄庆杰：《农村集体建设用地流转的现状、问题与对策》，《中国农村经济》2007年第1期。
50. 黄姗：《集体建设用地使用权流转问题研究》，硕士学位论文，华侨大学，2007年。
51. 黄少安：《产权经济学导论》，经济科学出版社2004年版。
52. 黄小虎：《新时期中国土地管理研究》，当代中国出版社2006年版。
53. 黄子耘：《从法律视角看农村土地的流转》，《安徽农业科学》2011年第19期。
54. 季雪：《"小产权房"的问题、成因及对策建议》，《中央财经大学学报》2009年第7期。
55. 康雄华：《农村集体土地产权制度与土地使用权流转研究》，博士学位论文，华中农业大学，2006年。
56. 孔祥俊：《民商法新问题与判解研究》，人民法院出版社1998年版。
57. 李秉濬：《土地经济理论的核心是地租理论》，《中国土地科学》1995年第6期。
58. 李军杰：《土地调控需要制度改革》，《瞭望》2007年第5期。
59. 黎孔清、陈银蓉：《农村集体建设用地流转中政府职能定位与路径选择》，"中国特色社会主义行政管理体制"研讨会暨中国行政管理学会第20届年会论文，北京，2010年7月。
60. 黎丽：《成都首创现代版土地"鱼鳞图"》，《四川档案》2011年第4期。
61. 李龙浩：《土地问题的制度分析》，地质出版社2007年版。
62. 李平：《我国西部地区农村工业发展研究》，博士学位论文，西北农林科技大学，2007年。

63. 李新、王敏晰：《高新技术开发区主导产业的内涵》，《科技进步与对策》2008年第5期。
64. 李延荣：《集体建设用地流转要分清主客体》，《中国土地》2006年第2期。
65. 李元：《保护农民的土地财产权》，《中国土地》2001年第3期。
66. 梁上上：《利益的层次结构与利益衡量的展开》，《法学研究》2002年第1期。
67. 廖洪乐：《农村改革试验区的土地制度建设试验》，《管理世界》1998年第2期。
68. 廖洪乐：《我国农村土地集体所有制的稳定与完善》，《管理世界》2007年第11期。
69. 缪建平：《中外学者论农村》，华夏出版社1994年版。
70. 林毅夫：《制度、技术与中国农业发展》，上海人民出版社1992年版。
71. 林木西：《工业化的"二元结构"与农村工业化的发展》，《当代经济研究》2003年第7期。
72. 刘承韪：《产权与政治：中国农村土地制度变迁研究》，法律出版社2012年版。
73. 刘丽、张迎新：《集体建设用地流转中政府定位不明、职能不清的原因分析》，《国土资源情报》2003年第11期。
74. 刘露军：《土地招拍挂与竞买》，清华大学出版社2008年版。
75. 刘润秋：《农村集体建设用地流转地权的激励模式》，《财经研究》2011年第2期。
76. 刘胜华：《土地管理概论》，武汉大学出版社2005年版。
77. 刘守英：《政府垄断土地一级市场真的一本万利吗》，《中国改革》2005年第7期。
78. 刘守英：《集体土地资本化与农村城市化——郑各庄高速成长的秘密》，《中国制度变迁的案例研究》土地卷，中国财政经济出版社2011年版。
79. 刘永湘：《中国农村土地产权制度创新》，博士学位论文，四川大学，2003年。

80. 龙开胜:《农村集体建设用地流转的再思考》,《国土资源》2009年第1期。
81. 卢吉勇、陈利根:《集体非农建设用地流转的主体与收益分配》,《中国土地》2002年第5期。
82. 卢吉勇:《农村集体非农建设用地流转创新研究》,硕士学位论文,南京农业大学,2003年。
83. 卢现祥:《西方新制度经济学》,中国发展出版社2007年版。
84. 陆学艺:《当代中国社会流动》,社会科学文献出版社2004年版。
85. 罗必良:《新制度经济学》,山西经济出版社2005年版。
86. 吕萍:《城乡经济一体化中集体土地流转问题研究》,《中国农业资源与区划》2003年第4期。
87. 马凯、梁流涛:《中国集体非农建设用地市场演化的逻辑》,《农村经济》2009年第3期。
88. 马世领、邹锡兰:《广东农地:新中国第四次土地流转改革》,《中国经济周刊》2005年9月30日。
89. 苗东升:《系统科学精要》,中国人民大学出版社1998年版。
90. 潘永强:《正确认识级差地租量的规定及其变动趋势论》,《理论前沿》2009年第22期。
91. 秦大忠:《"集体所有和农户承包经营"制度下农地的权利构造分析》,《山东大学学报》2009年第1期。
92. 秦晖:《关于地权的真问题:评无地则反说》,《经济观察报》2006年8月21日。
93. 钱学森:《论系统工程》,湖南科学技术出版社1982年版。
94. 钱忠好:《中国农村土地制度变迁和创新研究》,中国农业出版社1999年版。
95. 钱忠好:《中国农地保护的理论与政策分析》,《管理世界》2004年第10期。
96. 钱忠好:《我国城乡非农建设用地市场:垄断、分割与整合》,《管理世界》2007年第6期。
97. 申静、王汉生:《集体产权在中国乡村生活中的实践逻辑——社会学视角下的产权建构过程》,《社会学研究》2005年第1期。

98. 盛洪:《关于中国市场化改革的过渡过程的研究》,《经济研究》1996 年第 1 期。

99. 施建刚等:《农村集体建设用地流转模式研究——以上海试点为例》,同济大学出版社 2014 年版。

100. 石小石、白中科:《集体经营性建设用地入市收益分配研究》,《中国土地》2016 年第 1 期。

101. 宋才发、马国辉:《农村宅基地和集体建设用地使用权确权登记的法律问题探讨》,《河北法学》2015 年第 3 期。

102. 谭术魁:《城市国有土地资产运营的若干问题》,《中国房地产》2002 年第 10 期。

103. 谭峥嵘:《征地冲突与征地制度的完善》,《求实》2011 年第 1 期。

104. 田莉:《土地有偿使用改革与中国的城市发展》,《中国土地科学》2004 年第 12 期。

105. 田莉:《有偿使用制度下的土地增值与城市发展》,中国建筑工业出版社 2008 年版。

106. 田中文:《完善集体土地产权规范集体建设用地流转》,《资源与人居环境》2007 年第 2 期。

107. 万江:《政府主导下的集体建设用地流转:从理想回归现实》,《现代法学》2010 年第 3 期。

108. 王贝:《我国小产权房问题的由来与本质》,《四川经济管理学院学报》2009 年第 4 期。

109. 王贝:《集体建设用地流转的系统性分析》,《商业时代》2010 年第 8 期。

110. 王贝:《我国经济增长和建设用地关系的实证研究》,《学术探索》2011 年第 2 期。

111. 王贝:《中国集体建设用地产权制度的现状及演进》,《中国农学通报》2011 年第 27 期。

112. 王贝:《农村集体建设用地流转中的地方政府行为研究》,《农业经济》2013 年第 3 期。

113. 王贝、衡霞:《我国农村集体建设用地绝对地租研究》,《求索》

2011年第11期。

114. 王贝：《农村集体建设用地地租地价与收益分配研究》，《经济体制改革》2014年第5期。

115. 王克强等：《土地经济学》，上海财经大学出版社2005年版。

116. 王筛妮：《农民集体所有建设用地流转产权制度研究》，硕士学位论文，长安大学，2005年。

117. 王守军：《重庆地票交易机制研究》，博士学位论文，四川大学，2010年。

118. 王卫国：《中国土地权利研究》，中国政法大学出版社1997年版。

119. 王文：《集体建设用地使用权流转与收益分配相关法规及政策研析》，《首都经济与贸易大学学报》2009年第5期。

120. 王小映：《政府利益与集体建设用地入市流转制度构建》，《广西农学报》2008年第6期。

121. 王延强：《基于农民权益保护的宅基地权益分析》，《农村经济》2008年第3期。

122. 王佑辉：《集体建设用地流转制度体系研究》，博士学位论文，华中农业大学，2009年。

123. 汪彤：《论中国体制转轨进程中政府行为目标的逻辑演进》，《江苏社会科学》2008年第4期。

124. 魏宏森、曾国屏：《系统论的基本规律》，《自然辩证法研究》1995年第4期。

125. 温世扬：《集体所有土地诸物权形态剖析》，《法制与社会发展》1999年第2期。

126. 吴玲：《新中国农地产权制度变迁研究》，博士学位论文，东北林业大学，2005年。

127. 吴宣恭：《产权理论比较——马克思主义与西方现代产权学派》，经济科学出版社2000年版。

128. 吴义茂：《建设用地挂钩指标交易的困境与规划建设用地流转》，《中国土地科学》2010年第9期。

129. 吴郁玲、周勇：《我国城市土地市场均衡与土地集约利用》，《经济地理》2009 年第 9 期。
130. 吴越：《地方政府在农村土地流转中的角色、问题及法律规制——成都、重庆统筹城乡综合配套改革试验区实证研究》，《甘肃社会科学》2009 年第 2 期。
131. 吴越：《从农民角度解读农村土地权属制度变革》，《河北法学》2009 年第 2 期。
132. 吴远来：《农村宅基地产权制度研究》，湖南人民出版社 2010 年版。
133. 项继权、储鑫：《农村集体建设用地平等入市的多重风险及其对策》，《江西社会科学》2014 年第 2 期。
134. 肖华：《农宅入市，为谁松闸？》，《南方周末》2007 年 3 月 29 日。
135. 肖云：《发展我国农村建设用地市场的构想》，《天府新论》2010 年第 5 期。
136. 许海燕等：《利益博弈视角下小产权房的经济学思考》《经济体制改革》2008 年第 5 期。
137. 徐汉明：《中国农民土地持有产权制度新论》，社会科学文献出版社 2009 年版。
138. 胥会云：《土地收益两成输血农田水利，地方财政所剩几何》，《第一财经日报》2012 年 7 月 12 日。
139. 徐万刚：《构建城乡统一建设用地市场——基于"小产权房"乱象的透析视角》，《社会科学家》2010 年第 2 期。
140. 严金明：《基于城乡统筹发展的土地管理制度改革创新模式评析与政策选择》，《中国软科学》2011 年第 7 期。
141. 杨春福：《利益多元化与公民权利保护论纲》，《南京社会科学》2008 年第 3 期。
142. 杨继瑞：《中国农村集体土地制度的创新》，《学术月刊》2010 年第 2 期。
143. 杨继瑞：《中国城市地价论》，四川大学出版社 1996 年版。
144. 杨继瑞：《绝对地租产生原因、来源与价值构成实体的探讨》，《当代经济研究》2011 年第 2 期。

145. 杨学成：《绝对地租来源与形成新解》，《当代经济研究》1996年第5期。

146. 杨雅婷：《农村集体经营性建设用地流转收益分配机制的法经济学分析》，《西北农林科技大学学报》（社会科学版）2015年第2期。

147. 杨勇：《集体建设用地价格形成机制研究》，硕士学位论文，四川大学，2006年。

148. 姚江波：《小产权房面临生死劫》，《腾讯财经》2012年2月13日。

149. 姚洋：《制度与效率：与诺斯对话》，四川人民出版社2002年版。

150. 尹峰：《建设用地、资本产出比率与经济增长》，《世界经济文汇》2008年第2期。

151. 于静涛：《关于城郊经济发展中级差地租的几个问题》，《税务研究》2004年第6期。

152. 余敏江：《政府利益·公共利益·公共管理》，《求索》2006年第1期。

153. 余瑞祥：《级差地租论——对马克思地租理论的新说明》，《经济评论》1999年第3期。

154. 袁超：《中国农地制度创新》，《农业经济问题》2000年第11期。

155. 袁峰：《制度变迁与稳定——中国经济转型中稳定问题的制度对策研究》，复旦大学出版社1999年版。

156. 袁枫朝、严金明、燕新程：《管理视角下我国土地用途管制缺陷及对策》，《广西社会科学》2008年第11期。

157. 袁林：《国家与产权：农村土地制度变迁的绩效分析》，《经济与管理》2008年第3期。

158. 袁绪亚：《土地所有权——我国土地资产运行的主轴》，《河南师范大学学报》1996年第1期。

159. 岳晓武：《积极探索，规范集体建设用地流转》，第十三个全国"土地日"论坛，2013年7月11日。

160. 张安录：《城乡生态交错区农地城市流转的机制与制度创新》，《中国农村经济》1999 年第 7 期。

161. 张洪松：《两种集体建设用地使用权流转模式的比较分析》，《理论与改革》2010 年第 5 期。

162. 张建军：《成都锦江农村集体土地流转的主要做法及启示》，《中国国土资源经济》2010 年第 6 期。

163. 张建仁：《农村集体建设用地使用权流转的再思考》，《理论月刊》2007 年第 8 期。

164. 张磊、刘新、王娜：《农地发展权与农村土地资源保护》，《农村经济》2007 年第 8 期。

165. 张立彦：《中国政府土地收益制度研究》，中国财政经济出版社 2010 年版。

166. 张梦琳：《农村集体建设用地流转：绩效分析及政策选择》，《国土资源》2008 年第 11 期。

167. 张梦琳：《农村集体建设用地流转对资源配置的影响评析》，《中国人口·资源与环境》2011 年第 6 期。

168. 张梦琳：《集体建设用地流转与资源配置关系的系统分析》，《国土资源科技管理》2012 年第 1 期。

169. 张强：《论发达地区农村工业化模式转型与集体建设用地流转问题》，《农村经济》2007 年第 3 期。

170. 张曙光：《博弈：地权的细分、实施和保护》，社会科学文献出版社 2011 年版。

171. 张伟伟：《农村集体建设用地流转的动因初探》，《中国农学通报》2007 年第 13 期。

172. 张译之、刘思梦：《村集体建设用地入市调查报告——以四川省都江堰市天马镇金陵村为样本》，《中国集体经济》2015 年第 22 期。

173. 张占耕：《农村建设用地的产权特征和实现路径》，《中州学刊》2014 年第 1 期。

174. 张志强：《关于农村集体建设用地直接入市问题的思考》，《中国发展》2008 年第 9 期。

175. 折晓叶、陈婴婴：《产权怎样界定?》，《社会学研究》2005年第4期。
176. 郑有贵：《村社区性集体经济组织是否冠名合作社》，《管理世界》2003年第5期。
177. 周诚：《正确理解马克思关于土地构成的观点》，《中国土地科学》1996年第7期。
178. 周建春：《关于农村集体非农建设用地流转的思考》，《国土资源科技管理》2002年第5期。
179. 周建春：《集体非农建设用地流转的法制建设》，《中国土地》2003年第6期。
180. 周近：《"天马模式"背后的集体智慧》，《四川党的建设》（农村版）2011年第5期。
181. 周立群、张红星：《从农地到市地：地租性质、来源及演变》，《经济学家》2010年第12期。
182. 周其仁：《中国农村改革：国家和所有权关系的变化（上）——一个经济制度变迁史的回顾》，《管理世界》1995年第3期。
183. 周其仁：《农地征用垄断不经济》，《中国改革》2001年第12期。
184. 邹玉川：《当代中国土地管理》，当代中国出版社1998年版。
185. 诸惠伟：《基于土地视角的乡镇企业布局研究》，硕士学位论文，浙江大学，2006年。
186. 朱木斌：《外部利润、制度环境与集体建设用地流转制度创新》，《农业经济》2008年第6期。
187. 朱秋霞：《中国土地财政制度改革研究》，立信会计出版社2007年版。
188. 祝天智：《集体经营性建设用地入市与征地制度改革的突破口》，《现代经济探讨》2014年第4期。
189. D.W. 布罗姆利：《经济利益与经济制度》，转引自温世扬《土地承包经营权流转中的利益冲突与立法选择》，《法学评论》2010年第1期。
190. 科斯等：《财产权与制度变迁》，上海人民出版社2004年版。

191. L. V. 贝塔朗菲:《普通系统论的历史和现状》,《国外社会科学》1978 年第 2 期。

192. 利贝卡普:《产权的缔约分析》,中国社会科学出版社 2001 年版。

193. Binswanger, H. P. and Deininger, G. E. , "Power, Distortions Revolt and Reforming Agheultural Land Relations", *Handbook of Development Economies*, No. 2, 1993.

194. Charles C. Krusekopf, "Diversity in Land – tenure Arrangements Under the Household Responsibility System in China", *China Economic Review*, No. 13, 2002.

195. Claudio, J. , "The New Development Economics", *World Development*, No. 2, 2006.

196. Deininger, "Determinants and Impacts of Rural Land Market Activity: Evidence From Nicaragua", *World Development*, No. 8, 2003.

197. Dwayne Benjamin, "Property Rights, Labour Markets, and Efficiency in a Transition Economy: The Case of Rural China", *Canadian Journal of Economics*, No. 4, 2002.

198. Feder, G. D. and Feeney, "The Theory of Land Tenure and Property Rights", *World Bank Economic Review*, No. 7, 1993.

199. Fenshu Yi, Land Rental Market and Off – farm Employment: Rural Households in Jiangxi Province, Pl. R. China, Ph. D. Dissertation, Wageningen University, 2006.

200. Hagman, D. G. and D. J. Misczynski, *Windfails for Wipeouts: Land Value Capture and Compensation*, Chicago: American Society of Planning Officials, 1978.

201. Holden, Stein T. , *Low – cost Land Certification and Land Rental Market Participation in Tigray*, Ethiopia, Norwegian University of Life Sciences, Aas, Norway, 2008.

202. James Kai – sing Kung, "Common Property Rights and Land Reallocation Rural China: Evidence from a Village Survey", *World Development*, No. 4, 1998.

203. Lawrence Wai, "Land Use Rights Reform in China – Some theoretical Issues", *Land Use Policy*, No. 4, 1995.
204. Lin, J., "Endowments, Technology and Factor Market – A Natural Experiment of Induced Institutional Innovation from China Rural Reform", *American Journal of Agricultural Economics*, No. 2, 1995.
205. Ruden, "Agricultural Land Reforming Moldova", *Land Use Policy*, No. 9, 2001.
206. Zhang Qian Forrest, "Development of Land Rental Market in Rural Zhejiang: Growth of Off – farm Jobs and Institution Building", *The China Quarterly*, No. 47, 2004.

后 记

本书为国家社会科学基金特别委托项目"几个流行的民主化理论命题的证伪"（14@ZH020）的子课题"参与式民主与地方治理研究"的研究成果。土地制度深刻影响着农村治理。土地制度变化带来了农村治理环境、农村治理主体、农村治理机制发生深远变化：农村治理环境变化包括治理基础的市场化、治理边界的开放化、治理过程的契约化；农村治理主体变化包括集体组织的治理功能强化、集体成员各阶层参与治理的程度分化、非集体成员参与治理的作用加强；农村治理机制变化包括权力格局开放化和决策程序民主化等。

作为在农村土地上长大的我，对土地有着难以割舍的情感。尤其是在城市化加速进程中，"三农"问题越来越呈现新的面貌和特质，而土地制度作为农村的基础制度，则是解决"三农"问题的重要基础和首要抓手。近些年来，我一直围绕土地问题展开系统学习。同时，成都市作为全国统筹城乡综合配套改革试验区，在土地制度尤其是农村建设用地制度创新方面做出了许多可贵的探索，我重点关注成都市农村建设用地流转方面的实践经验。在理论学习和实践调研中，我逐步形成并确立了"我国农村建设用地流转机制研究"的选题。

课题研究及本书成稿前后两年有余，驻足回顾，本书的大部分成果都能用于阐释当前农村建设用地流转的基本现象，对于如何解释农村建设用地流转的基本动因、如何创新农村建设用地产权制度、如何理解农村建设用地供求制度及市场均衡、如何创新农村建设用地流转收益分配等问题，皆具有一定的解释力和启发性。特别是针对目前农村建设用地流转收益分配缺乏保障、区域差距巨大、缺乏理论依据这些问题，本书构建了农村建设用地流转价格的地租模型，将农村建设用地流转价格分解为土地基本价格与地上附着物价格之和。以此为依据，本书认为，绝对地租应归属农村集体（村民）。级差地租Ⅰ应主要归属农村集体，同时兼顾地方政府。级差地租Ⅱb在租约期间应为企业直接占有，Ⅱa应分摊在相邻土地和几次流转交易中逐步收回。级差地租Ⅲ应归属农村集体。在都江堰市金陵村二组的实证分析中，本书以该模型为分析工具，对土地价格本质和收益归属等进行深度分析，得到了较为可靠的结论。

在这里，我要感谢我的导师杨明洪教授。在攻读博士学位期间，杨老师深厚的学养、严谨的治学态度和多样化的研究方法等，都使我终身受益。我要感谢马克思主义学院院长万远英教授，对于本书写作给予的大力指导和帮助。我要感谢课题团队全体成员。本团队成员多次到成都周边地区、都江堰市、双流县、郫县、仁寿、邛崃等地实地调研，得到了相关部门和领导的极大支持，获得了珍贵的一手资料，为本书写作提供了翔实数据和真实案例。

我要感谢我的家庭。正是他们对我工作和生活的大力支持和悉心照料，让我没有后顾之忧，可以集中精力完成论文并顺利出版专著。本书是我献给他们的最好礼物。

最后，向所有帮助过我的人表示最诚挚的感谢和最衷心的祝福。正是各位领导、同事和朋友的关心和支持，为我创造了宽松的工作环境，让我能在工作和科研上不断进步。

王贝

2016年4月20日于西华大学马克思主义学院